越後八十八カ所霊場
遍路の旅
高橋　与兵衛著

表紙写真／第38番札所　乙宝寺
中表紙写真／第68番札所　龍蔵寺　山門

発刊に寄せて

越後・新四国霊場会会長　安達　俊堂

お大師さま（弘法大師空海）は、平安時代初期から現代に至るまで、日本文化の発展と継承の上で、かけがえのない偉大な方です。四国八十八ケ所霊場は、お大師さまの高弟真済さまが、お大師さまの徳を慕って遺跡を巡拝されたのが始まりであり、命がけのことでした。その後、全国各地に札所が設けられました。①小豆島（香川県）②九州（九州全土）③篠栗（福岡県）④知多（愛知県）⑤関東（関東一円）⑥越後（新潟県）などです。

越後八十八ケ所は明治三十年代に、①柏崎・刈羽・三島・西蒲の八十八ケ所、②魚沼・小千谷・長岡などの八十八ケ所が結成され、大師信仰が実践されていたようです。ところが、太平洋戦争とその前後の動乱期、また寺院の統廃合などで活動が止まりました。昭和五十九年、弘法大師千百五十年御遠忌を契機に札所再興の声が上がり、平成元年六月に越後全域を網羅した「越後・新四国八十八ケ所霊場会」が結成されました。その後、遍路者のために、『越後八十八ケ所霊場めぐり』（霊場会編）、『霊場めぐりガイド　同行二人』（彩文社編）、『越後八十八カ所霊場遍路マップ』（霊場会編）などが出版されました。

本年は、お大師さまが求法入唐千二百年の記念の年であり、それを契機に、斯界の第一人者である写真家の髙橋与兵衛氏が霊場巡りを実践、その参拝記である本書を出版されました。その快挙に敬意を表し、衷心より感服しております。また、ご協力いただいた霊場会各位、出版元である新潟日報事業社にあつく謝意を表し、各札所寺院と遍路各位に仏恩の多からんことを祈って筆を擱きます。

南無大師遍照金剛　合掌。

平成十六年八月

（二十六番　如法寺住職）

目次

菩提の道場

涅槃の道場

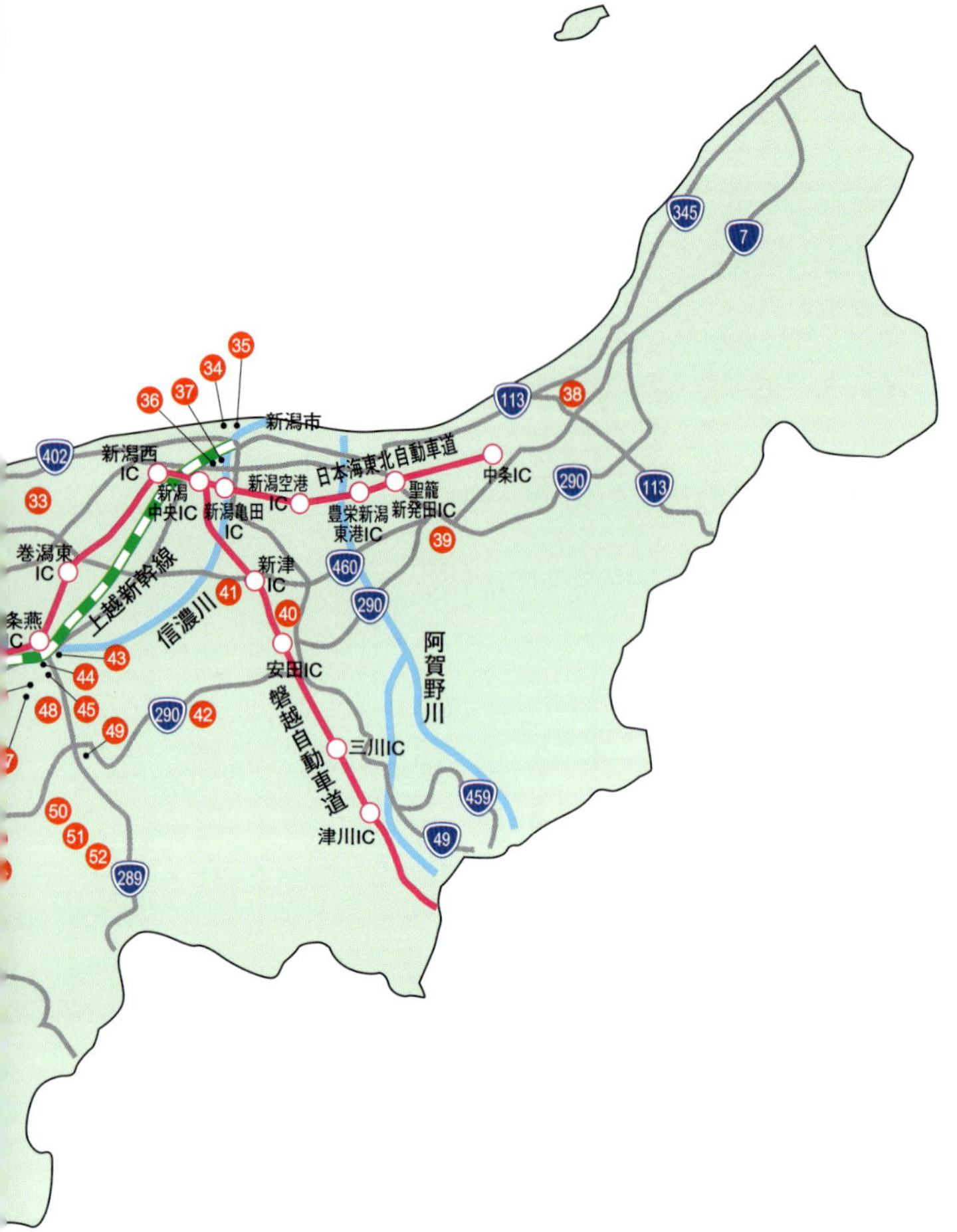

菩提の道場

- 40 福隆寺（阿賀野市）
- 41 普談寺（新津市）
- 42 正円寺（村松町）
- 43 泉薬寺（三条市）
- 44 安養院（三条市）
- 45 乗福寺（三条市）
- 46 海蔵院（三条市）
- 47 如法寺（三条市）
- 48 本都寺（下田村）
- 49 宝積院（下田村）
- 50 妙圓寺（栃尾市）
- 51 華蔵院（栃尾市）
- 52 遍照院（栃尾市）
- 53 阿弥陀院（栃尾市）
- 54 妙楽院（栃尾市）
- 55 宝光院（栃尾市）
- 56 慈眼寺（見附市）
- 57 不動院（見附市）
- 58 総持寺（見附市）
- 59 西福寺（長岡市）
- 60 延命寺（長岡市）
- 61 徳聖寺（長岡市）
- 62 圓福寺（長岡市）
- 63 寛益寺（三島町）
- 64 法華寺（三島町）
- 65 根立寺（三島町）

涅槃の道場

- 66 法明院（長岡市）
- 67 寶生寺（長岡市）
- 68 龍蔵寺（長岡市）
- 69 宝光院（越路町）
- 70 極楽寺（小千谷市）
- 71 真福寺（小千谷市）
- 72 慈眼寺（小千谷市）
- 73 證光院（小千谷市）
- 74 五智院（小千谷市）
- 75 不動寺（小千谷市）
- 76 弘誓寺（魚沼市）
- 77 不動院（魚沼市）
- 78 龍徳寺（魚沼市）
- 79 圓福寺（魚沼市）
- 80 遍照寺（魚沼市）
- 81 普光寺（南魚沼市）
- 82 寶蔵寺（南魚沼市）
- 83 法音寺（南魚沼市）
- 84 寶珠院（南魚沼市）
- 85 養智院（南魚沼市）
- 86 大福寺（塩沢町）
- 87 泉盛寺（塩沢町）
- 88 薬照寺（塩沢町）

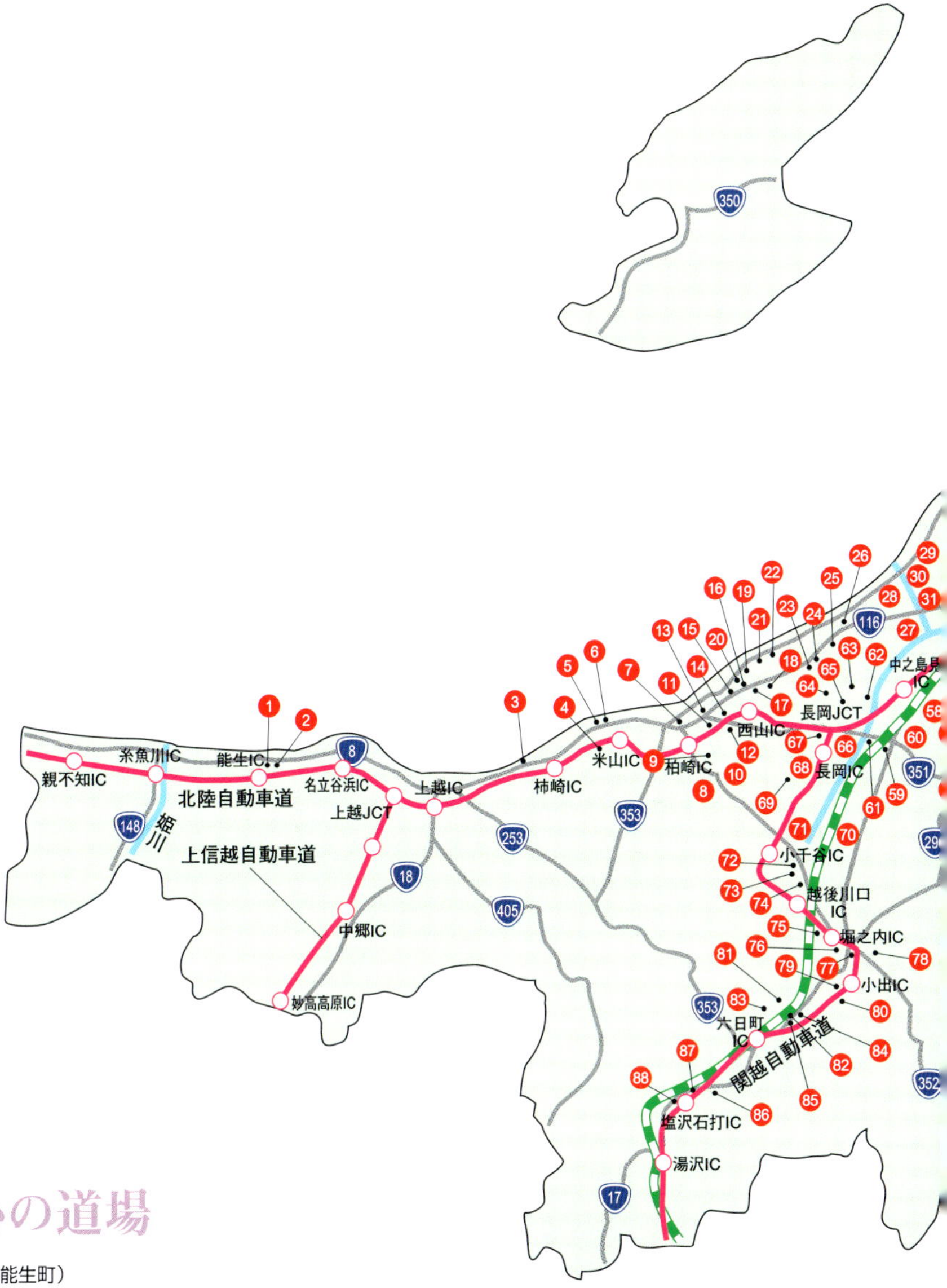

発心の道場

1 光明院（能生町）
2 実相院（能生町）
3 最勝寺（柿崎町）
4 大泉寺（柏崎市）
5 蓮光院（柏崎市）
6 多聞寺（柏崎市）
7 明蔵寺（柏崎市）
8 長福寺（柏崎市）
9 極楽寺（柏崎市）
10 密蔵院（柏崎市）
11 密乗院（柏崎市）
12 報恩寺（柏崎市）
13 金泉寺（柏崎市）
14 十楽寺（刈羽村）
15 善照寺（柏崎市）
16 宝蔵寺（刈羽村）
17 円満寺（西山町）
18 般若寺（西山町）
19 西光寺（西山町）
20 華蔵院（柏崎市）
21 真蔵院（西山町）
22 形蔵院（西山町）
23 正法寺（出雲崎町）

修行の道場

24 薬師寺（出雲崎町）
25 延命寺（出雲崎町）
26 如法寺（出雲崎町）
27 萬善寺（寺泊町）
28 照明寺（寺泊町）
29 西生寺（寺泊町）
30 国上寺（分水町）
31 本覚院（分水町）
32 青龍寺（岩室村）
33 仙城院（巻町）
34 不動院（新潟市）
35 真城院（新潟市）
36 悉地院（新潟市）
37 法光院（新潟市）
38 乙宝寺（中条町）
39 法音寺（新発田市）

遍路について

一　はじめに

四国八十八カ所の札所を巡拝する人を「遍路」または「お遍路さん」と呼ぶ。この札所は弘法大師（僧名・空海）の霊跡であり、巡拝によって大師の遺徳をしのび、功徳を受けようというものである。

この巡拝の旅人を大師は常に見守り、助けてくれるとの信仰から、これを「同行二人（どうぎょうににん）」といい、お大師さまが支えてくれていることを心して、明るく元気な旅をしたいものである。

また、巡拝や巡礼というのは、聖地、霊場、寺院を礼拝して回ることをいい、意味は同じであるが、「巡礼」は信仰対象として一仏一尊一神に限られるともいわれ、これには西国三十三観音札所が有名であり、県下では越後三十三観音札所が知られている。なお、四国八十八カ所の札所の参拝を遍路と呼んでいるが、巡礼でもよいとされている。

四国八十八カ所は弘仁六（八一五）年に開かれ、全行程一四四〇キロ、年間十三万から十五万人が訪れている。本書に収録した越後・新四国八十八カ所霊場は、六六〇キロで半分に満たない距離であるが、平成元年に組織されたばかりの新しい霊場で、まだお遍路さんの数は少ない。しかし、本県特有の風景や人情味あふれる素朴な人たちと寺院に触れながらの遍路道は、きっと心を満たしてくれるであろう。

二　旅立ちに当たって

巡拝への旅立ちに当たっては、お遍路にふさわしい服装が望ましい。巡拝は願い事や供養のためであり、修行でもある。心身ともに清らかにして旅立ちたい。

これには、背中に「南無大師遍照金剛」と書いた白衣（笈摺《おいずる》）を着て、強い日差しや雨をしのぐ菅笠には「同行二人」と書き、お大師さまの分身といわれる金剛杖を突き、納経帳、納め札に経本などを持つ。ほかに輪袈裟《わげさ》、ずた袋、鈴、念珠、手甲、脚半などを着け、白地下足袋といった姿が一般的である。

三　参拝の方法

霊場に着いたら、まず水屋で口をすすぎ、手を洗う。本堂で納札、写経を納め、お灯明、線香、賽銭を上げる。そして姿勢を正し合掌、ご本尊・弘法大師を念じて読経する。

次に納経料を支払い、納経帳、軸、笈摺などに納経朱印を押してもらう。なお、納経朱印料は規定料金二百円となっているが異なる所もあり、各寺院本文を参照されたい。

四　終わりに

遍路について基本的な説明を述べたが、必ずしもすべてこれによる必要はない。巡拝に当たっては人それぞれの信仰心や考え方にもよるが、大切なことはお大師さまが修行された霊跡を参拝するのであるから、心に大師の御名を唱え、もっぱら修行の心を持ち続けながらの「遍路の旅」であってほしい。

また巡拝に当たってはマナーを遵守し、交通事故に留意していただきたい。そして、名実共に人生のよき旅となり、新しい自分と出会い、自己発見となることを願うものである。

1

第一番札所

能生山《のうざん》
高野山真言宗

光明院《こうみょういん》

住所	TEL	住職	備考
新潟県西頸城郡能生町能生四八七三	0255・66・2414	太田　道光	拝観無料 納経朱印料規定料金

◆ご本尊
十一面観世音菩薩《じゅういちめんかんぜおんぼさつ》

真言【おん　あろきりきや　そわか】

◆ご詠歌
中山へ　参りて拝《おが》む　観世音

森に響《ひび》くは　波風の音

▲宮殿

【交　通】JR能生駅より徒歩15分
【駐車場】8台

白山神社・稚児舞いの、足の運び順序図が今に残り、古仏が多い

光明院は北陸自動車道の能生I・Cから海側に向かい、約一キロ直進し、最初の信号を右折、能生町役場前を六、七百メートル行くと右側に看板があるので、その坂を登った所にある。

本堂前には十六羅漢が整然と並んで鎮座していた。彫りの深い個性的な顔立ち、衣文《えもん》の動的な襞《ひだ》からは、修行に励む尊者の緊張感が伝わってくる。残念なことに明治元（一八六八）年の神仏分離令に伴い数体の頭を失ったという。

当山は元能生山泰平寺塔頭《たっちゅう》で、泰平寺は泰超法師の開創と伝えられているが不詳である。平安、鎌倉時代には密教・紹隆《しょうりゅう》とともに寺運が興隆したが、足利、徳川時代は衰微して明治維新には寺跡だけとなった。そのころ、白山神社の別当だった宝光院住職が、神仏分離の際に復飾してしまったため、当山が宝光院を継ぎ明治三年に再興なった。

ご本尊は十一面観世音菩薩立像で江戸時代初期の作とある。秘仏で拝観できなかったが、昭和六十三年の厨子《ずし》修理の際に撮った写真を拝見した。目尻がややつり上がっているものの、鼻、口元、頬《ほほ》からは優しさがにじみ出ていたし、なで肩で整った体つきからは穏やかな雰囲気が伝わってきそうである。平成六年に町の文化財に指定されている。

本堂に向かって左、上段の間の前室の畳をはぐと、舞いの足さばきを分かりやすく描いた図がある。これは白山神社例祭の稚児舞いのけいこ場となっていたためで、昭和初期まで一カ月ほど男子五人が泊まり込みで練習に励んでいたという。また、当寺にはたくさんの仏像がある。その多くは明治初期に白山神社から伝わったもので、その一体一体には今も、森厳なる空気が漂っていた。

▲本堂

2

第二番札所
能生山《のうざん》

実相院《じっそういん》

真言宗豊山派

住所	TEL	住職	備考
新潟県西頸城郡能生町能生六六七八	0255・66・3240	星野 和人	拝観無料 納経朱印料規定料金

◆ご本尊

大日如来《だいにちにょらい》（金剛界《こんごうかい》）

真言【おん ばざらだと ばん】

◆ご詠歌

磴《きざはし》を 上りて参る 大日の
潮路八重《しほじやえ》なる 実相《みすがた》の寺

▲ご本尊

【交 通】JR能生駅より徒歩15分
【駐車場】5台

参道の美しい石段と精巧な彫りが見事な三十四観音がある

北陸自動車道、能生I・Cから海岸に向かい、約一キロで最初の信号に出る。実相院はここを右折し、六、七百メートルで一番札所の光明院の看板があるので、その坂を登るとすぐ左側にある。五十段にも及ぶ長い石段が木漏れ日の中に続き、頂上には山門が見える。左側には六地蔵がお堂の中に鎮座し、迎えてくれた。車の場合は駐車場が狭いので注意し、境内入り口に止める。

当山は古記録の保存が十分でなく、創建に関することはよく分からない。過去帳によれば、慶長十一（一六〇六）年四月八日、当寺初代住職快善寂とある。従って当山は四百年の古跡を伝えるものである。神仏習合時代には、白山神社の別当職を授かっていたこともあるという。

本尊は金剛界の大日如来で、像高六十センチ、見開いた目、ふっくらした顔に、引き締まった胴回り、衣《え》文《もん》の彫りのきれいな尊像で、絢爛《けんらん》たる天蓋《てんがい》や装飾の中から現世を見詰めていた。堂内には不動明王、地蔵菩薩、青面金剛をはじめ多くの古仏がおられたが、本堂右手の戸棚形式のお堂に安置された観音像には特に心を引かれ、しばし合掌した。十五センチ前後の小像だったが、繊細で緻密な彫りの美しい尊像であった。三十四体の温和で慈悲深い尊顔はそれぞれ永きに渡って、衆生の願いに応えてきたのであろう。

◀本堂

帰途には外陣に鎮座の閻魔王に種々許しを請い、新たな気持ちで精進することを誓い、山を下った。

3

第三番札所

坂田山《さかたさん》

真言宗豊山派

最勝寺《さいしょうじ》

住所	TEL	住職	備考
新潟県中頸城郡柿崎町上下浜三四六	025・536・3784	五十嵐 精峰	拝観無料 納経朱印料規定料金

◆ご本尊

波打観音《なみうちかんのん》（十一面観世音菩薩《じゅういちめんかんぜおんぼさつ》）

真言【おん　まかきゃろにきゃ　そわか】

◆ご詠歌

波打《なみうち》の　響きたよりに　参り来て

救われ行《ゆ》かん　慈悲の極楽

▲お前立

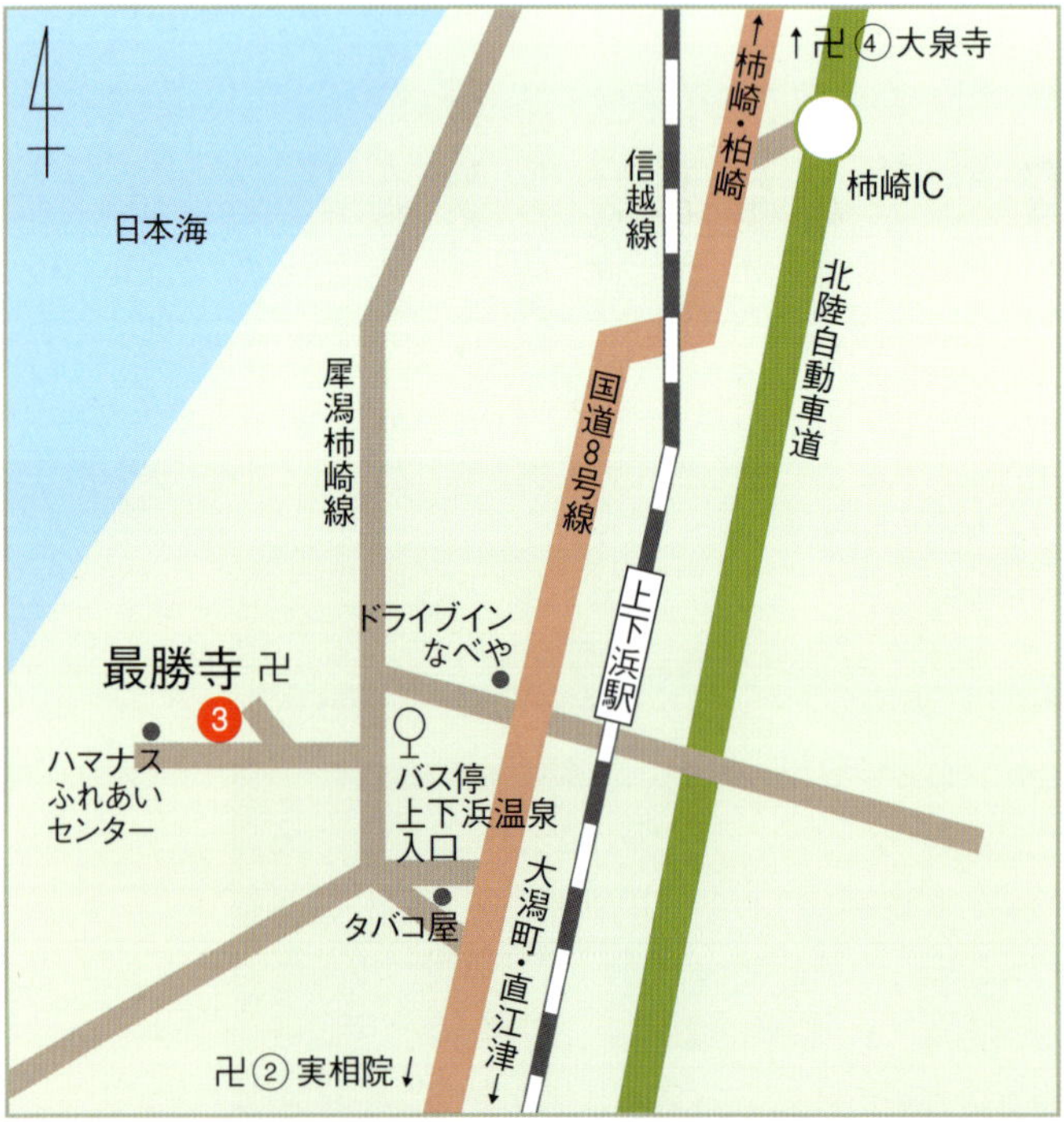

【交　通】JR上下浜駅より徒歩10分、もしくは頸城交通の柿崎直江津間・浜線バスで「上下浜温泉入口」バス停下車、徒歩1分

【駐車場】10台

上杉謙信公寄進の格天井があり 石仏波打観音立像が迎えてくれる

北陸自動車道の柿崎I・Cから国道8号線に出て南下し、四キロ弱で上下浜の信号がある。最勝寺は、これから右折して浜辺に向かい、二百メートルほど行った所で突き当たったら左折し、少し行った所を右折するとすぐである。参道を下ると、左に高さ五メートルの石像・波打ち観音立像が迎えてくれる。

当山は伝承によれば今を去ること約九百年前、山形県酒田市生まれの夢覚律師が、出羽三山に修行して西国行脚の途中立ち寄り、仮泊の「犀浜七里の鎮守堂」で夢のお告げがあり、東方三キロほどで十一面観音を発見した。夢覚は深く感動して鎮守堂に安置し、「波打観音」と号した。以来この波打観音は、漁師たちの厚い信仰を受けてきた。

後土御門天皇は「応仁の乱」（一四六七～七七）に頭を痛め、鬼門の方角に勅使二名を遣わしたところ、当村馬屋《うまや》村の「斬刀《ざんとう》原」処刑場を発見、これの廃止と処刑者供養に寺院の建立を命じた。これにより本堂、観音堂、宿坊、鎮守社を建立し、金光明最勝王経を読誦《どくじゅ》したところ国は鎮まったという。

当山は殊の外上杉謙信公の厚い信仰を受け、奉納や寄進されたものが多くあるが、とりわけ極楽世界を描いた格天井《ごうてんじょう》は退色もなく今に残っている。ご住職によると、以前の観音堂は暗かったので、保存に役立ったのであろうと話されていた。

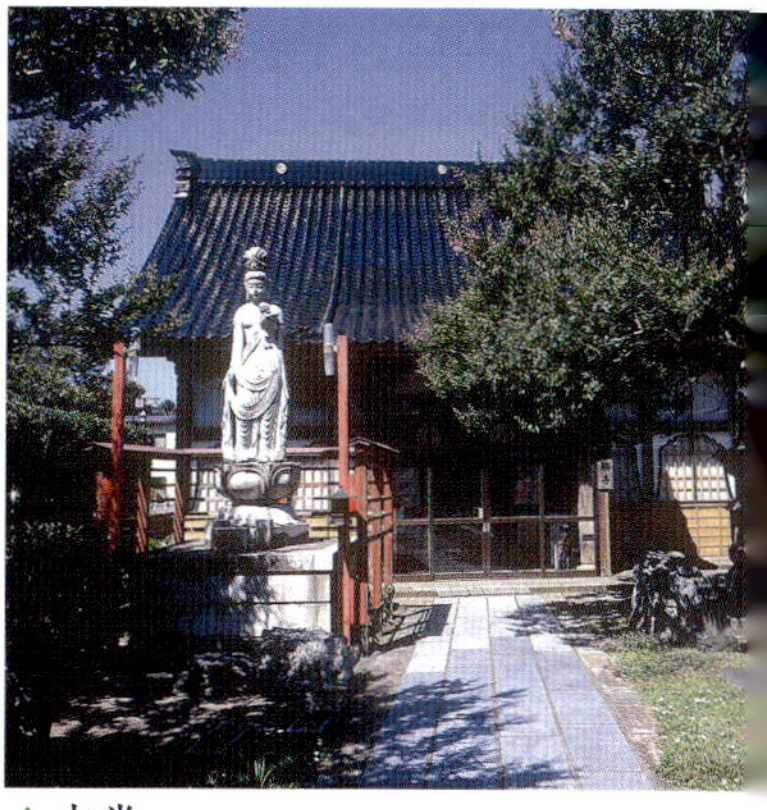
▲本堂

当山は慶長五（一六〇〇）年、上杉遺民一揆で観音堂以外の堂宇を失い、明治の神仏分離令では神社を失った。本尊の十一面観音は秘仏で開扉されることはないという。お前立は像高二十六センチ、金剛界の大日如来で穏やかな顔に、肩幅の広い豊な体つきの尊像であった。

帰途、地蔵菩薩に身を寄せ慈悲を請う老夫婦の像に思いを致し、門を後にした。

4

第四番札所

東山《とうざん》

大泉寺《だいせんじ》

真言宗豊山派

住所	TEL	住職	備考
新潟県柏崎市大字大清水一五〇二	0257・26・2379／23・1189	小林　清禧	拝観無料 納経朱印料規定料金

◆ご本尊

千手千眼観世音菩薩《せんじゅせんげんかんぜおんぼさつ》

真言【おん　ばざらたらま　きりく】

◆ご詠歌

高《たか》きとて　登れば近し　法《のり》の山

今日もたずねん　おしみずの里

▲お前立

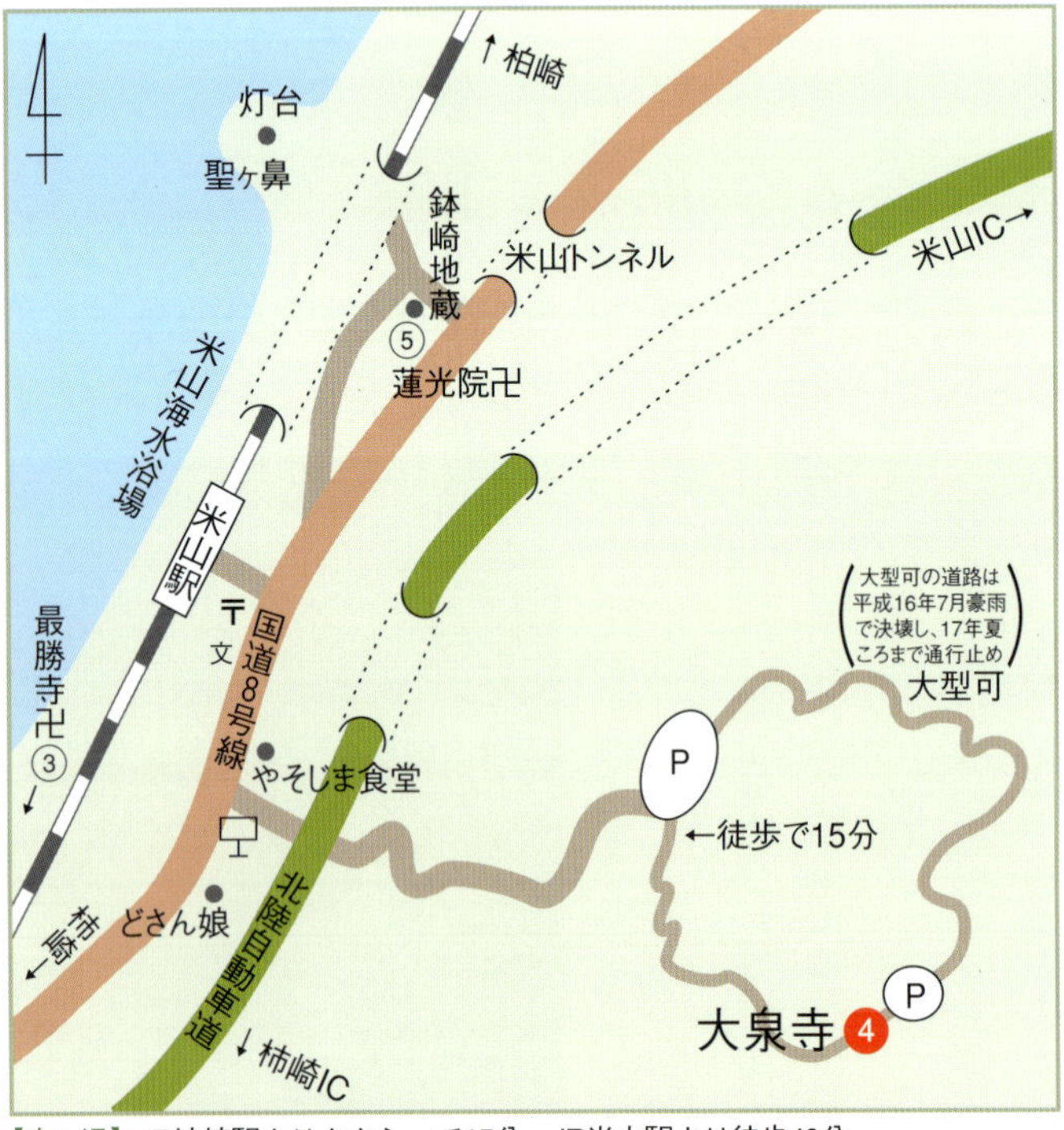

【交　通】JR柿崎駅よりタクシーで15分、JR米山駅より徒歩40分

【駐車場】20台

山頂からの眺めが絶景で国重要文化財の観音堂がある

大泉寺は北陸自動車道の柿崎I・Cから国道8号線に出て北上、約五キロで右手にラーメン屋があり、その先国道から右に入る看板も出ているので坂を登ると駐車場がある。案内板には左の車道は千五百メートル（この道は大型バスも通行可能）、右の歩道は五百メートル、徒歩で約十五分とある。

　頂上まで標高二百三十メートル、うっそうとした歩道で趣はあるが、歩いて登るのはややきつい。頂上の右に仁王門、左に観音堂、本堂と続く。

　当山は朱鳥元（六八六）年、持統天皇の勅願寺として泰澄大師による創建とある。武将の尊崇を受け、国主の上杉謙信、養子の景勝などが戦勝祈願をしている。ご本尊は泰澄大師が刻した千手千眼観世音菩薩で秘仏となっており、普段はお前立様を拝観する。頭上に頂く頂上仏面、変化面は精巧に彫られているし、写実的で優しさに満ちた顔立ち、ふっくらした手、衣文《えもん》の流れが自然で穏やかさを感じる。

　このご本尊安置の観音堂は永禄二（一五五九）年、上杉家の寄進により再建されたものだという。和唐両様式をうまく取り入れ格調高く、重厚な室町建築で国の重要文化財に指定されている。寺宝も多く、県指定文化財の飯綱神社、市文化財の仁王門、木喰上人木額、親鸞聖人御自作尊像などがある。

　また、頂上からの眺望は素晴らしく、北は弥彦山、佐渡、日本海、南は妙高山までも見える。まさに浄土の感がある。当寺は冬期間は雪で通行止めとなる。なお、当山は越後三十三観音札所の第三番でもある。

▲観音堂

5

第五番札所

聖行山《しょうぎょうざん》

真言宗豊山派

蓮光院《れんこういん》

住所	TEL	住職	備考
新潟県柏崎市米山町二二六〇	0257・26・2109	中村　淨光	毎月24日／地蔵堂護摩祈とう 4月29日／はっさき地蔵尊大祭

◆ご本尊

大日如来《だいにちにょらい》

真言【おん　あびらうんきゃん】

◆ご詠歌

汐の香に　乗りて登るは　聖山《ひじりやま》

みほとけの慈悲　永遠《とわ》のみひかり

▲ご本尊

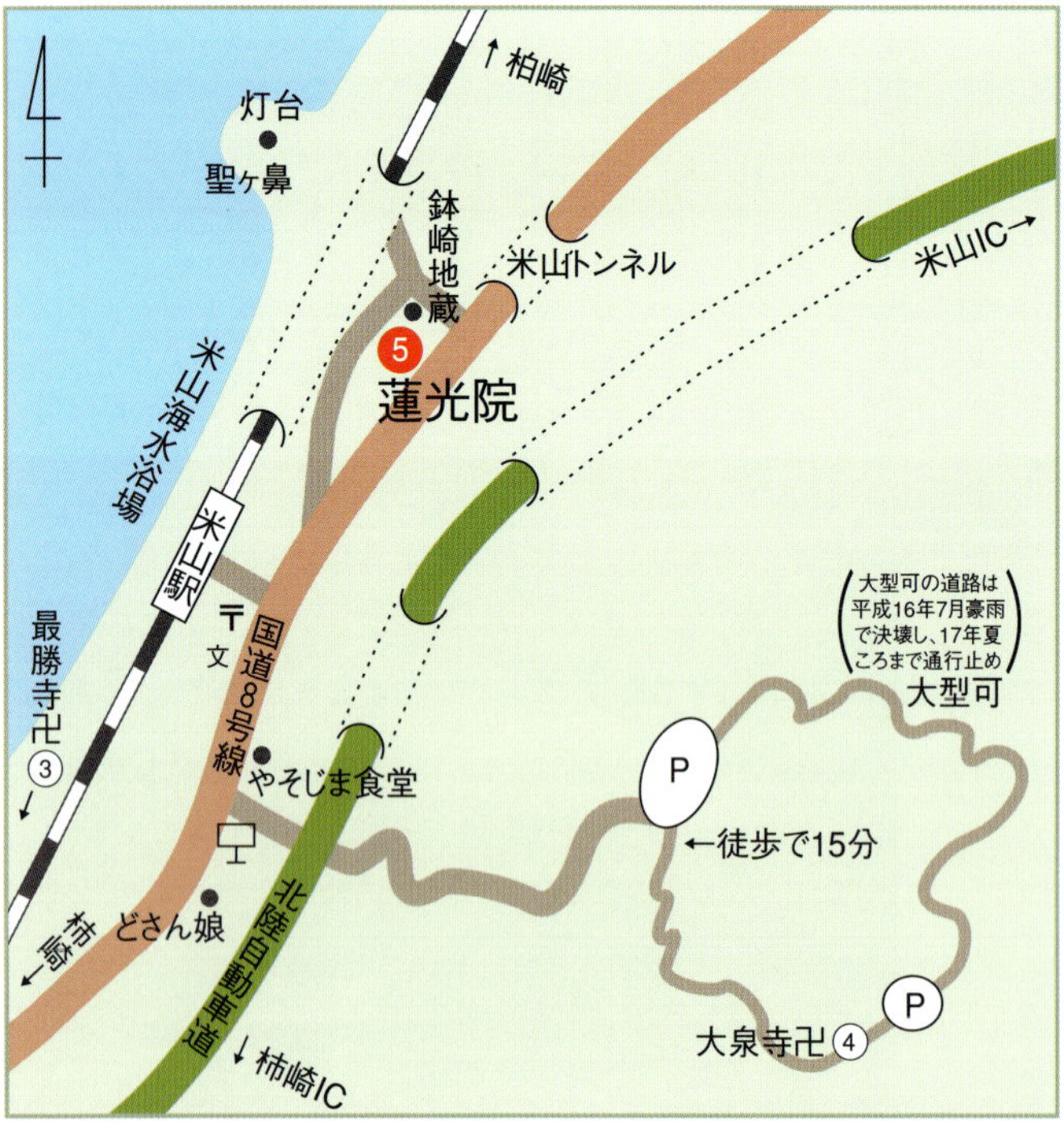

【交　通】JR米山駅より徒歩15分

【駐車場】60台

霊峰米山の開山に縁があり眼下に日本海を望む

国道8号線から海側に出て、美しい海岸線を眺めながら境内に入る。本堂脇の一角に、「カラフトは離島なり、我国の領土と見たり」と語った、幕臣松田伝十郎が建立した墓碑がある。

平成四年、当山に近代的な客殿が完成した。参拝と取材に訪れたのは、その翌年の七月、梅雨晴れの日であった。ご住職から、謄写版刷りの沿革史と開基された泰澄《たいちょう》大師の略歴、それと蓮光院とのかかわりを記した文章を頂いた。

蓮光院は、今からおよそ千二百九十年前の和銅四（七一一）年に、福井県の泰澄大師が二十九歳の時、霊峰米山で身行を行い、霊地聖ヶ鼻の岬で心行を修めて草庵を結んだ。これが当山の前身である。当時は岬の裾《すそ》にあったが、堂塔が立ち並び修行霊場として栄えた。

しかし、元和年中（一六一五～二三）に火災に遭い、すべてを焼失。宝永八（一七一一）年に、群馬県の安中にある大泉寺から、本尊大日如来と厨子《ずし》を送られ中興となった。このとき、僧坊として、南光坊、鑁龍《ばんりゅう》坊を有して多くの修行僧が集まったという。また、当院は「鉢崎関所」と隣接し、通行手形を発行する官寺でもあった。

天明元（一七八一）年に、またも土砂崩れにより堂塔を全壊するが、幸いにして須弥壇《しゅみだん》、本尊、両大師像は救出された。その後、高田藩主榊原《さかきばら》氏の援助を得て現在地に移転するが、再び鉢崎大火に遭い、現在の堂宇は昭和七年の再建になる。

こうした中、明治三十四（一九〇一）年、境内に移転安置された地蔵尊像は、「はっさきのお地蔵さん」として親しまれ、毎月二十四日の護摩祈とうには多数の信者でにぎわう。

▲本堂

6

第六番札所

阿弥陀山《あみださん》

真言宗豊山派

多聞寺《たもんじ》

住所	TEL	住職	備考
新潟県柏崎市笠島八二九の三	0257・26・2354	五十嵐　隆阿	拝観無料 納経朱印料規定料金

◆ご本尊

毘沙門天《びしゃもんてん》

真言【おん　べいしらまんだや　そわか】

◆ご詠歌

荒海を　我が身にかえて　念ずれば

毘沙門座《おは》す　笠島の海

▲ご本尊

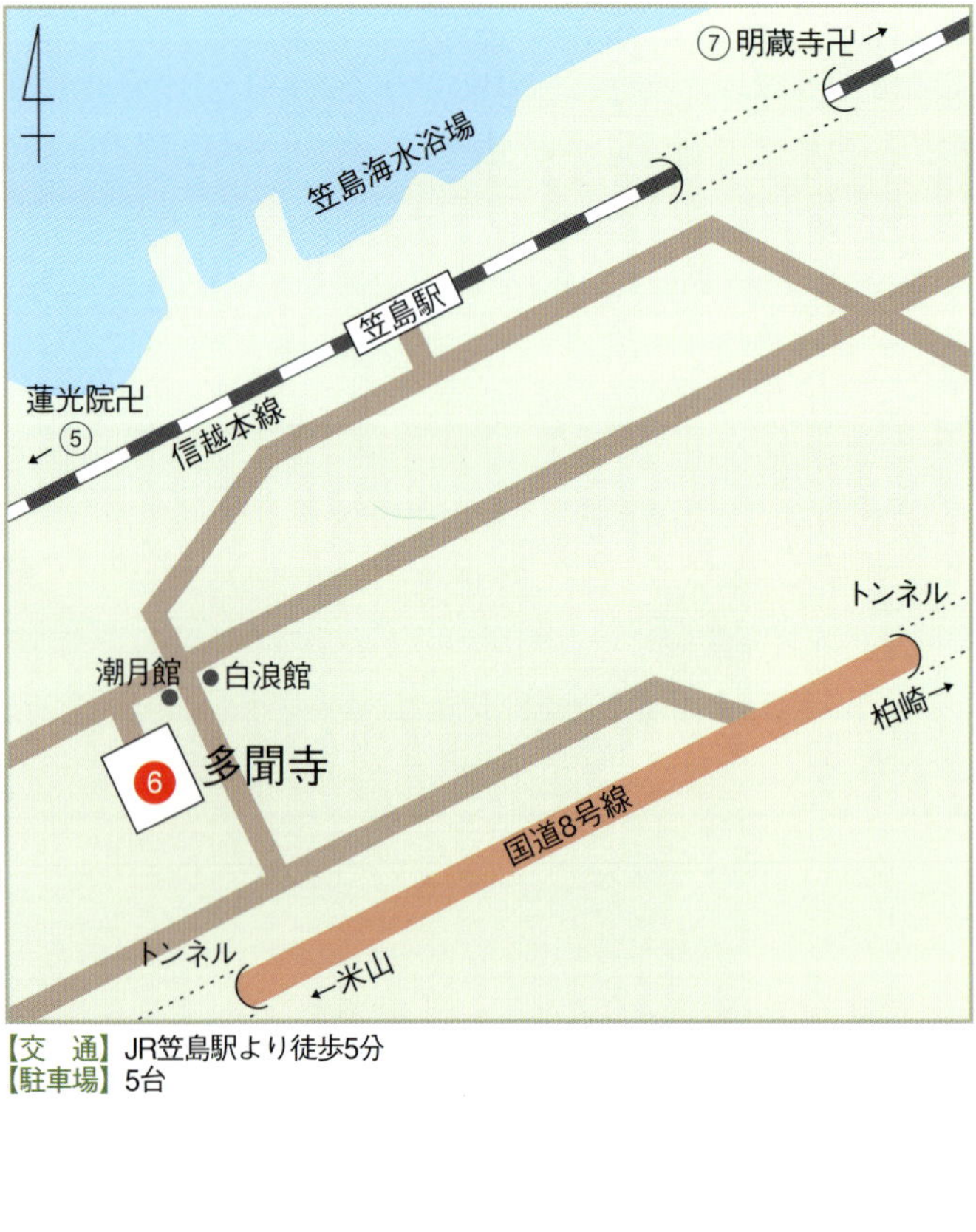

【交　通】JR笠島駅より徒歩5分
【駐車場】5台

福を与えるという弘法大師ご誓願の毘沙門天を安置

晴れ渡った日本海を眺めながら駐車場から、磯の香漂う民家を数戸行ったところに参道があった。

ご本尊の毘沙門天は弘仁六（八一五）年、高祖弘法大師が四十二歳の時に四国で修行中、伊予の国（今の愛媛県）の安養院で彫刻し、開眼供養したものと伝えられている。ふっくらした面相の中に、凛《りん》としたまなざしが戒めの言葉を発しているかのように見える。真っ赤な背景の中に、金色の邪鬼を踏みつけ、力強く立っていた。

言い伝えでは、弘法大師は、この尊像に十の誓願を込めたという。つまり、この毘沙門天を礼拝する者の厄を払い、子供の柔弱を助け、母乳の不足を増し、さらに疫霊魔病を治し、そして災いを払って福を与え給え、と。

さて、当山の古文書によると、延宝八（一六八〇）年のこと、伊予の国は安養院の住職快運が亡くなられた後、弟子の初瀬の僧快意が北越へ教化のため、毘沙門天を伴い当地に来られた。そして、当寺に立ち寄られて数日後、当寺の住職になってほしいと懇願したところ快諾され、天和三（一六八三）年に第三世住職になられたという。何とも不思議な縁である。このころ、寺号を「阿弥陀山・多聞寺」としたらしい。

ご本尊の御利益は著しく、やがて参拝者も増え寺運も興隆した。平成五年七月十日には、庫裏の落慶法要が盛大に行われたという。偶然にも私は、その翌日に参拝と取材に訪れた。ご住職は片付けに奮闘しておられたが、快く応対していただき、感謝している。

◀本堂

第七番札所
求法山《ぐほうざん》
真言宗豊山派

明蔵寺《みょうぞうじ》

住所	TEL	住職	備考
新潟県柏崎市新橋一五ノ三七	0257・24・3264	中村 正純	

◆ご本尊
大日如来《だいにちにょらい》（金剛界《こんごうかい》）
真言【おん ばざらだど ばん】

◆ご詠歌
くもりなき みやまのつきを ちょうしょうの
みのりのさとに みるぞくはしき

▲ご本尊

【交　通】JR柏崎駅より徒歩10分
【駐車場】10台

三十三観音と善膩師童子《ぜんにしどうじ》が安置されている

北陸自動車道の柏崎I・Cから一キロほどで国道8号線に出る。明蔵寺は、ここを左折し、約二キロの柳橋交差点を右折して六、七百メートルで着くが、JR信越線の陸橋を越え坂を下ると、信号の左にお地蔵さんが見えるのですぐに分かる。

当山は往昔、今の東の輪町にあって天台宗だったが、剣野の地を経て観応年間（一三五〇～五一）に栄鑁上人が真言宗に改宗し、現在地へ移したのだという。当寺の堂宇は枇杷島城主、宇佐美氏の居城の一部を移築したものだったが、残念なことに明治四十四年の大火で焼失してしまった。

本尊は春日作といわれる木造の大日如来（金剛界）で、像高八十三センチの丸顔、見開いた穏やかな目、膝《しっ》高《こう》の高い整った体つきの尊像である。優しさと大らかさが感じられ、何事も素直に打ち明け、願いがかなうかのように思えた。脇侍として、向かって右に像高五十センチの毘沙門天、左に像高五十二センチの不動明王が安置されている。そして、手前の護摩壇には、来迎印《らいごういん》を結び、美しく慈悲深さに満ちた像高六十七センチの阿弥陀如来立像がおられた。

また、内陣左には総本山長谷寺本尊にならった像高五十八センチの十一面観音がおられ、左右には三十三観音像がおられた。この観音像は大正五年ころ、火災後再建され内装が整ったのを機会に檀家から寄進されたものだという。十一面観音の前に立つ尊像は善膩師童子であった。像高三十六センチの目のパッチリとした赤と白の衣を着けた立像で、毘沙門天の脇侍として、妻あるいは妹といわれる吉祥天と並んで配されるのが一般的な仏像である。

▲本堂

8

第八番札所

不動山《ふどうさん》

真言宗豊山派

長福寺《ちょうふくじ》

住所	TEL	住職	備考
新潟県柏崎市善根四八七八	0257・27・2557	米田　宗弘	拝観無料 納経朱印料規定料金

◆ご本尊

不動明王《ふどうみょうおう》

真言【のうまく　さまんだばざらだん　かん】

◆ご詠歌

八石《はちこく》の　不動明王　たずねきて

長き浮世《うきよ》の　悩みたち切る

▲お前立

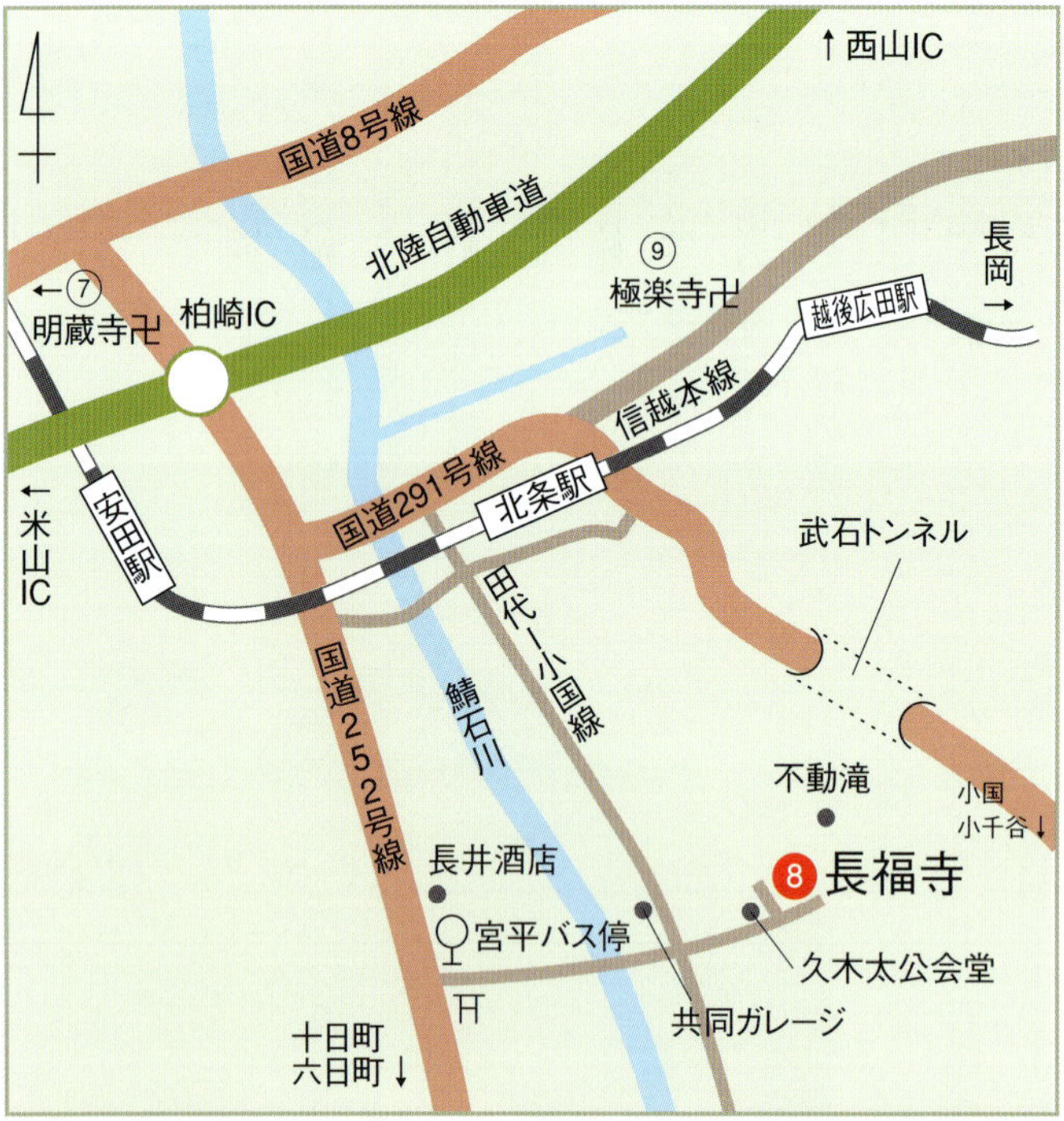

【交　通】JR柏崎駅より越後交通「岡野町行き」バスで「宮平」バス停下車、徒歩10分

【駐車場】15台

うっそうとした山林の中の古刹で上杉謙信公の位牌がある

北陸自動車道の柏崎I・Cから、国道252号線で鯖石川に沿って六日町・川西町に向かい、八キロほどで宮平のバス停がある。長福寺はここから左折し、鯖石川の橋を渡り直進した集落にある。参道は苔《こけ》むし、杉木立に囲まれうっそうとしている。常には右手の車道を利用するが、参拝には青い屋根の本堂を仰ぎながら、往古よりの参道を一歩一歩味わいながら歩く方が良い。

当山は、背景にある八石山《はちこくさん》の中腹にあった堂宇の尊像を、長尾重景公（上杉謙信曾祖父）が霊像であることを知って、文明二（一四七〇）年、現在地に新堂宇を建てて遷したのが始まりだという。第五世海円代の永禄年間（一五五八〜七〇）には上杉謙信公が当山に帰依し、戦勝祈願すること数回に及んでいるが、その度に勝ったことから、寺領田畑一町六反二畝二十一歩（高約十七石）の寄進をしている。

中興開基以来、現住職は三十三世に当たり、二十数年前に当山に入り、自然豊かな山ろくにある古い本堂や庫裏に手を入れながら、地域の人たちと共に住んでいる。本に親しみ、ものを調べ、考えを巡らす異色の鬼才である。

本尊は不動明王で、像高九寸（約二七・三センチ）の木造で衿羯羅童子《こんがらどうじ》、制《せい》多迦《たか》童子を従えている。この本尊は秘仏とされ、今回はお前立様を拝観させていただいた。これは像高三十五センチ、体つきのがっちりした不動明王立像で、やはり二像を従えていた。そして、すぐ右には現住職が発見した、「上杉謙信は女性だった」との説とも読める貴重な位牌、「不識院殿心光謙信庵主尊儀」が安置されていた。謙信公は剃髪《ていはつ》すると「不識庵謙信」と号したから、これとの関連もあり興味深い。

帰途の参道ではセミの声が降り注ぐ中、木漏れ日を受けながらゆっくり下った。

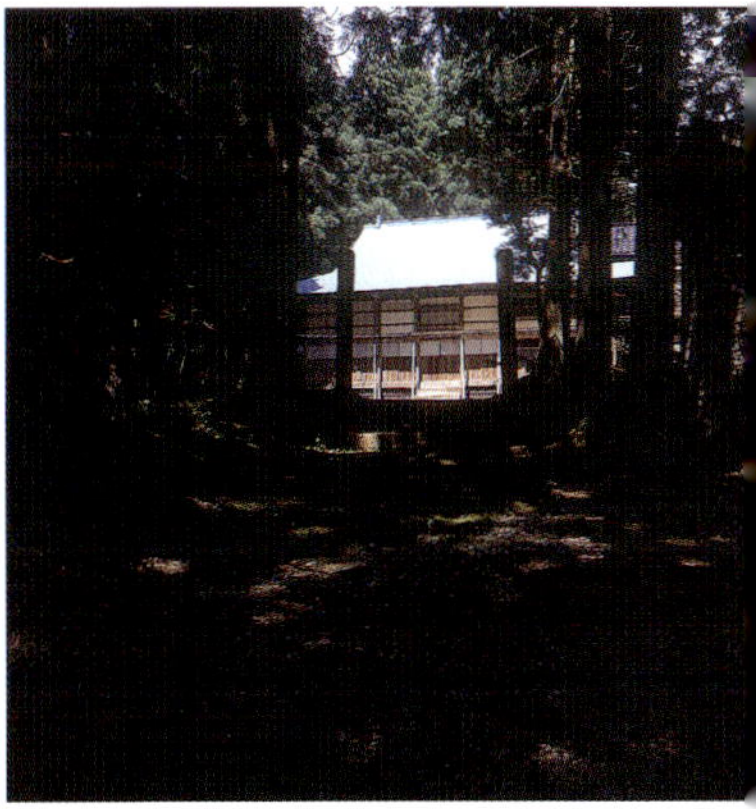
▲本堂

9

第九番札所

阿弥陀山《あみださん》

真言宗豊山派

極楽寺《ごくらくじ》

住所	TEL	住職	備考
新潟県柏崎市大字小島一七九八	0257・25・4078	桑原　和雄	拝観無料 納経朱印料規定料金

◆ご本尊

阿弥陀如来《あみだにょらい》

真言【おん　あみりた　ていぜい　から　うん】

◆御詠歌

御仏の　おしえを求め　阿弥陀山

登れば浄《きよ》し　極楽の里

▲ご本尊

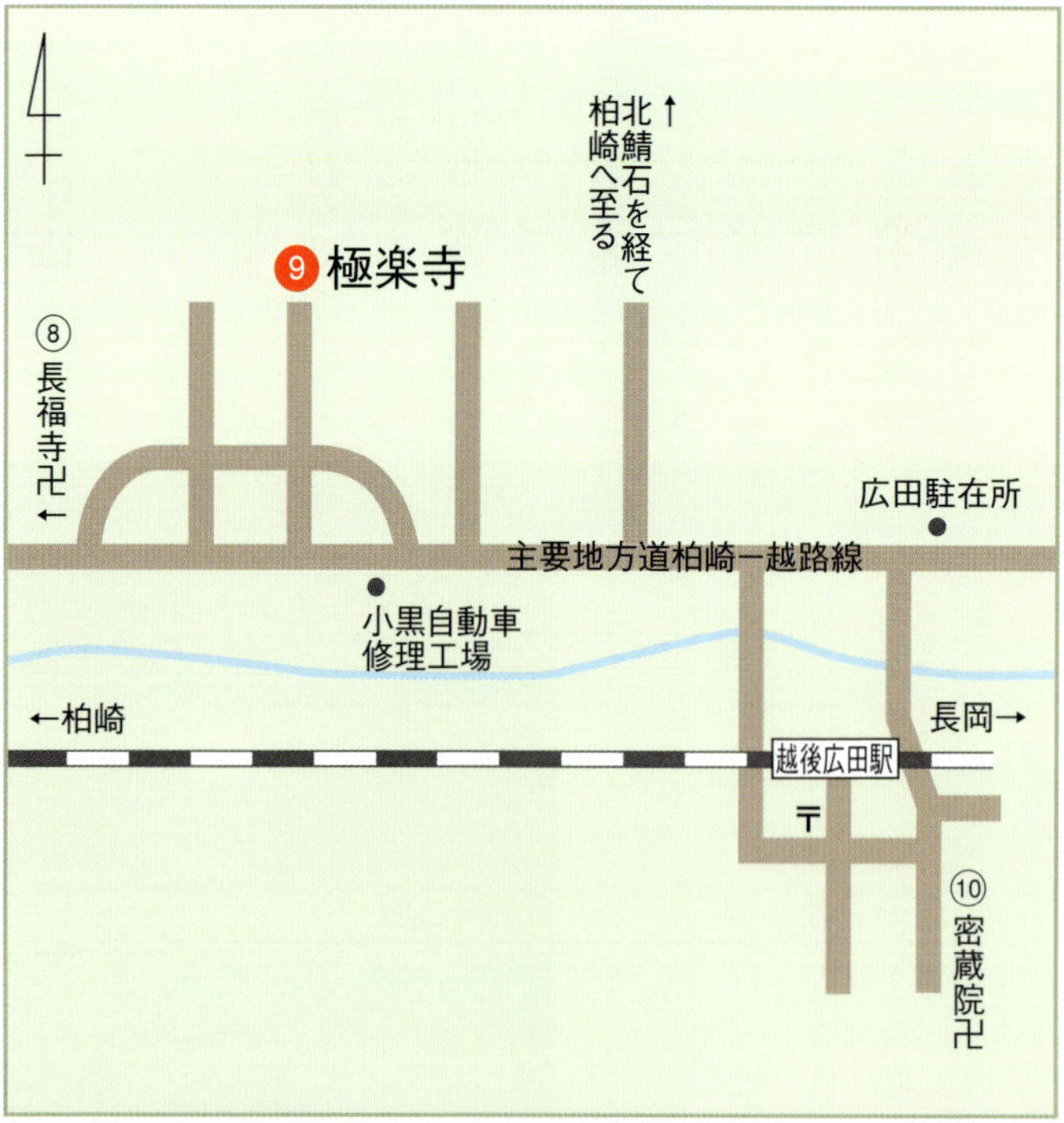

【交　通】JR越後広田駅からタクシーで5分、徒歩では25分
【駐車場】5台

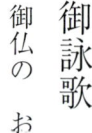

諸病全快に霊験あらたかな高照権現が鎮座し、絵格天がみごと

極楽寺は、柏崎市からJR信越線に沿って越路町に向かい、JR越後広田駅から一・五キロほど戻った所にある。石段を数段上がって境内に入り、さらに正面の石段を二十段ほど上ると本堂前に出る。左右には苔《こけ》むした石仏や灯ろうが静かなたたずまいを見せている。

伝えるところによると、当山は文応元（一二六〇）年、宥秀上人という僧が来られ、当地に真言宗の旧地があることを聞き、再建を成就したとある。これ以前については不詳で、宥秀上人を開祖としている。上人はここに道場を開いて、西に稲荷、南に神明、東に熊野、北に十二社を祭り、さらに白山社を境内に安置した。

宥秀から三代あとの弘慶のとき、越後に大乱が起こり、当山は兵火を避けて大角間の地に隠れた。その間、二百年中絶し寺院は焼失した。四代快心の時、大角間からこの地に移り再建されたので、快心を中興開山と称している。

また北条の城主毛利丹後守は眼病を患ったが、高照権現の霊験あるを聞き、宝前に十七日間おこもりすると両眼明らかになり、当寺に田んぼを寄進したという。

本尊の阿弥陀如来は像高八六・八センチの坐像で、ヒノキ材の一木造り、裳《も》および膝《ひざ》などは寄せ木を併用している。漆箔《しっぱく》の来迎印《らいごういん》を結び、作風から平安時代の作と考えられ、明応九（一五〇〇）年の修理銘がある。なお、この本尊は昭和五十年に県文化財に指定されている。そして特筆すべきは平成十五年、本堂外陣の格天《ごうてん》に奉納された天井絵である。柏崎を中心に在住の美術作家四十五人が六十二点を作成したもので、郷土の風景、歴史、仏画等で構成され、作家の息遣いと美しさで天井を飾っている。

▲本堂

10

第十番札所

赤城山《あかぎさん》

真言宗豊山派

密蔵院《みつぞういん》

住所	TEL	住職	備考
新潟県柏崎市大字広田九六六	0257・25・3307	吉田　朗信	拝観無料 納経朱印料規定料金

◆ご本尊

十一面観世音菩薩《じゅういちめんかんぜおんぼさつ》

真言【おん　まかきゃろのきゃ　そわか】

◆ご詠歌

永《とこし》えに　法《のり》のよろこび　密蔵の

赤城の山路　いでやたどらむ

▲ご本尊

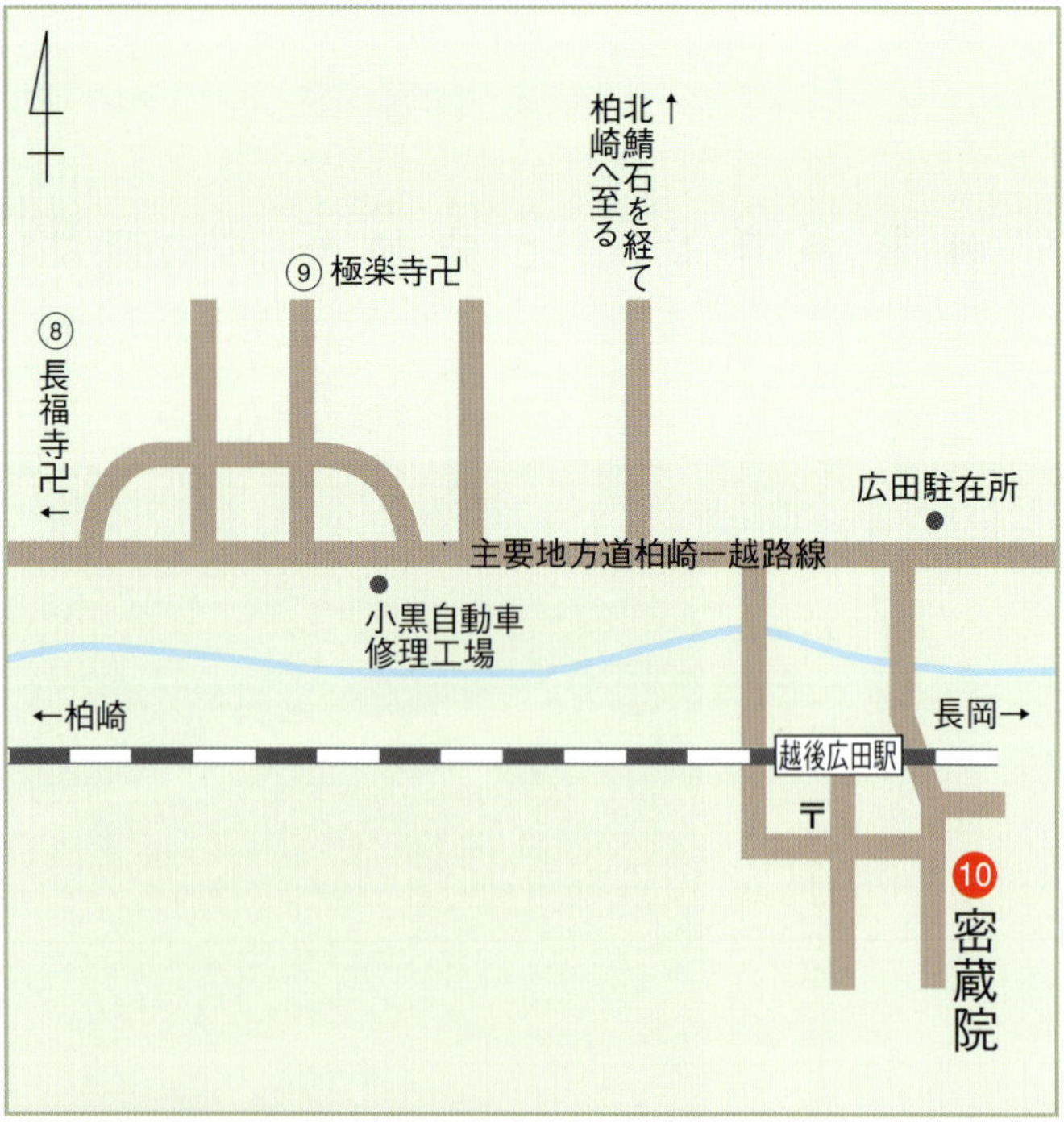

【交　通】JR越後広田駅より徒歩10分
【駐車場】20台

坂に耐え、石段に耐え参拝すれば、観音の慈悲と里の叙情が心を満たす

初夏の巡礼は、花や景色を眺めながら黙々と歩き、時には腰掛けて村人と語る。そんな巡礼をと思うが、なかなかできない。車から降りると機材を背負い、わずかの石段を上ると心臓は高鳴り暑くなった。だが今回は、すぐに本堂前にたどり着けた。ご住職に、まず由緒沿革をお尋ねした。

当山は大永年間（一五二一～二七）に全焼し、古い記録を失っているので創立年暦は不詳であるという。天文三（一五三四）年、良誉という僧が再建中興したとあるが、その後も貞亨二（一六八五）年に破壊され、元禄五（一六九二）年に再建。安政四（一八五七）年正月またも火災のため焼失、降澄の発願により同六年に再々建するなど、困難を繰り返し今に至っている。

また、当山鎮守の赤城社は、群馬県赤城山よりご神体を請来したもので、現在の広田神社のご神体として合祀《ごうし》されている。

なお、昭和三十一年に再度鋳造された鐘楼の梵鐘は、重さ百四貫（三百九十キロ）とのこと。戦後はさらに檀信徒の尽力により、本堂屋根の改修、納骨堂の建立、内陣の修復、戦没者供養のための平和観音石像の建立などを行うことができたとのことだった。

取材を終え、廊下を渡りながらふと両側を見上げると、数多くの色紙や写真などが掛けられているのに気がついた。仏教界に多大な足跡を残した権田雷斧《らいふ》の書をはじめ、富士山写真の大家岡田紅陽の作品、相撲界で一世を風靡《ふうび》した若花田、貴花田の手形の色紙などを展示するミニギャラリーである。それぞれに味わいがあり、寺宝として長く語り継がれるのであろう。

▲本堂

11

第十一番札所
廣木山《こうもくざん》

真言宗豊山派

密乗院《みつじょういん》

住所	TEL	住職	備考
新潟県柏崎市大字矢田一八九五	0257・28・2923	内田　知英	

◆ご本尊

大日如来《だいにちにょらい》（胎蔵界《たいぞうかい》）

真言【おん　あびらうんきゃん】

◆ご詠歌

奥深く　たずねきてみよ　御入堂《ごにゅうどう》

誓いの糸も　新たなるらん

▲ご本尊

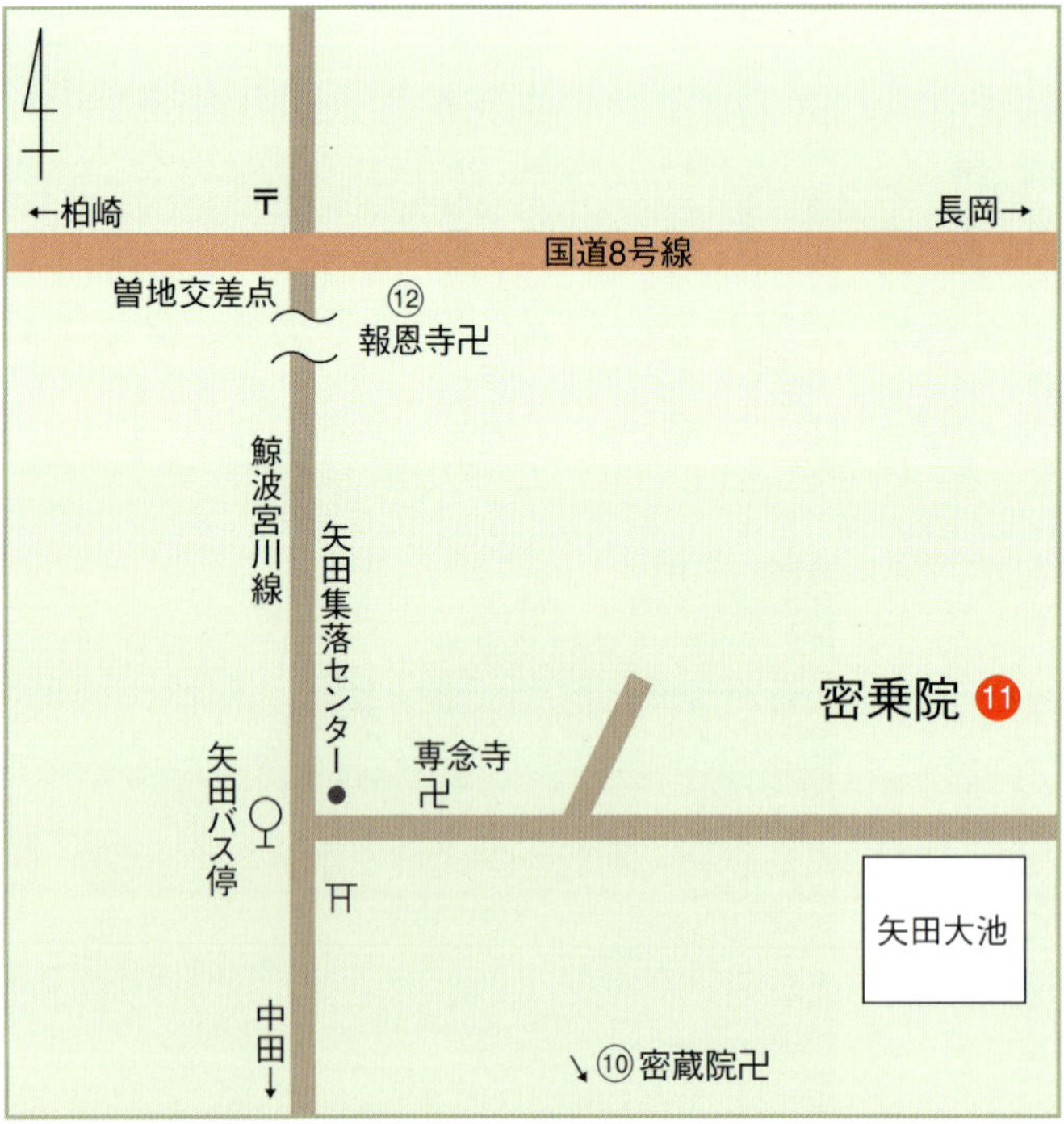

【交　通】JR柏崎駅より越後交通「中田経由曽地行き」バスで「矢田」バス停下車、徒歩5分

【駐車場】5台

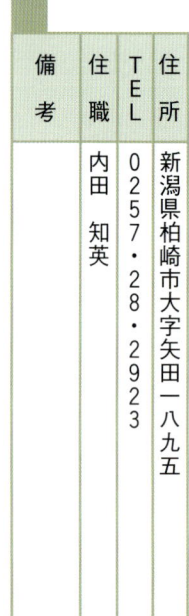

お堂の中の石仏三十三観音が整然と鎮座する

密乗院は、柏崎市の国道8号線、長崎交差点から長岡方面を走り、約三キロ行った曾地交差点から中田に向かい、約二キロ先の矢田バス停を左折して、ほぼ三百メートル行った所にある。参道の入り口の右側には、越後新四国十一番札所と刻された真新しい石柱があった。

門柱の中に入ると、すぐ左に観世音と称するお堂があり、中には三、四十センチの石仏の三十三観音像が整然と並んでいた。九十三歳になるご住職のご母堂によると、これらの石仏は四十年ほど前、数十メートル左手の山のふもとにあったものを、信者たちが一体ずつ背負って運び、泥土や苔《こけ》を洗い落とし、お堂に納めたのだという。

ご住職はお留守だったが、奥様が気さくに応じてくださった。ご本尊は胎蔵界の大日如来で像高三十八センチ、引き締まった体つきである。静かに見開いた目、温和な面相は、一見理知的で厳しさも感じさせるが、すべてを許し導いてくれるのであろう。向かって左には、極彩色の瑟瑟《しっしつ》座《ざ》にどっかり座った不動明王、右には十一面観世音菩薩がおられた。この両尊像は、いずれも像高約十八センチで、小像ながらその姿は凛然《りんぜん》としていた。

ご住職のご母堂は、ご高齢にもかかわらず、元気な声で話してくださった。寺歴や由緒沿革などの公式な記録はないが、ほのぼのとした思い出やエピソードが、やがて寺域の個性を磨き、寺の荘厳さを深めて後世に伝えられて行くのであろう。当山は天暦元（九四七）年、僧春栄の開山とあるが、延宝年間（一六七三〜八十）の火災によってすべてを失い、詳細は分からないという。

▲本堂

12

第十二番札所

恵日山《えにちざん》

報恩寺《ほうおんじ》

真言宗豊山派

住所	TEL	住職	備考
新潟県柏崎市曽地一五四一	0257・28・2223	竹島　祥三	拝観無料 納経朱印料規定料金

◆ご本尊

阿弥陀如来《あみだにょらい》

真言【おん　あみりた　ていぜい　から　うん】

◆ご詠歌

み仏の　お慈悲の満ちる　恵日山《えにちざん》

合わす両手は　報恩謝徳《ほうおんしゃとく》

▲お前立

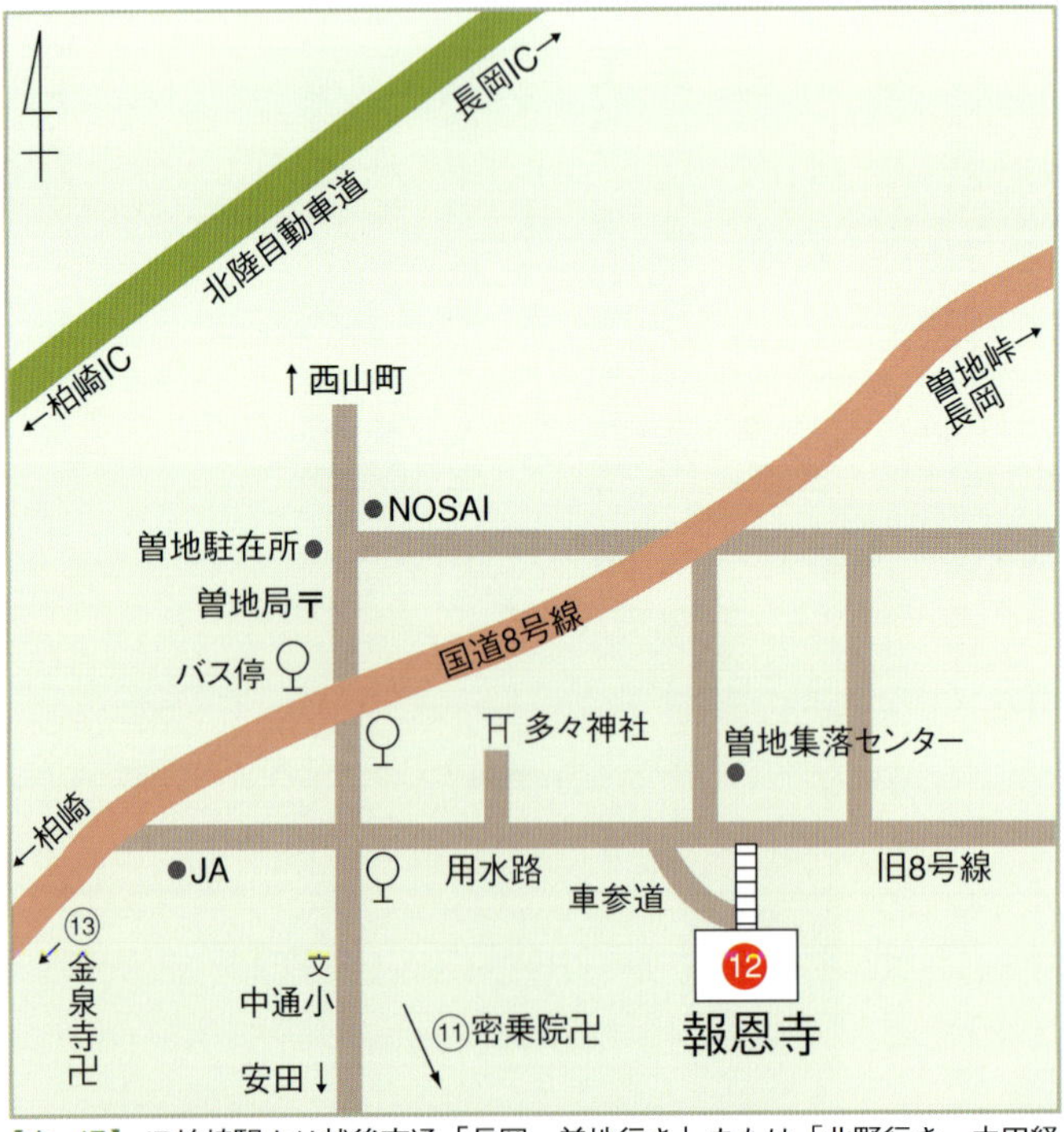

【交　通】JR柏崎駅より越後交通「長岡・曽地行き」または「北野行き、中田経由曽地行き」バスで「曽地」バス停下車、徒歩6分

【駐車場】5台

戊辰戦争の弾痕が残る柱があり本殿が重文の多々神社が近い

報恩寺は、長岡市の国道8号線、曾地交差点から中田に向かい四、五十メートル行った所から左折し、二百メートルほど入った所にある。恵日山・報恩寺と大きく刻された石柱があり、分かりやすい。四十段ほどの石段があり、ここから手前の車道を上ると境内の駐車場に入れるが、バスや徒歩での参拝者には、ゆっくりでよいから石段の利用を勧めたい。周囲の風景を味わい、参拝への心の準備のためにである。

本尊は阿弥陀如来の立像だという。秘仏で、ご開帳は大みそかと元旦の年二日間だけとのことである。代わって、お前立の十一面観世音菩薩を拝観させていただいた。木造で像高三十センチ、ふくよかな体つきで、彫りの深い衲衣《のうえ》ながら、温和な感じの尊像である。

記録によると、当山は延喜元（九〇一）年、本尊を阿弥陀如来として創立。それから幾星霜を経て法印詮誉の代の天保十二（一八四二）年に再建され、現在に至ると記録にある。これを裏付けるものとして、本堂正面の障子戸の框《かまち》に、天保十二年十二月十五日、法印詮誉が当寺の什物としてこれを求めた旨、墨書している。

本堂外陣大柱には、戊辰《ぼしん》戦争の弾痕といわれる生々しい二本の傷があり、往時の激しい戦を物語っていた。

また、寺前には曾地集落の鎮守、多々神社がある。看板には大同元（八〇六）年の創立とあり、棟札によると現在の本殿は永正十六（一五一九）年のものだという。この本殿は、流れ造りの間口一・七メートル、奥行き一・〇六メートルと小さいながら覆屋で保護され、建立当時のまま残されて国の重要文化財に指定されている。

▲本堂

13

第十三番札所

伽羅陀山《きゃらださん》

金泉寺《こんせんじ》

真言宗豊山派

住所	TEL	住職	備考
新潟県柏崎市長崎八〇三	0257・23・8851	小林 知行	拝観無料 納経朱印料規定料金

◆ご本尊

延命《えんめい》地蔵《じぞう》菩薩《ぼさつ》

真言【おん か か か びさんまえい そわか】

◆ご詠歌

南無大悲《なむだいひ》 抜苦与楽《ばっくよらく》の 地蔵尊

黄金《こがね》の泉 湧きて溢《あ》ふるる

▲ご本尊

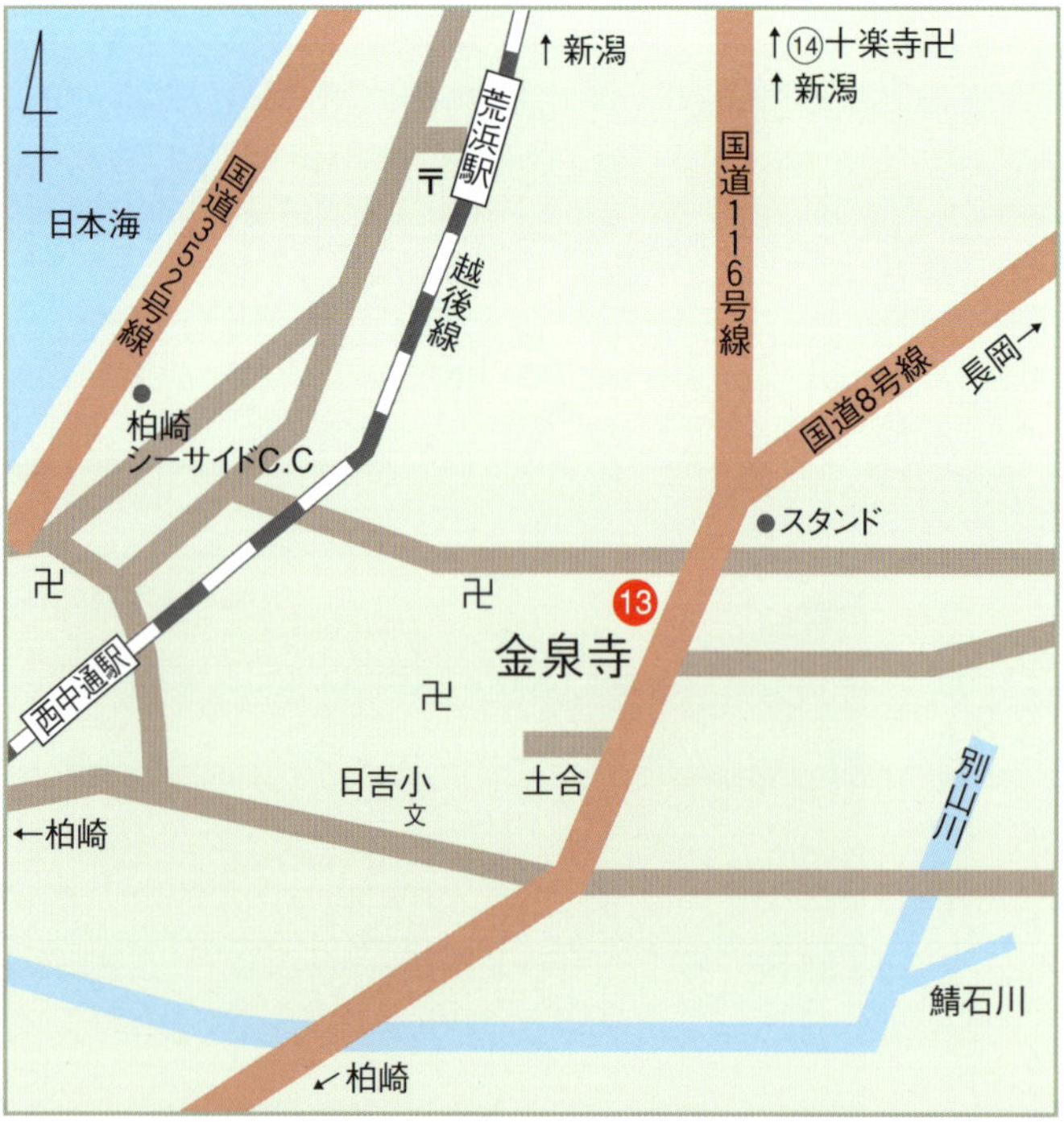

【交　通】JR越後線西中通駅より徒歩20分
【駐車場】6台

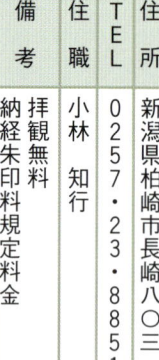

さとうなめ地蔵尊と節分会の鬼踊りで名高い

金泉寺は、柏崎市の国道8号線と国道116号線が交差する長崎にある。

ご本尊の延命地蔵菩薩は像高四十八センチ、木造の金色に輝く、まばゆいばかりの坐像である。半眼で面長、堂々としている。

当山の創建、開祖等は往昔焼失し不詳であるが、木曾義仲の側室と子にかかわる寺院と伝えられている。

当初、刈羽郡大字正明寺字地蔵ノ城に創建されたが焼失し、その後、承安三(一一七三)年四月に再建されたが、飛砂等の被害に遭い集落は宮田に集団移転、当山は寛文二(一六六二)年この地に移転した。

境内には、数え切れないほどの地蔵尊が立ち並んでいる。とりわけ参道の左の一角には、小山いっぱいに地蔵さんがいる。その奥に有名な「さとうなめ地蔵」がある。

その昔、子どもが歯痛や頭痛の時は、その痛さを紛らわすため砂糖をなめさせたものである。これにちなんでか、「さとうなめ地蔵」に砂糖をなめてもらうと痛みが治るとされ、地蔵さんの口の周りに砂糖を塗って、祈願した。また、願い事がかなうと、お礼に当時とても貴重だった砂糖をなめてもらった。地蔵さんの口の周りが変色しているのはそのためで、願いがかなうと新しい地蔵さんを一体お供えしたともいわれている。

▲本堂

今も、わずかながらこうした信仰は残っていて、時折お菓子などが供えてあるという。市の青年会議所ではこれを称え、町おこしの一環として碑を建てている。なお、当山節分会の鬼踊りは近年人気を呼び、にぎわっているという。

14

第十四番札所

医王山《いおうざん》

真言宗豊山派

十楽寺《じゅうらくじ》

住所	TEL	住職	備考
新潟県刈羽郡刈羽村大字大塚一一八二	0257・45・2741	小林　精茂	拝観無料　納経朱印料規定料金 2月15日前後の休日／だんごまきなど

◆ご本尊

薬師如来《やくしにょらい》

真言【おん　ころ　ころ　せんだり　まとうぎ　そわか】

◆ご詠歌

手を合わせ　瑠璃光如来《るりこう》　頼むべし

十二上願　みのりおおつか

▲ご本尊

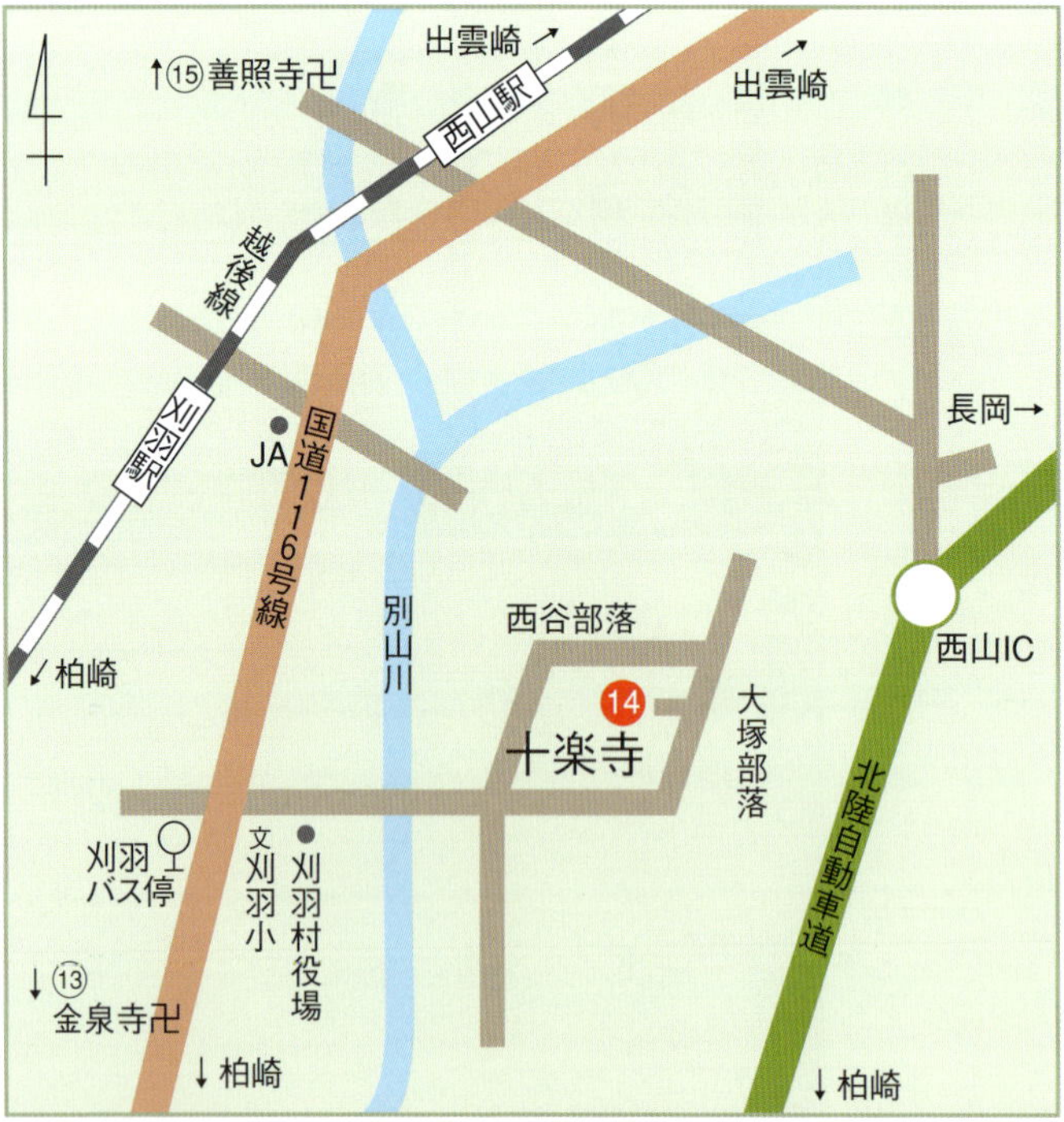

【交　通】JR柏崎駅より越後交通「西山経由長岡行き」バスで「刈羽」バス停下車、徒歩15分

【駐車場】5台

檀家の願いを象徴する数々の仏像と薬師如来が親しみを込めて迎えてくれる

十楽寺は、北陸自動車道西山I・Cから国道116号線に出て柏崎に向かい、三キロほどで左折し、刈羽小学校、役場前を直進、約一キロ行った所にある。

境内に入ると、ご住職は前庭の草刈りや掃除に汗をかかれていた。忙しいので自由にやってほしいとのことだったので、本堂前の撮影から始めた。ピンクのアジサイの花が、緑の中に夏の彩りをみせていた。雨が降ったら、この色彩は一段と濃くなり、深みが加わるのであろう。

本尊の薬師如来は像高十七センチの坐像で、行基菩薩の御作と伝えられている。やや厳しい面相の中にも親しみを覚えるのは、ふっくらした手元や衲衣《のうえ》などからにじみ出る印象によるものである。そして、それぞれ像高三十八センチの厳しいお顔の日光・月光の両菩薩も、個別のお厨子《ずし》の中から現世を見守っている。

さらに一段低い所には、十二神将が整然と並んで三尊を守護していた。須弥壇全体が、東方瑠璃《るり》光世界の教主の姿を分かりやすく表し、衆生の願いを聞き入れようとしている温かみと、親しみが感じられたのである。

当山は元和三（一六一七）年、尊守法印の開基とあるが、明治初年戊辰《ぼしん》の役で焼かれ、古記録を失い詳細は不明である。本堂の一角に小さな仏像の数々が見られたので尋ねると、檀家の本尊だったものだが、個々の故あって預かっているのだという。その根底に共通しているのは、未来永劫《えごう》菩提寺と親しく、深く、強いきずなで結ばれていたいという、檀家の願いなのであろう。

◀本堂

15

第十五番札所

曼荼羅山《まんだらざん》

善照寺《ぜんしょうじ》

真言宗豊山派

住所	TEL	住職	備考
新潟県刈羽郡刈羽村大字寺尾二三三	0257・45・3140	吉田　興澄	拝観料500円 納経朱印料規定料金

◆ご本尊

阿弥陀如来《あみだにょらい》

真言【おん　あみりた　ていせい　から　うん】

◆ご詠歌

まんだらの　山なみ浄《きよ》く　輝きて

大師のおしえ　いまになほあり

▲ご本尊

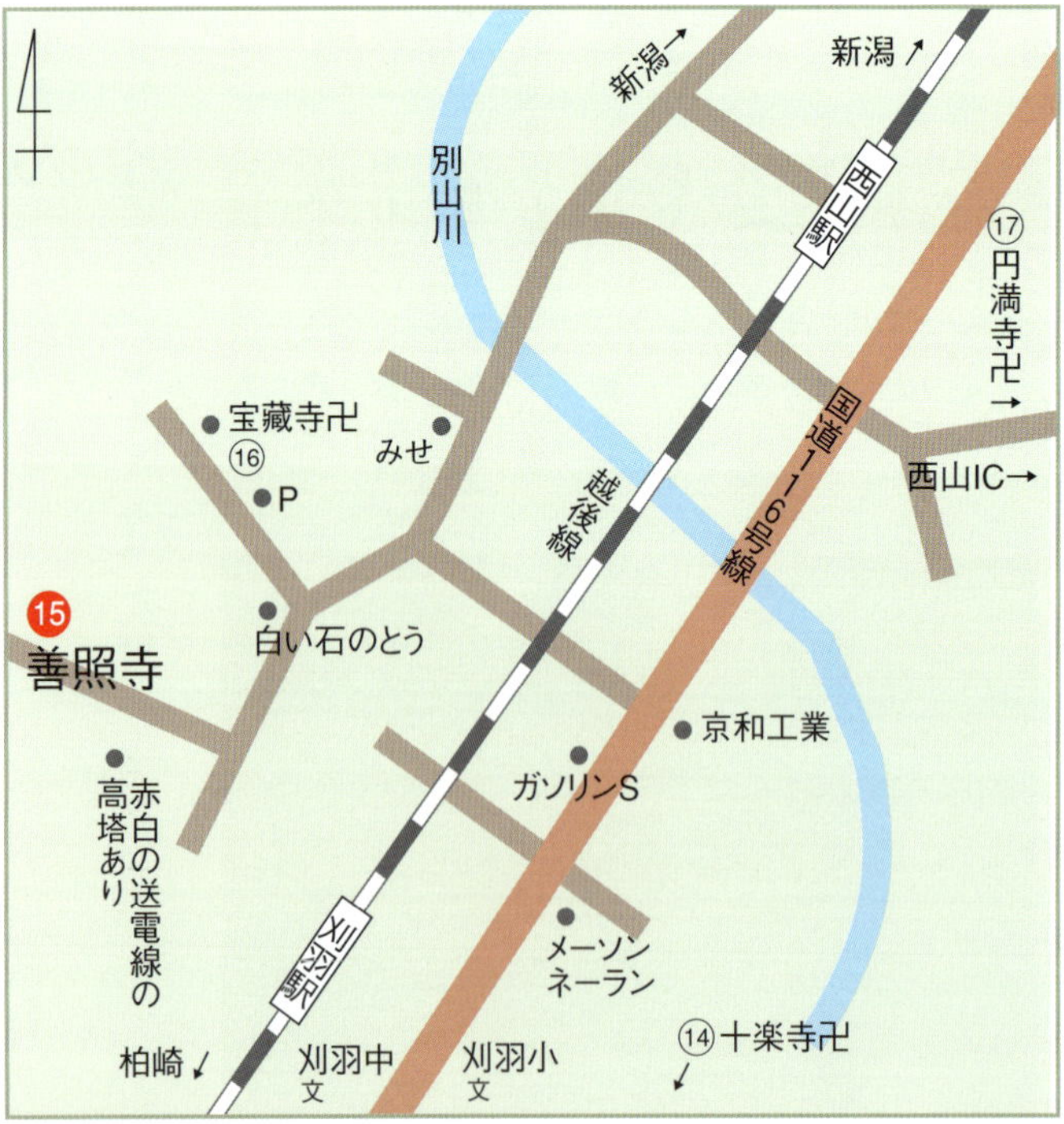

【交　通】JR西山駅より越後交通「柏崎」行きバスで「勝山農協」バス停下車、徒歩20分

【駐車場】10台

木陰の石仏や、名の知れぬ多くの古仏が迎えてくれる

当山は大同二（八〇七）年、柏崎市大字藤井に名僧越智山泰澄大徳が開創したと記録にある。また、時々の領主や城主、藤原為顕、藤原秀義、時代が下って中世の上杉謙信、景勝から厚い信仰を受け、田畑の寄進があった。亨徳三（一四五四）年ころに刈羽村大字船丸へ移り、さらにその後、天明三（一七八三）年ころ現在地に移ったという。なお、この時に法相宗から真言宗に改宗し、増珍僧都が第一代となっている。

山門は元柏崎陣屋の通用門を移築したものであるが、戊辰《ぼしん》の役では武装した官軍の北陸道軍兵士も、この門を通ったのであろう。

参道のほか、庫裏に通じるもう一方の道には、木立の緑の中にひっそりたたずむ何体かの石仏が目に入る。風化が進み、その姿も制作年代も分からない。幾世代もの先人たちが、ここで立ち止まり、目をやり、多くを語り、願いを込めて祈ったことだろう。輪廻転生《りんねてんしょう》、いま私も生きていることを実感する。

寺宝には、護摩堂の本尊不動明王（牧野広円師作）や十二天画像（品田正澄作）があり、位牌堂には今はない末寺だった南蔵坊の本尊阿弥陀如来像が安置されている。この尊像は高さ約百四十センチの木造で、柏崎の宮川海岸に流れ着いた大木から彫ったもののとのこと。江戸後期作で、個性的な面相で彫りの深い上品上生《じょうぼんじょうしょう》の坐像である。

境内は広く、往時は多くの末寺があったことをしのばせるが、訪ねたときは門前の広場でバーベキューを楽しむ親子の一団がにぎやかで、心が和んだ。

▶本堂

真言宗豊山派

第十六番札所

不退山《ふたいざん》

宝蔵寺《ほうぞうじ》

住所	新潟県刈羽郡刈羽村滝谷一七〇一
TEL	0257・45・2397
住職	伊佐　智海
備考	拝観料200円、納経朱印料規定料金 5月第2日曜日／花見つつじ茶会など

◆ご本尊

阿《あ》弥《み》陀《だ》如来《にょらい》

真言【おん　あみりた　ていぜい　から　うん】

◆ご詠歌

滝《たき》つ瀬《せ》の　谷の泉も　尽《つ》くるなき

法《のり》ぞ宝の　蔵の御《み》仏《ほとけ》

▲ご本尊

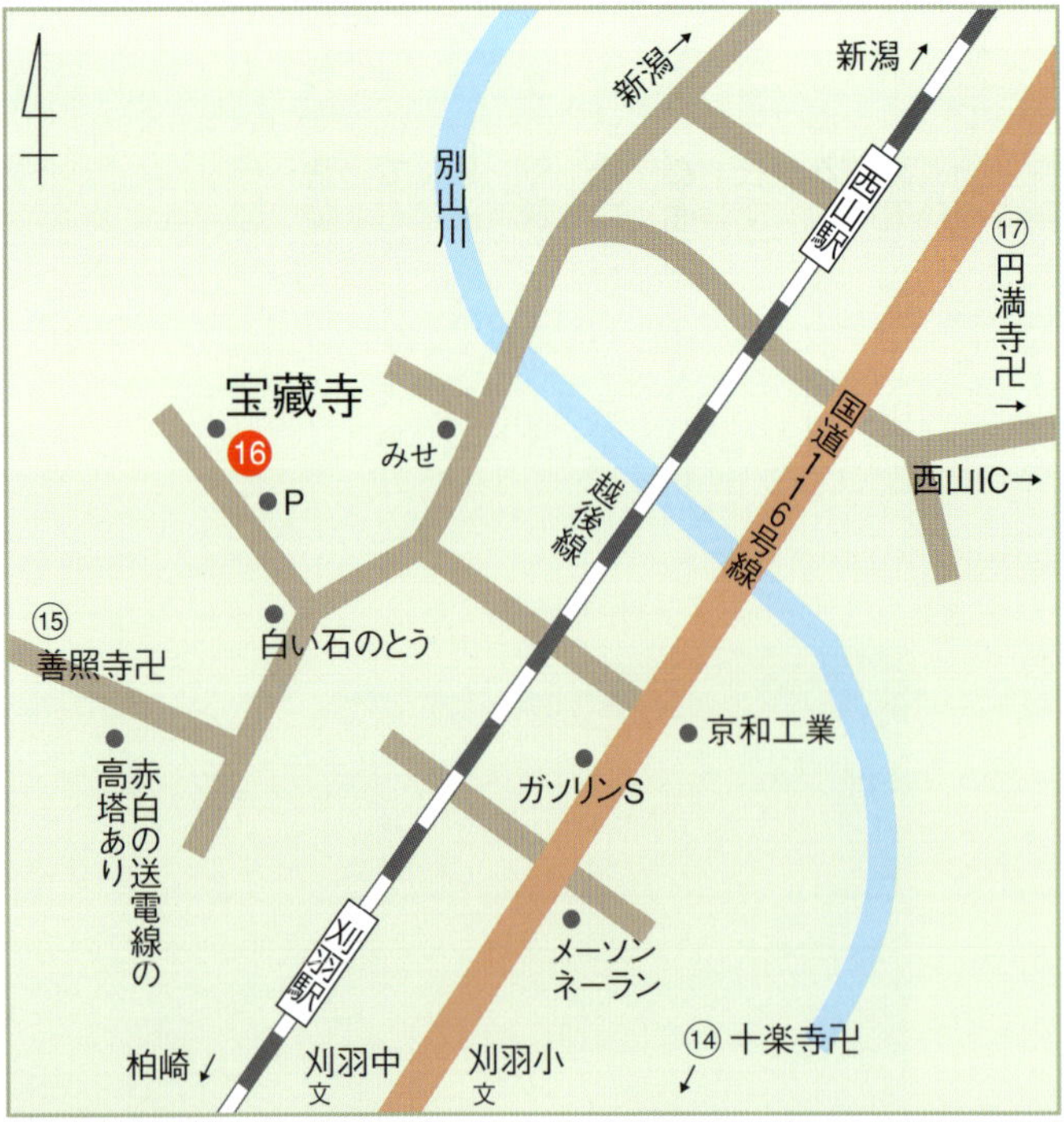

【交　通】JR西山駅より徒歩20分
【駐車場】10台

本堂欄間彫刻が素晴らしく越後三十三観音第五番札所でも知られる

宝蔵寺は、北陸自動車道の西山I・Cから和田三差路に出て、国道116号線とJR越後線を横切り、道なりに左方向に一キロほど行って、少し入った所にある。境内には四季折々に花が咲き、数々の石仏や供養塔、記念碑などがあり心を癒やしてくれる。

当山は天平八（七三六）年の開創と伝えられ、当初は法相宗だったが後に真言宗に改宗され、今に至っている。江戸時代末期ころまでは、高野山派越後法檀林中の本寺として十一カ寺の末寺を擁していた。また、多くの学僧を輩出しているが、豊山派総本山長谷寺の能化《のうけ》管長になった故正城全鏡大僧正は、当地の出身で当寺の従弟であったという。

ご本尊は、行基菩薩御作とされる阿弥陀如来の立像で、越後六阿弥陀の第四番である。来迎印《らいごういん》を結んだ像高五十八センチの尊像で、頭部は螺《ら》髪《ほつ》でなく結い上げた珍しい髪型、目元は涼しく写実的な面相である。ふくよかな体つき、衣文《えもん》の彫りが浅く親しみさえも感ずる。脇侍の勢至・観音両菩薩は、像高五十センチほどの金色に輝く優しさに満ちた尊像であった。本堂の欄間には迫力のある竜などの彫刻が施され、堂内の厳かな雰囲気を高めていたし、護摩壇の不動明王をはじめとする諸仏からは神秘的な空気感が伝わってきた。

その昔、上杉謙信公は川中島の戦いに際し、ご本尊の阿弥陀三尊に戦勝を祈願し勝利したが、その礼として寺領八十石を寄進されたという。謙信公の葬儀で導師を勤めた当山の住職は、後に景勝公に従って会津若松、さらに米沢城に移り、十一人衆の第六位・能化衆として尊ばれた。また徳川時代には天領地となり、本堂の各大柱の上には金製の大葵紋が輝いている。

▲本堂

17

第十七番札所
如意輪山《にょいりんざん》

真言宗豊山派

円満寺《えんまんじ》

住所	TEL	住職	備考
新潟県刈羽郡西山町大字坂田一三九五	0257・48・2581	西澤　晟光	拝観無料 納経朱印料規定料金

◆ご本尊

如意輪観世音菩薩《にょいりんかんぜおんぼさつ》

真言【おん　ばらだはんどめい　そわか】

◆ご詠歌

ふだらくや　阿弥の剣《つるぎ》に　まかす身の
まいる願いの　円満寺

▲お前立

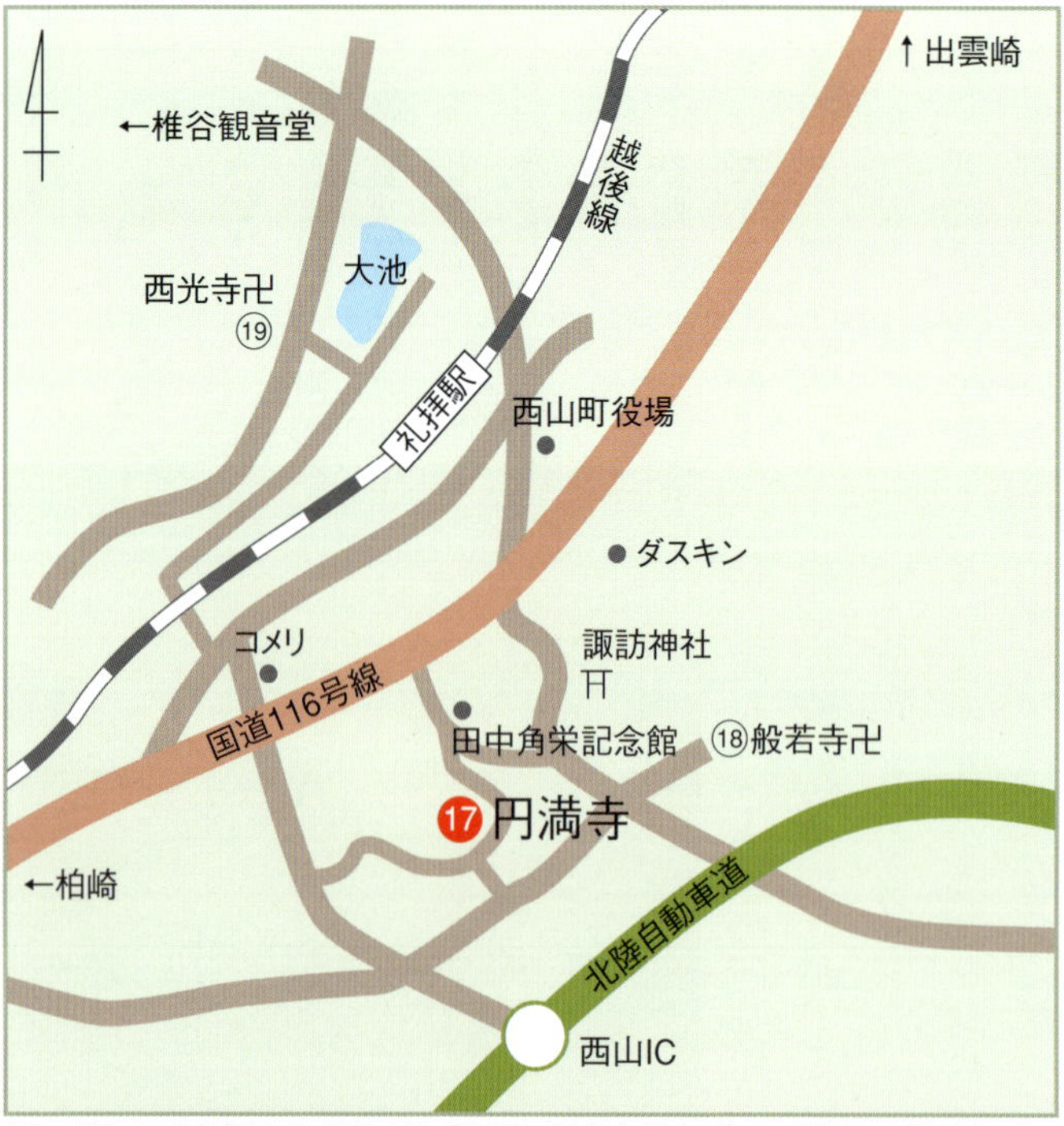

【交　通】JR礼拝駅から越後交通「長岡・柏崎」行きバスで「坂田三叉路」バス停下車、徒歩5分
【駐車場】10台

どっしりした如意輪観音像と珍しい唐風の山門が迎えてくれる

円満寺は、北陸自動車道西山インターから海側に向かって、約一キロの坂田集落にある。参道左手に彫りの深い、娘さんのような石像の如意輪観世音菩薩があり、優しくほほ笑んでいるかのようである。正面に見える山門は、文化十（一八一三）年、隆円代に建立されたもので、唐風のどっしりした建物である。

伝承によると、ご本尊の如意輪観世音菩薩は運慶作で、秘仏になっている。住職一代一回のご開帳なので拝観できなかったが、お前立をじっくり拝ませていただいた。像高約三十センチの木造で、衣文《えもん》に金箔《きんぱく》を施した美しい尊像である。目は半眼の切れ長、唇をやや突き出し気味の面相。なぜか心が引き締まる思いが募ってくる。

当山は法相宗忠算大徳の開基にして、大同元（八〇六）年の建立とある。その後、亀山天皇（在位一二五九～七四）がご病気になり、当山の本尊に平癒を祈願されたが、空眼《くうげん》僧正の身体安全の祈とうによって、天皇はたちまち回復されたという。これが縁となってか文永元（一二六四）年、空眼僧正は御宇多天皇の勅命があって、醍醐山金剛王院から当山の住職となり、法相宗から真言宗に改めたのだという。以来七百四十年、連綿と法灯を守り続けている。

現在の本堂は享保年間（一七一六～三五）、中興知空法印によって建立されたのだという。

寺宝としては本尊如意輪観世音菩薩のほか、十一面観世音菩薩、阿弥陀如来坐像や多くの書面、古文書などがある。とりわけ田中角栄元総理大臣の出身地であることから、元総理の胸像や書幅、色紙や扇子、絵皿、メダルなど数々の遺品があり、親しみを覚えた。帰路に田中邸の庭をのぞくと、緑が燦々《さんさん》と降り注ぐ中、自信に満ちた顔立ちの元総理の胸像が、現世を見つめていた。

▲本堂

18

第十八番札所

医王山《いおうざん》 般若寺《はんにゃじ》

真言宗豊山派

住所	TEL	住職	備考
新潟県刈羽郡西山町坂田二〇一二	0257・48・2355	髙野　量誉	拝観無料 納経朱印料規定料金

◆ご本尊

薬師如来《やくしにょらい》

真言【おん　ころ　ころ　せんだり　まとうぎ　そわか】

◆ご詠歌

南無薬師　病の癒し　手を合わせ

慈悲の輝き　医王の山に

▲ご本尊

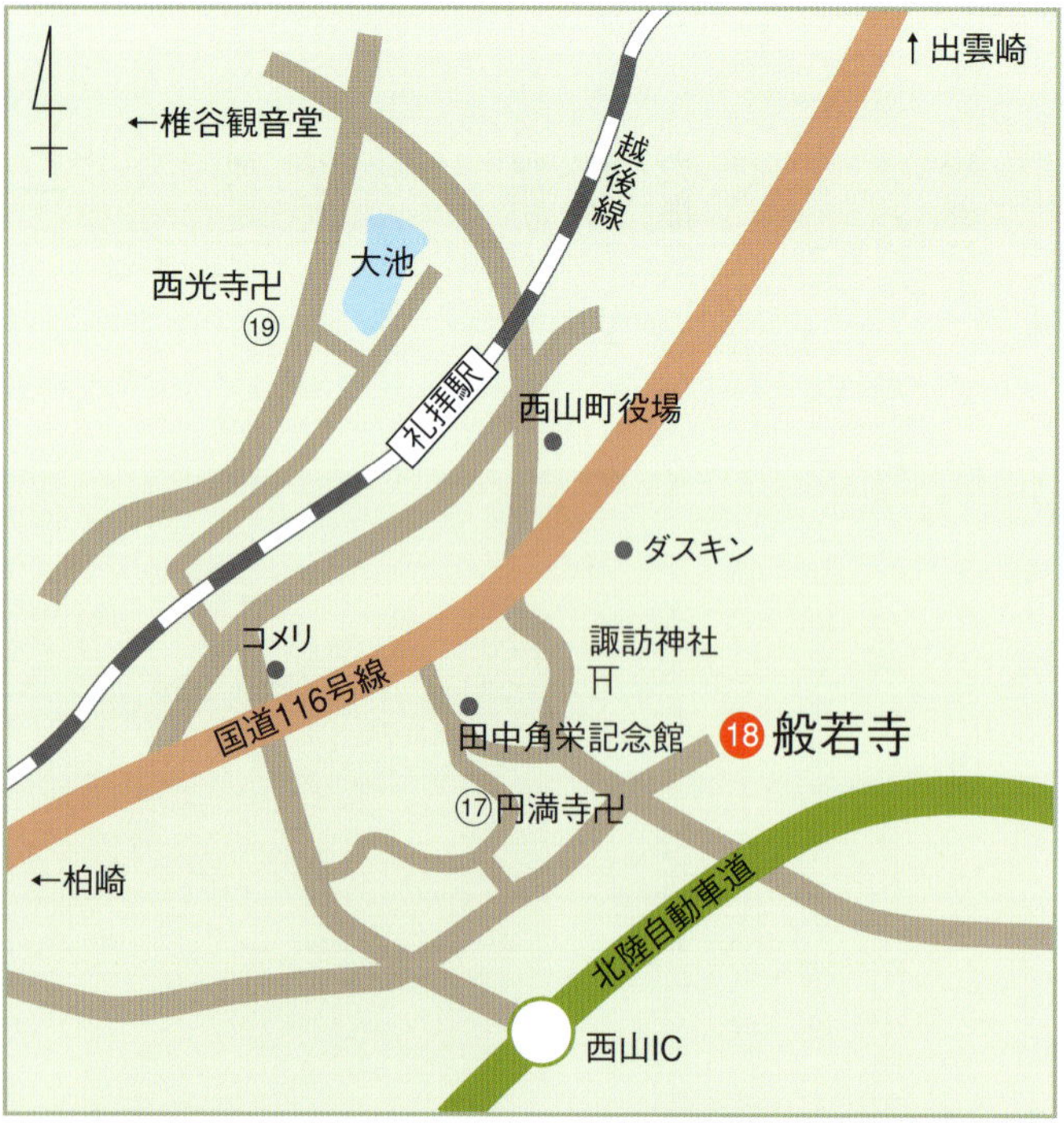

【交　通】JR越後線礼拝駅から徒歩20分、もしくはJR長岡駅より越後交通「西山経由柏崎行き」バスで「坂田三叉路」バス停下車、徒歩1分

【駐車場】10台

西国三十三観音の写し霊場と植え込み式地蔵尊がある

般若寺は、北陸自動車道の西山I・Cから最初の信号を右折、長岡市に向かい、一キロほど行った信号のすぐ左にある。橋を渡って杉木立の中を行くと、右側に西国三十三観音の第一番、如意輪観世音菩薩が迎えてくれる。門柱から広い境内に入ると、本堂回廊の雨戸と障子戸に枝垂れ桜の緑がうまく重なり、和風建築に初夏の彩りを添えていた。右手には不動堂、位牌堂脇には三十三観音が見える。

当山の創立年代は不詳であるが、古記録からの推測によると、享保五（一七二〇）年、椎谷藩主・堀遠江守直恒が、六代目を継いだころと思われる。その後、享保八年、時の住職貞含法印によって再興され中興第一世となっている。現本堂は安永八（一七七九）年、三世憲精法印が建立したものである。

本尊は木造の薬師如来立像である。像高八十センチ、肉髻《にっけい》が低く、瞑想《めいそう》する、ふっくらした顔、衣文《えもん》の流れが美しい。脇侍の日光・月光両菩薩も立像で、像高共に四十二センチ、丸顔で目鼻立ちが涼しく均整の取れた体つきである。周囲には十二神将が、しっかりと守護していた。

当山には軸物をはじめ寺宝も多いが、山号額は亀田鵬斎と同門の、原松洲の揮毫《きごう》によるものであった。前庭には「植え込み式地蔵」と呼ばれる、胸から上だけの高さ三十八センチの地蔵さんが、植え込みの中にひっそりと合掌し、衆生を見守っていた。こうした形の石仏としては、妙高村関山の関山石仏群（県指定文化財）がよく知られている。

◀本堂

19

第十九番札所
池上山《ちじょうさん》

真言宗豊山派

西《さい》光《こう》寺《じ》

住所	TEL	住職	備考
新潟県刈羽郡西山町大字長嶺七一三	0257・48・3193	遠藤 正光	拝観無料、納経帳朱印料200円、納経軸朱印料300円

ご本尊

阿弥陀如来《あみだにょらい》
真言【おん あみりた ていぜい から うん】

ご詠歌

白鳥の 舞い飛ぶ寺や みだ如来
功徳《くどく》たのみて 参る心は

▲ご本尊

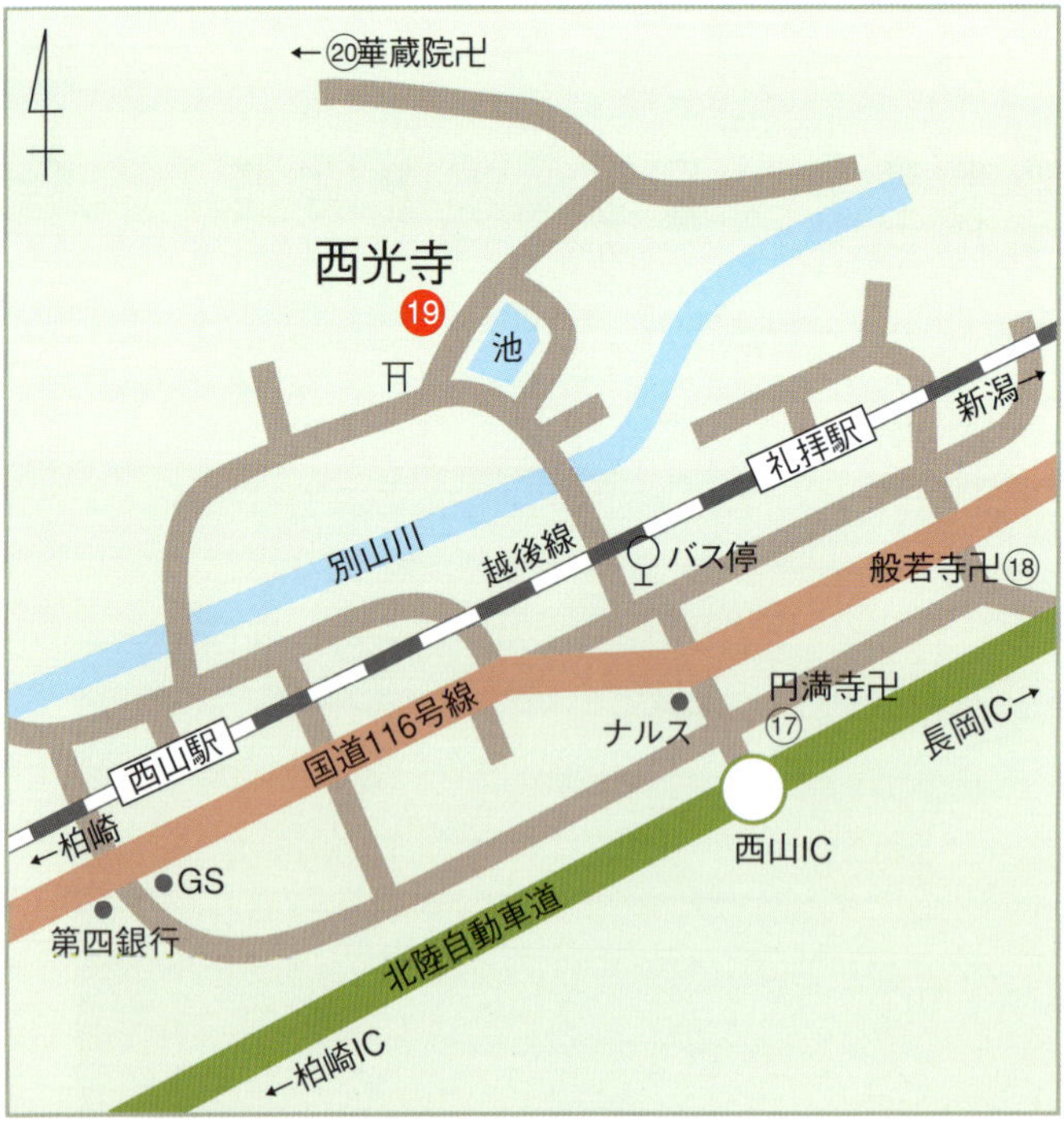

【交　通】JR西山駅もしくは礼拝駅より徒歩35分
【駐車場】3台

微笑仏で知られる木喰仏があり白鳥が舞い飛ぶ

白鳥の飛来地、長嶺大池のすぐ向かい側に西光寺がある。参道を上り始めて見上げると、本堂は焚《た》き火の煙に包まれていた。境内の所々には残雪があり、ツバキが咲いている。ご住職の三十九世遠藤正光師のお話では、眼下に見えるたくさんの白鳥は、彼岸を過ぎるといなくなるとのこと。

当山は寛永二十（一六四三）年、僧雄賢が当地に開山されたという。しかし、度重なる山崩れなどで過去帳以外の記録はなく、詳しい由緒沿革はわからない。正徳二（一七一二）年、辰年の大雨と山崩れによって、寺は一時村はずれの五百地（今も寺屋敷と呼ばれている）に移ったが、明和二（一七六五）年に再度、長嶺の庄屋伴内が現在地に当寺を建立したのだという。

本尊は木造の阿弥陀如来で、目は見開き、写実的な親しみを帯びた面相をした、上品上生《じょうぼんじょうしょう》の坐像である。勢至菩薩、観音菩薩を脇侍にした阿弥陀三尊で、金色に輝くお厨子《ずし》におられる。

当山の寺宝に木喰《もくじき》五行明満上人が彫った薬師十二神将がある。これは文化二（一八〇五）年六月二十一日から二十七日までの作で、量感あふれるエネルギッシュな名品。この尊像は、昭和初期に本堂の屋根をふき替える時に発見されたもので、当時は、大変な反響があったという。

寺には昔、本堂に並んで薬師堂があったといわれ、今も土台石が残っている。よく見ると、ここに通じる階段状の参道が、落ち葉の中に深く埋まっていた。

▶本堂

第二十番札所
大辻山《おおつじさん》

真言宗豊山派

華蔵院《けぞういん》

住所	TEL	住職	備考
新潟県柏崎市椎谷七七二	0257・35・2756	髙橋 教正	拝観無料 納経朱印料規定料金

◆ご本尊

阿弥陀如来《あみだにょらい》

真言【おん あみりた ていぜい から うん】

◆ご詠歌

恋しくば 尋ね来てみよ 大辻《おおつじ》の
嶺《みね》にたなびく むらさきの雲

▲ご本尊

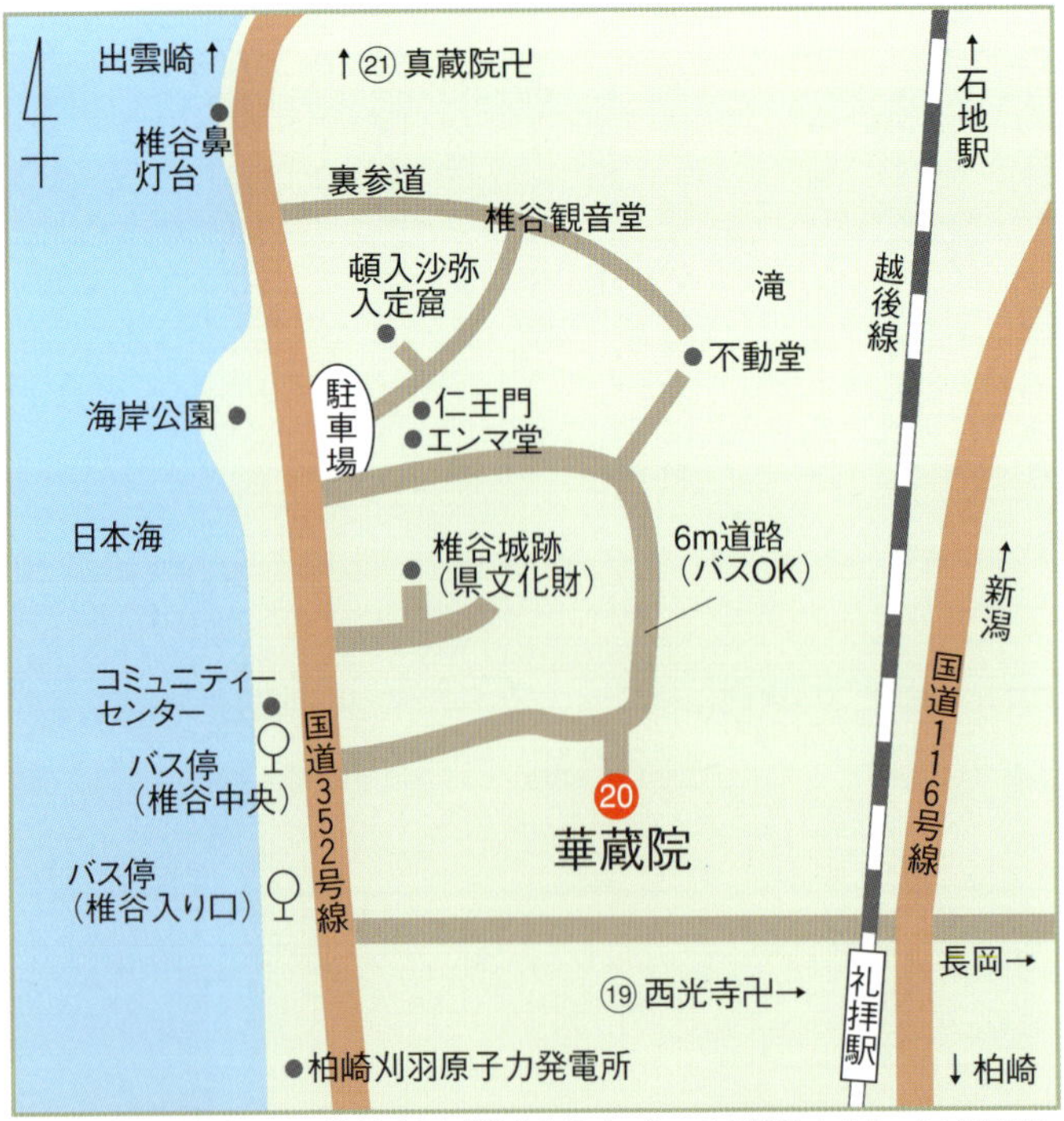

【交　通】JR柏崎駅より越後交通「椎谷行き」バスで「椎谷中央」バス停下車、徒歩3分
【駐車場】5台

境内に数多くの地蔵菩薩がおられ境外仏堂の椎谷観音堂が有名

北陸自動車道の西山I・Cから和田三差路に出て直進し、国道116号線とJR越後線を横切りすぐ右折、長嶺から鎌田交差点を左折し、三キロほどで海岸線の国道352号線に出る。華蔵院は、ここを右折して三百メートルで当山の看板があるので右折すると、わずかの所にある。境内の方々にアジサイが咲き、草むらにはたくさんの石の地蔵菩薩が、赤いよだれかけをして鎮座していた。大きさ、顔の表情、いずれも同じものはない、何とも不思議な雰囲気が漂っている。

当山は弘仁八（八一七）年、密韶和尚の建立で、椎谷藩主堀出雲守の祈願寺として明治維新まで続いた。昭和十四年、椎谷大火により類焼、古記録はすべて焼失し詳しいことは分からない。現在の堂宇は昭和十六年に建立されたものだという。

本尊は上品《じょうぼん》下生《げしょう》の阿弥陀如来の立像である。木造の像高二十六センチ、静かに目を閉じながらも、言葉を発するかのような口元からは、極楽浄土に導く尊像の心情が伝わってくる。体つきは肩幅が広く、どっしりとしている。普段はお厨子《ずし》の中に居られ、常にはお前立の大日如来（金剛界）が安置されている。脇仏として、向かって左には像高四十三センチの毘沙門天像、右には像高四十センチの不動明王像がそれぞれ厳しい面相で立っている。

▲本堂

当山から数百メートル離れた所には境外仏堂があり、本尊は聖観世音菩薩。仁王門の傍らには芭蕉の句碑「草臥れて　宿かるころや　藤の花」がある。堂内宝物殿には椎谷藩主堀出雲守の遺品仏額、絵馬などの市文化財などが展示されている。

21

第二十一番札所

机立山《つくいたちさん》

真蔵院《しんぞういん》

真言宗智山派

住所	TEL	住職	備考
新潟県刈羽郡西山町大字大崎四〇七	0257・47・2142	山田　宥人	納経朱印料規定料金

◆ご本尊

虚空蔵菩薩《こくぞうぼさつ》

真言【おん　ばざらあらたんのう　おん　たらくそわか】

◆ご詠歌

見渡せば　海原《うなばら》はるか　のりの舟

導きたまえ　ちえのみ光

▲御宮殿

【交　通】JR出雲崎駅より越後交通「柏崎行き」バスで「向山」バス停下車、徒歩5分

【駐車場】5台

海に向かって坐す二体の地蔵尊が迎えてくれる

国道116号線からJR石地駅脇の県道48号線で海岸に向かい、五キロ近くで国道352号線に出る。真蔵院は、ここを左折し二キロ余りで着く。山側に百メートルほど登ると門柱があり、石の地蔵尊二体が海に向かって鎮座している。風化の進んだ顔面だが、ふっくらした手足の尊像は、長きにわたり衆生を慰め救ってきたのであろう。

当山は当初柏崎市椎谷町坂の下にあったが、数度の火災により二百年ほど前に現在地に移ったのだという。よって古記録もなく開創については分からないが、中興山田宥基師から数えて現住職宥人師が四十一世に当たるという。本尊の虚空蔵菩薩は秘仏で拝観できなかったが、左に像高五十五センチの役小角《えんのおづぬ》の神変菩薩と、右に聖宝《しょうぼう》の理源大師がおられたし、毘沙門天、聖観世音菩薩もおられて現世を見詰めていた。

参拝と取材に訪れた日は盆参会だった。ちょうどお斎《とき》が終わり、後始末をしながらにぎやかに談笑する女性たちの声に心が和んだ。ご住職はご不在で、ご母堂にご指導を頂いた。お話によると、昔は海水浴客目当ての民宿や海の家も多くにぎわったが、マイカー時代になり日帰り客が多くなった。このため、今は民宿も数軒に減り、当寺も臨海学校を開設したころが懐かしいとのこと。

境内左の海側には、暴風さくを背に大小の地蔵菩薩や墓石などがひっそりと立ち並んでいた。当山の周囲は、夏はアジサイなどの花に囲まれ穏やかであるが、冬は日本海から厳しい風雪が吹き上がる。御仏《みほとけ》たちは、いつも衆生を守り、縁者を苦から救ってきたのであろうと思いつつ、海岸線の絶景を眺めながら参道を下った。

▲本堂

第二十二番札所

獄照山《がくしょうざん》

形蔵院《ぎょうぞういん》

真言宗豊山派

住所	TEL	住職	備考
新潟県刈羽郡西山町大字石地九一七	0257・47・2530	戸川　良久	拝観無料 納経朱印料規定料金

◆ご本尊

延命《えんめい》地蔵《じぞう》菩薩《ぼさつ》

真言【おん　か　か　か　びさんまえい　そわか】

◆ご詠歌

波がしら　佛《ほとけ》の慈悲を　伝えきて

おろがみまつる　獄照《がくしょう》の山

▲お前立

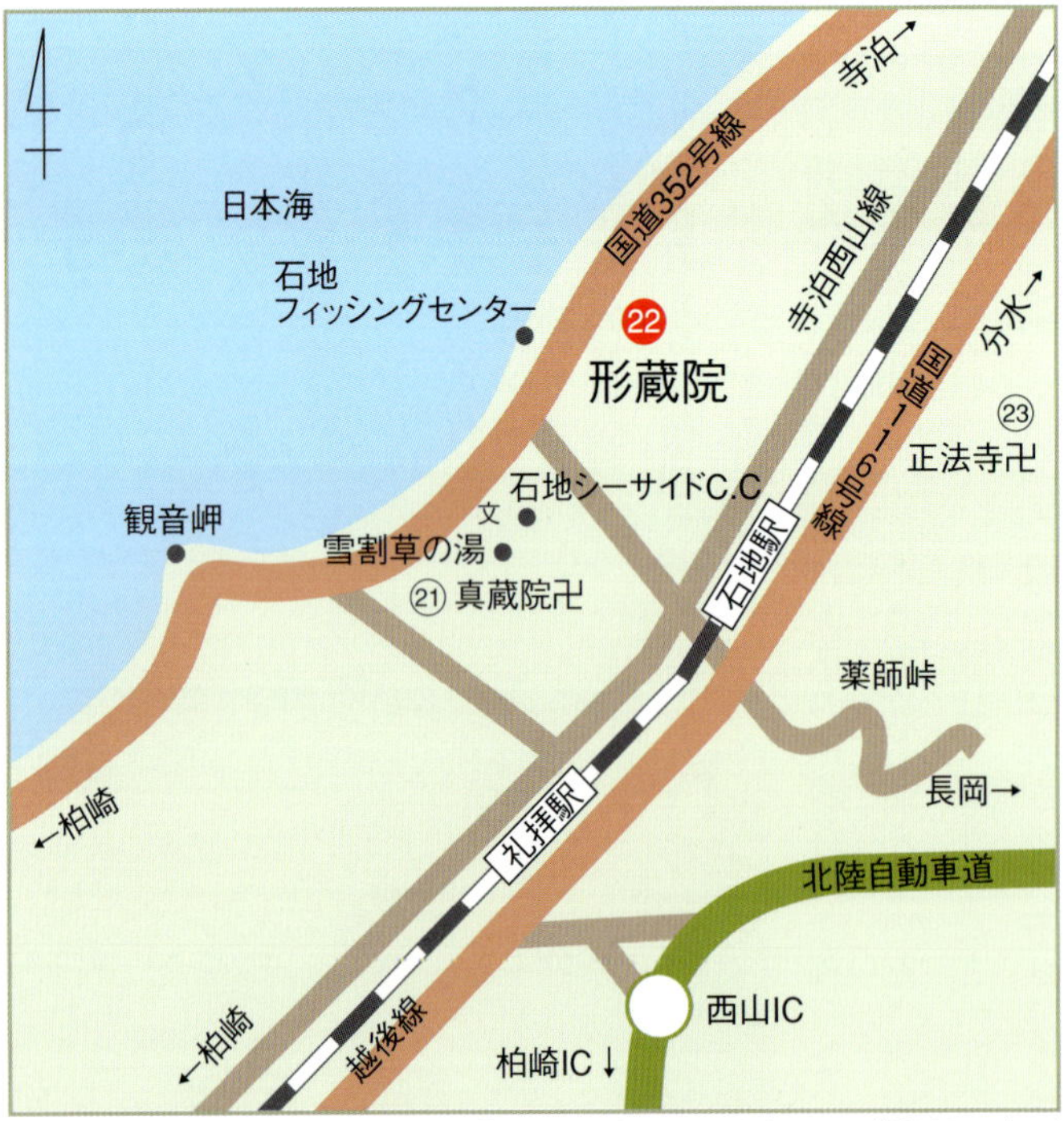

【交　通】JR出雲崎駅より越後交通「車庫行き」バスで終点まで、「柏崎行き」バスに乗り換え「石地の入口」バス停下車、徒歩2分

【駐車場】8台

日本の石油王内藤家の菩提寺で亀田鵬斎などの書がある

国道116号線で、JR石地駅の脇を走る県道48号線で海側に向かい、五キロ弱で海岸線の国道352号線に出る。形蔵院は、ここを右折し二キロ弱で着く。門柱から三十段ほどの石段を登ると、真っ白い鉄筋コンクリート造りで、三間四面の山門がある。そして、正面に木筋漆喰《しっくい》九間四面の宝珠を頂いた屋根に、白塗りの美しい本堂が建っている。

当山は、岡山城主・井伊家の菩提寺だったという。建武三（一三三六）年、戦いに敗れた井伊家の一部が逃れて日本海側を北上、当地に来て一宇を建立し、菩提寺として形蔵院を創建したといわれる。その後、地元石地の内藤家六代久乗が施主となり大伽藍《がらん》を建立、このときに真言宗智山派から豊山派檀林寺格にもなった。かくして、幾多の変遷を経て寺運の興隆なったが、文久二（一八六二）年八月本堂より出火、寺宝ともどもことごとく焼失した。その後、大正三（一九一四）年に内藤家十二代で日本石油創始者の久寛が、現山門、本堂、荘厳具すべてを寄進したのだという。

本尊は延命地蔵菩薩坐像で秘仏とされ、大正四年にご開帳の記録がある。お前立は像高二十七センチ、きれいな半跏《はんか》像である。当山には寺宝が多く、長老の戸川良運師から種々ご教示いただいたが、亀田鵬斎の般若心経や権田雷斧《らいふ》の寺号額等の書をはじめ慈雲尊者の自詠和歌、さらには古仏などがあり、荘厳なる雰囲気の中で参拝ができる。

帰りに長老様は山門まで見送ってくださったが、当山からの夕日の美しさは百万ドルに値すると言われる。「円でなくドル？・」この山門、そして白塗りの本堂。そう言えば和風建築ではあるが、一見洋館にも見える。「ここに夕日が映えたら、百万ドル！」分かるような気がする。世界に目を向けて生きた内藤久寛の思いが、今も当山に深く浸透しているからなのであろう。

▲本堂

23

真言宗豊山派

第二十三番札所

一坪山《いっぴょうざん》

正《しょう》法《ぼう》寺《じ》

住所	新潟県三島郡出雲崎町市野坪四三二
TEL	0258・78・4105
住職	髙居　覚阿
備考	拝観無料 納経帳朱印料200円

◆ご本尊

十《じゅう》一《いち》面《めん》観《かん》世《ぜ》音《おん》菩《ぼ》薩《さつ》

真言【おん　まかきゃろにきゃ　そわか】

◆ご詠歌

静かなり　初瀬のほとけ　うつしみに

祈るこころは　天際《あまぎわ》に満つ

▲ご本尊

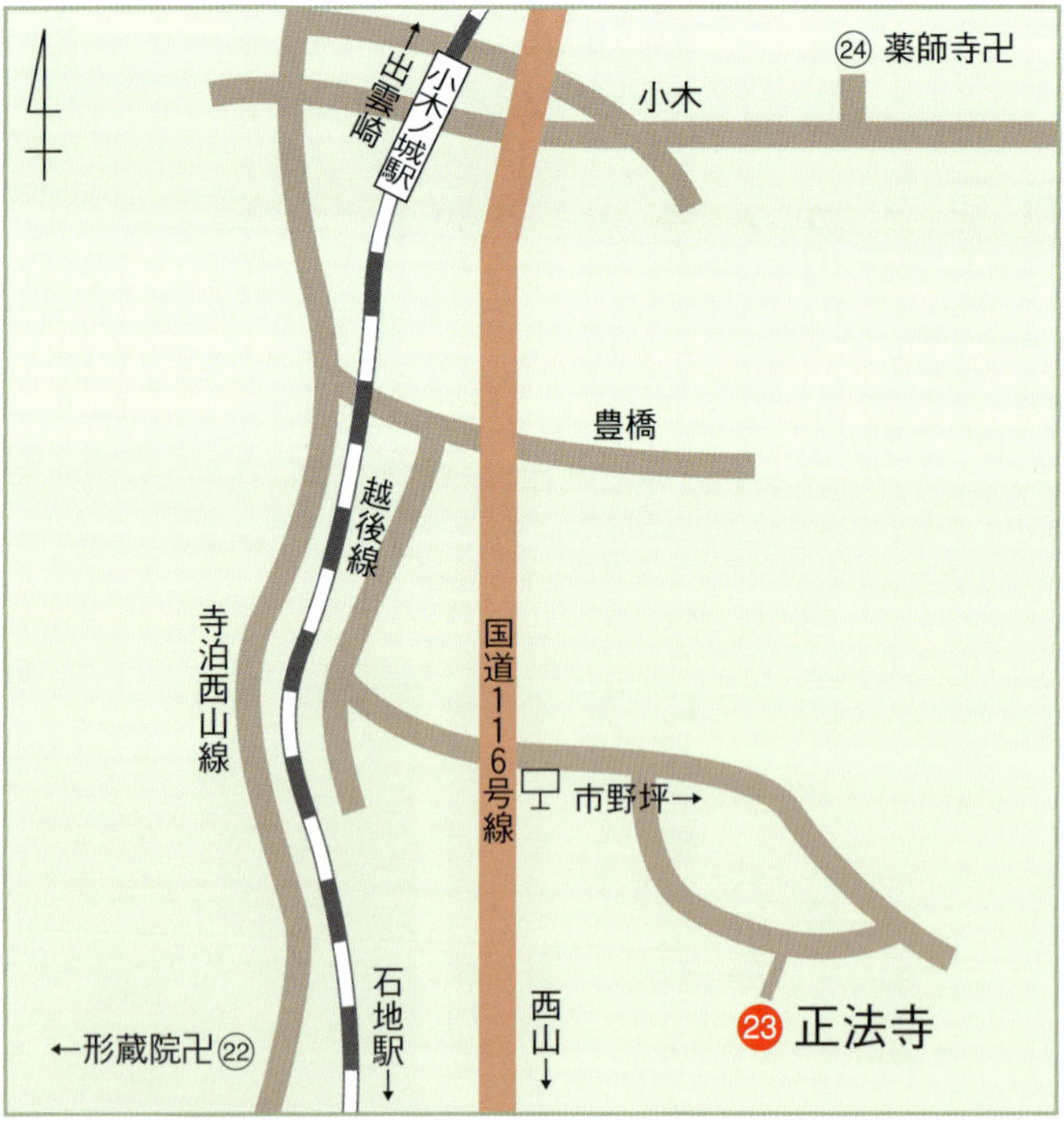

【交　通】JR出雲崎町駅よりタクシーで6分
【駐車場】20台

仏教界の泰斗と仰がれた権田雷斧の誕生の地

正法寺は、新潟から国道116号線を柏崎方向に向かい、出雲崎町市野坪を左に入って一キロ弱の所にある。田植えから間もない水田の美しさは、越後の春を象徴する風景である。笠をかぶり、孫を自転車に乗せて水回りをするおじいさんの顔も、ほころんでいた。

当山は元中六（一三八九）年、高野山龍光院の法類、良海の開基で、第十四世明鑁《みょうばん》の代の元禄十三（一七〇〇）年、音羽護持院（現護国寺）末となり、新義派常法談林所であった。今もこれを表す「新義真言宗豊山派古談林」の看板が鐘楼門に掲げられている。残念ながら天明年中（一七八一～八九）に本堂より出火し、すべてを焼いた。さらに戊辰《ぼしん》の兵火で焼かれ、現在の本堂庫裏は明治四（一八七一）年の再建である。

仏教界の泰斗と仰がれた権田雷斧《らいふ》大僧正は、弘化三（一八四六）年当所で生まれた。幼少にして当寺で得度、十一歳で奈良初瀬の本山長谷寺に上り多くを学んだ。文久元（一八六一）年十六歳の時、全国から集まって研修中の学僧に対してインドの論理学を堂々と講じ、驚かせたという。

雷斧は一時真言宗から曹洞宗に籍を移したが、再度真言宗に復帰して当山の住職となり、戊辰の役後の復興にも尽力した。また、豊山大学、大正大学の学長を歴任。豊山派第二代管長、総本山長谷寺五十八世化主に就任、七十九歳の高齢になっても中国に真言密教を伝えるなど、生涯を仏教界にささげた。

本尊の十一面観世音菩薩（長谷型）は、年一回のご開帳で拝観できなかったが、お前立の堂々とした金色に輝く姿は、まさに衆生を救い導く御仏《みほとけ》であった。

▲本堂

24

第二十四番札所

高名山《たかいなさん》

薬師寺《やくしじ》

真言宗智山派

住所	TEL	住職	備考
新潟県三島郡出雲崎町相田七二	0258・78・2090	田中 文宥	拝観無料 納経帳朱印料200円

◆ご本尊

薬師如来《やくしにょらい》

真言【おん ころ ころ せんだり まとうぎ そわか】

◆ご詠歌

館《たて》あとに おわす瑠璃光《るりこう》 南無薬師

諸病なかれと 祈りつ詣《まい》る

▲お前立

【交　通】JR小木ノ城駅より徒歩10分
【駐車場】20台

今に残る上杉謙信の祈願文と往時をしのばす荘厳な境内

薬師寺は、JR小木ノ城駅から徒歩で約十分、国道116号線からは約六百メートル東方に行ったところにある。門柱からは左手の車道からでなく、正面の十数段の石段をゆっくり上りたい。両側から黒松が迫まり、前方には総ケヤキ造りの山門（町文化財）見え、その向こうには本堂が見えてくる。なんとも美しい光景なのである。

歩を進めるごとに、取材への心の高まりと、仏心からの心の鎮まりが複雑に交錯する。境内に鎮座する石仏は、風化の上に苔《こけ》むし、かすかに地蔵菩薩と分かるに等しいが、その胸の奥底からは慈悲に満ちた心情が伝わってくる。ほかの石仏の心も、山内の三十三観音も、みんなそうなのであろう。

ご本尊は年二回の薬師講でご開帳される。お前立は半眼の穏やかな面相で豊かな体つきである。薬師如来の眷属《けんぞく》十二神将は彫りが深く、力強さと動きが感じられる。また、小木ノ城主松本氏寄進の阿弥陀三尊像は気品に満ち、三尊の一体感と精神性が伝わり、不動明王は玉眼から発する迫力が全身にみなぎっていた。

寺は応永元（一三九四）年、融誉律師という人の開基である。その後、栄枯盛衰があったが、天文十（一五四一）年に第九世の憲海上人が醍醐三宝院から来られ、寺域の拡充に努め、中興開山となっている。

▲山門

寺宝の中には、上杉謙信が当寺にあてた武田信玄、北条氏康の調伏を祈願した願文があり、往時の隆盛を知ることができる。ほかにも、巨勢金岡筆の阿弥陀三尊像などがある。

毎年四月八日と十月八日の「薬師講」には、参拝人が薬湯の「五香湯」を頂き、楽しく過ごすという。

第二十五番札所

寶光山《ほうこうざん》 延命寺《えんめいじ》

真言宗智山派

住所	TEL	住職	備考
新潟県三島郡出雲崎町大字別ヶ谷一一三	0258・78・4310	市川 弘明	拝観無料 納経朱印料規定料金 8月23日／本尊講（地蔵講）

◆ご本尊

延命地蔵菩薩《えんめいじぞうぼさつ》

真言【おん かあかあか びさんまえい そわか】

◆ご詠歌

夜もすがら やみぢに迷う われらおば

お救いたまえ 南無地蔵尊

▲ご本尊

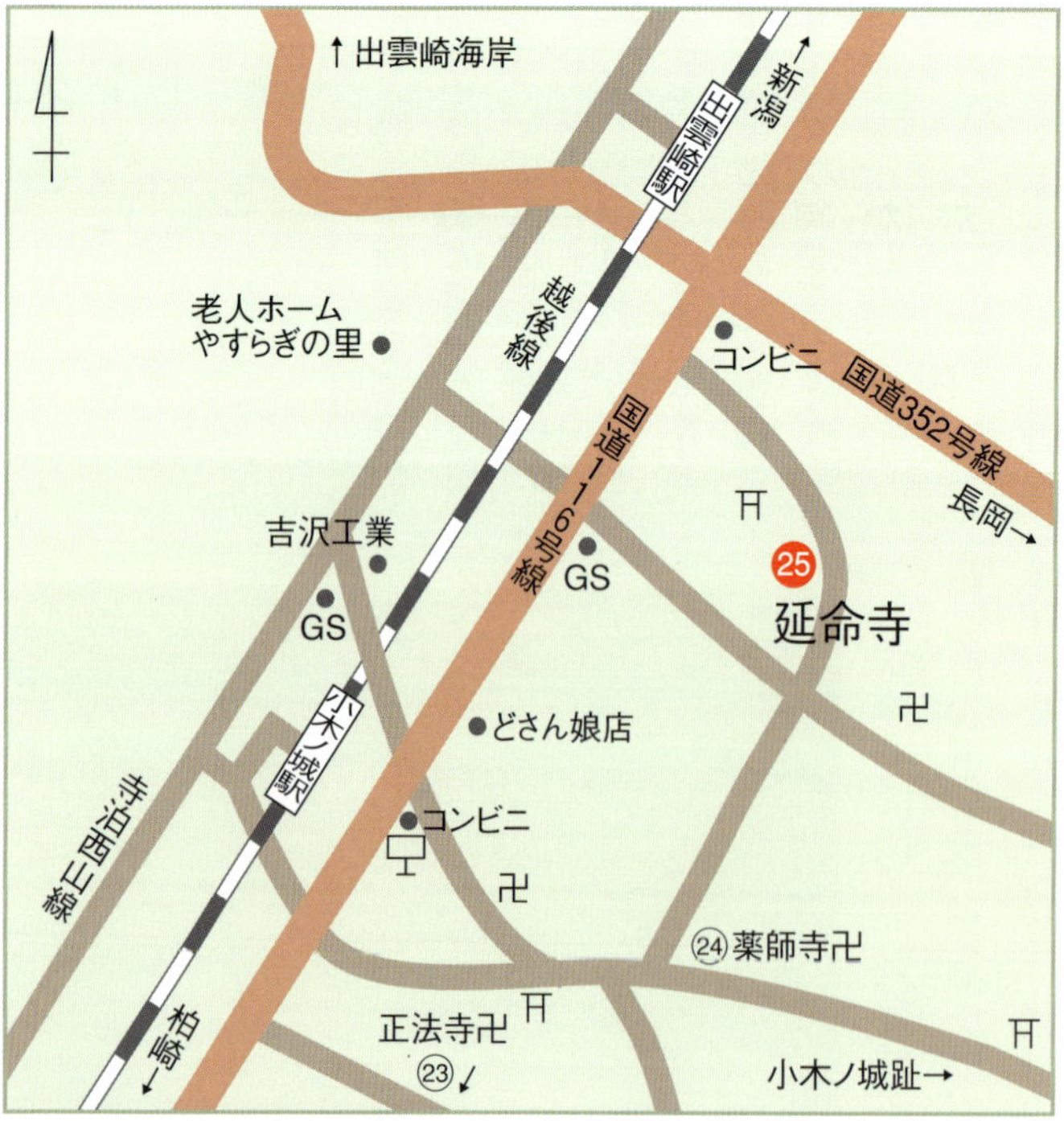

【交　通】JR出雲崎駅より徒歩で20分
【駐車場】8台

草木の中の慈母観音と数々の御仏たちが、命の大切さを諭す

門前から苔《こけ》むした石仏が迎えてくれる。さらに石段を上り境内に入ると、濃い緑と本堂の調和が心を癒やしてくれる。そして目前には、優しさに満ちた石の慈母観音が、抱えた子どもに愛を注いでいた。

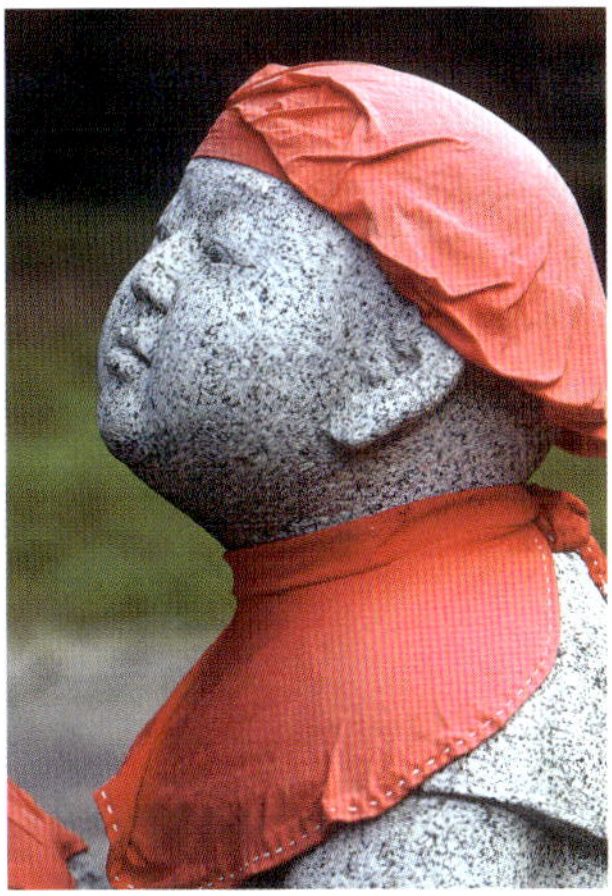

当山は、昔しばしば火災に遭っており、古文書などの記録がなく開山開基もよく分からない。伝承によると小国（刈羽郡）に延命寺ヶ原があるから、その昔、小国にあったとか、あるいは三島町吉崎にあった、などといわれている。

第十五代住職の記録によれば、憲仙が元文年間（一七三六～四〇）に本堂を建立してから十八代になるという。亨保年間（一七一六～三五）に隆諦は客殿を建立、文政年間（一八一八～二九）に宥静が大涅槃《ねはん》像、鐘楼、梵鐘を建立をしたとある。しかし、昭和二十一年に本堂庫裏を全焼。同二十三年に本堂を再建、同二十四年に庫裏の上棟を行い、その後は檀徒の数回にわたる浄財で当寺が完成した。そして、昭和三十九年八月二十二、三の両日には、管長猊下《げいか》を迎え、落慶大法要結縁灌頂《けちえんかんちょう》を修したのである。

▲本堂

ご本尊の延命地蔵菩薩は、木造の左足を下ろした半跏《はんか》像で補修の跡が見られるが、瞑想《めいそう》にふける慈悲深い表情に心惹《ひ》かれる。寺宝として、弘法大師御作と伝えられる不動尊の護摩灰の尊像と五大明王尊像が祭られ、如意輪観音も鎮座していた。また、境内には「おんこう」の老大樹がある。

第二十六番札所

如意山《にょいざん》

如法寺《にょうほうじ》

真言宗智山派

住所	TEL	住職	備考
新潟県三島郡出雲崎町大字上中条一二二一	0258・78・3376	安達　俊堂	納経帳200円以上、納経軸300円以上 白衣等布類100円以上、納経帳領布志納1000円

◆ご本尊

延命地蔵菩薩《えんめいじぞうぼさつ》

真言【おん　か　か　か　びさんまえい　そわか】

◆ご詠歌

如意の山　道往く人の　心根も

導き給《たま》ふ　法《のり》のみために

▲ご本尊

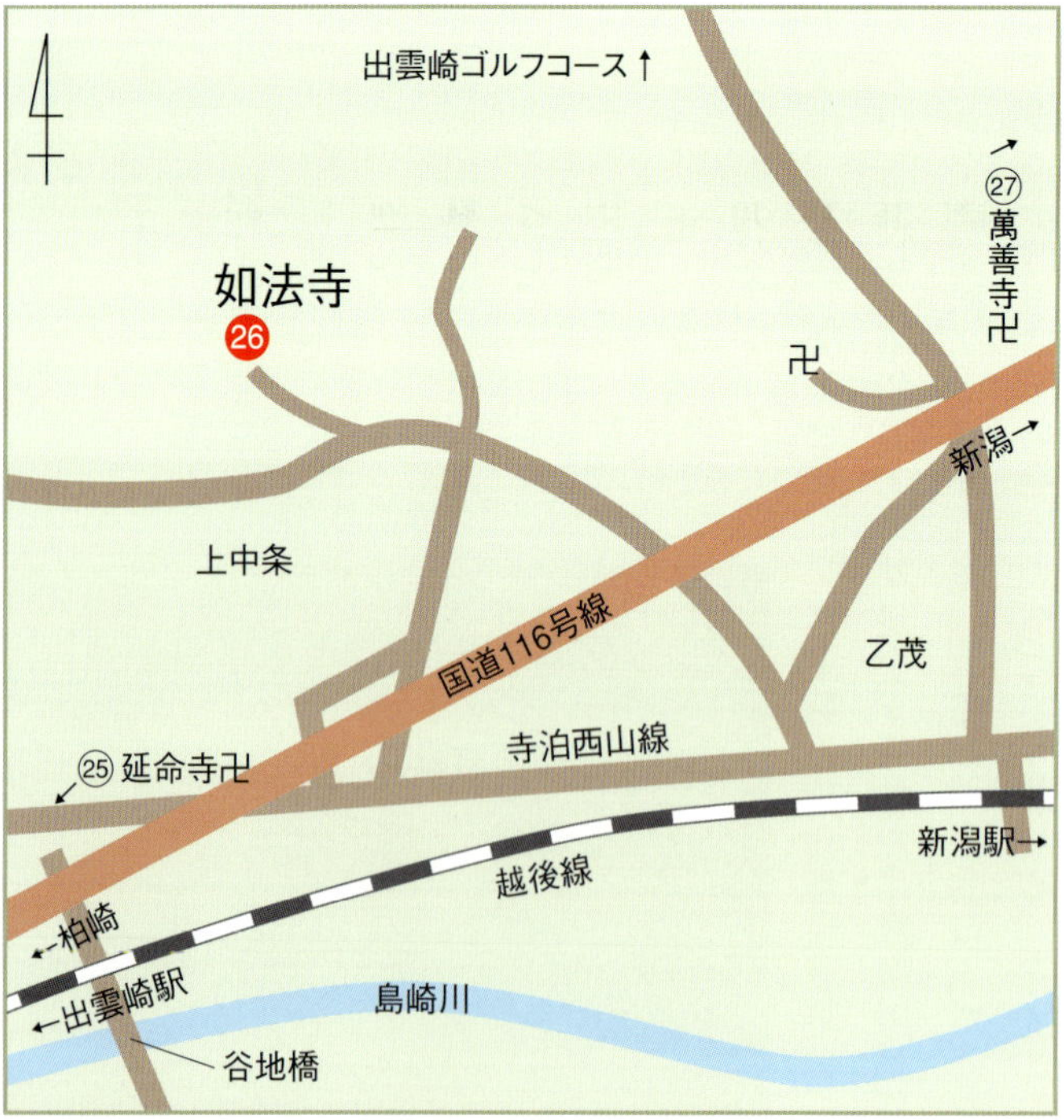

【交　通】JR出雲崎駅より、徒歩35分

【駐車場】10台

聖徳太子の孝養像三体が安置されている寺院

如法寺は、国道116号線、出雲崎の乙茂《おとも》交差点から四、五百メートルの所にある。参拝に訪れたのは四月上旬だった。当山に近づくと、境内は桜と桃の花が同時に咲き、やわらかな彩りに包まれていた。

伝承によると当山は長元二（一〇二九）年、浄行上人の開基とあり、元亨年間（一三二一～一三二三）に近くの和島村から現在地に移ったという。そして寛延元（一七四八）年、弘観によって中興開基がなされ、現在に至っている。

本尊は延命地蔵菩薩で像高二十九センチの木造半跏《か》像である。面長で瞑想《めいそう》する、豊満にしてどっしりとした体つきである。この尊像は「越しの大徳」大澄大師の御作といわれ、大師が越後巡錫《しゃく》の折、難病で苦しむ人々を救おうと自ら刻んだものである。古来より満願成就、とりわけ癪《しゃく》の地蔵、子育て地蔵として信仰されてきた。例年八月二十四日のご本尊大祭でご開帳される。

また当寺本堂の一角にある太子堂には、孝養像といわれる聖徳太子立像が三体安置され、共に木造で美しく彩色されている。孝養像として名高いものに法隆寺夢殿の一体があり、説明書きによると「太子十六歳の孝養像と呼ばれ、父用明天皇の病気平癒を祈った姿を表す」とある。当寺の尊像も願うところは同じで、毎年二月二十二日に太子講が厳修されている。

また、平成十一年五月、俳句結社「銀花」主宰の中原道夫氏（岩室村出身）の句碑を建立以来、ツツジの五月に記念句会が催されている。

◀山門と本堂

第二十七番札所

船岡山《ふなおかさん》

萬善寺《ばんぜんじ》

真言宗豊山派

住所	TEL	住職	備考
新潟県三島郡寺泊町萬善寺一〇〇一	0256・97・3354	目黒 宗光	納経朱印状300円、筆書朱印500円、2月15日／涅槃会、4月21日／正御影供、5月15日／大般若会など

◆ご本尊

阿弥陀如来《あみだにょらい》

真言【おん　あみりた　ていぜい　から　うん】

◆ご詠歌

たたずめば　わが罪迷い　救わるる

教え身にしむ　船岡のてら

▲お前立

【交　通】JR寺泊駅下車、越後交通「長岡」行きバスで「敦ヶ曽根」バス停下車、徒歩7分

【駐車場】5台

栄枯盛衰、長い歴史を物語る多くの古仏が鎮座する

雨上がりの境内に入ると、ぬれたツバキの葉は光り、半開の花は鮮やか過ぎるほど紅《あか》かった。本堂の瓦も一枚一枚が輝いている。早春の輝きである。

　庫裏から入ると、ご住職は快く迎え入れてくださった。見せていただいた由緒書きは、墨字でキチンと原稿用紙に書いたように、縦横に寸分の違いもない。これもご住職の性格なのかと思うと、今日の取材に気後れを感じる。

　それには、「和銅元（七〇八）年、泰《たい》澄《ちょう》大徳の上足、臥行者が泰澄大徳御作の阿弥陀如来の尊容を持来し、舟田という所に船行寺を開創されたのを当山の開基とする」から始まり、「爾来《じらい》、堂塔の整備を図り、十二の坊社と共に壮大な伽藍《がらん》となったのである。孝謙天皇、在任中の天平勝宝元（七四九）年～天平宝字二（七五八）年には阿弥陀免田、大般若経免田、大坪免田等々を賜り隆盛を成したが、今からおよそ五百年前ころより風水害や火災などに遭い、次第に衰退した」とある。

　しかしその後、承応四（一六五五）年に、真言宗豊山派総本山である長谷寺の小池坊中性院第六世良誉能化から法流を受け継いだ権大僧都《そうず》良空和尚が寺運高揚に努め、当時の中興第一世となったのである。そして、明治六年の廃仏毀釈《きしゃく》の余波を受けて、来迎寺は廃されたが萬善寺だけは残ったのだという。

　本堂のお前立様・阿弥陀如来は漆箔《しっぱく》の剥落《はくらく》が少し見られるが、ふっくらした顔立ちで、衣文《えもん》の流れの美しい尊像であった。また護摩堂の不動明王の面相はものすごく、体つきの木肌の生々しさが一層、憤怒《ふんぬ》の形相を高めていた。

▲本堂

第二十八番札所

如意山《にょいざん》

真言宗智山派

照明寺《しょうみょうじ》

住所	TEL	住職	備考
新潟県三島郡寺泊町片町二四〇八	0258・75・2301	亀山　弘義	1月1日／元朝大護摩供、6月16～18日／青葉祭観音講、10月24日／地蔵講など

◆ご本尊

聖観世音菩薩《しょうかんぜおんぼさつ》

真言【おん　あろりきゃ　そわか】

◆ご詠歌

古志の浦　波間の月の　寺泊

有為《うい》のこの身の　よるべ頼まん

▲お前立

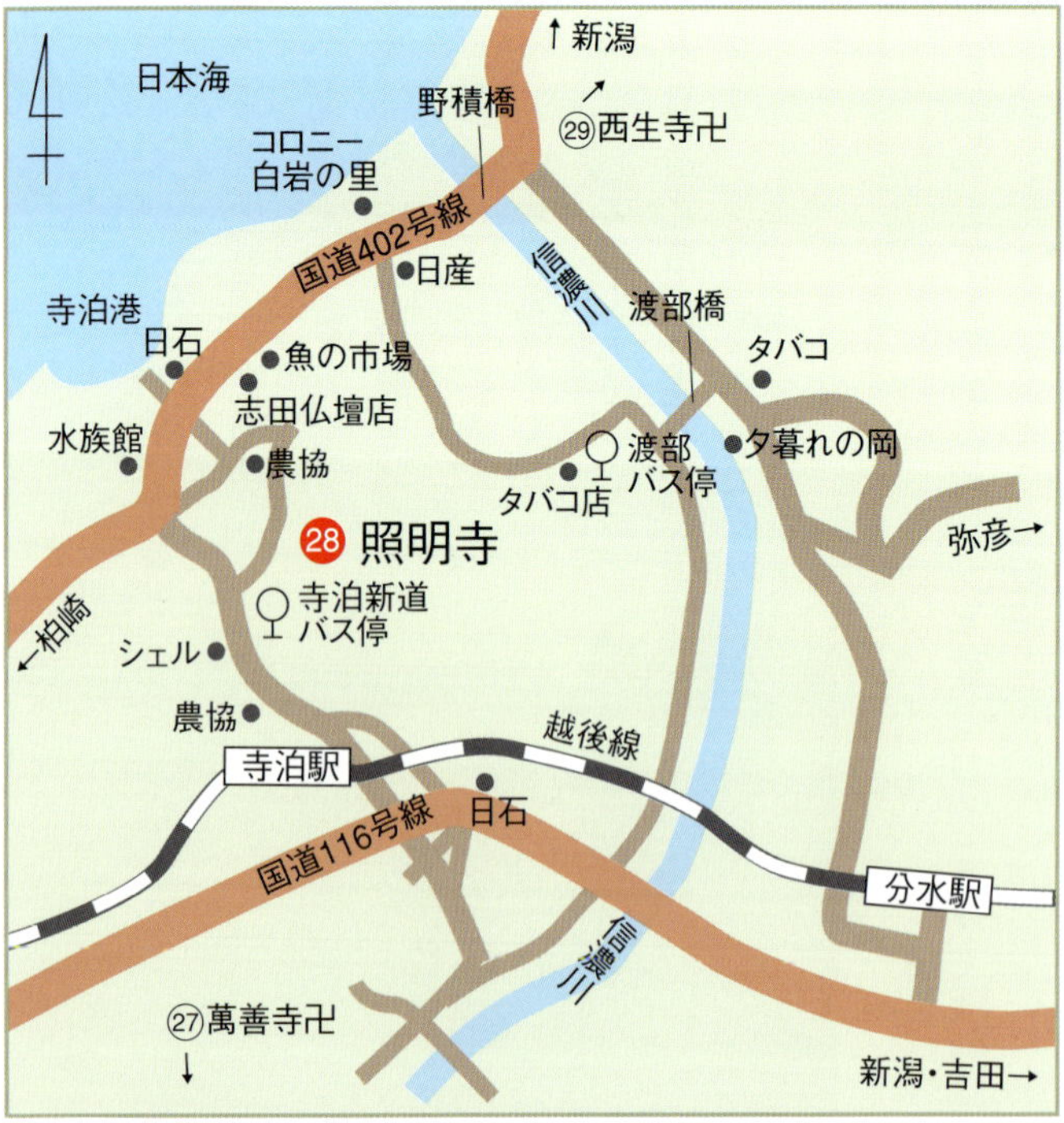

【交　通】JR寺泊駅より越後交通「寺泊」行きバスで「寺泊片町」バス停下車、徒歩3分

【駐車場】4台

良寛和尚が三回住んだという密蔵院のある寺院

照明寺は寺泊町中心街から、南側の長岡―寺泊線に出て一・五キロほどから左折すると二、三百メートルで着く。

駐車場から境内に入ると、方々に花が咲いているのが目に付く。とりわけ庫裏の玄関先は色とりどりで美しい。

観音堂は、本堂左の高い石段を上がった所にある。ご本尊の聖観世音菩薩は延暦年中（七八二～八〇五）、弘法大師が唐に渡る際の海上安全を願い自ら鋳造したものである。像高一尺二寸（約三十六センチ）の金銅仏で、「寺泊の観音様」として親しまれている。しかし普段は、面長で優しい目元のお前立様が迎えてくれる。

観音堂の左手に密蔵院がある。これは天保十二（一八四一）年に焼失したが、昭和三十三年に再建されたものである。

良寛和尚は、五合庵に入る前の四十五歳ころと七十歳ころ、そして晩年の七十二歳ころの合わせて三回ここに住んだという。良寛にとって長い石段は、晩年にはさぞきつかったことであろう。途中で腰を下ろして汗をふきながら、港に出入りする船や海を見下ろしながら、歌を考えていたかもしれない。

当山は、永承四（一〇四九）年、高野山龍光院の栄秀が弘法大師御作の聖観世音菩薩を背負ってきて、小庵を結んだのが始まりである。その昔、盛況を極めたころは山内に六カ寺もあったが、養蔵院、地蔵院、延命院三院は焼失、断絶した。本坊も久しく中絶したことがあり、往古の詳細は知る由もない。万治元（一六五八）年、京都智積院の僧宥範が縁あって修理中興し、天和二（一六八二）年に智積院末寺となった、という。

ご住職の、良寛についての造けいの深さには感嘆させられた。多くの学者や研究者と異なり、日ごろの生活の中で良寛和尚とともに生きておられるからであろう。

▲観音堂

29

第二十九番札所

海雲山《かいうんざん》

西生寺《さいしょうじ》

真言宗智山派

住所	TEL	住職	備考
新潟県三島郡寺泊町大字野積野八九九一	0258・75・3441	阿刀 隆峰	即身仏拝観料大人500円・子ども300円 納経軸朱印料300円

◆ご本尊

上品上生《じょうぼんじょうしょう》阿弥陀如来《あみだにょらい》

真言【おん　あみりた　ていせい　から　うん】

◆ご詠歌

山水の　深きみ山に　在る程は

吾れもしばしの　即身仏なり

▲お前立

【交　通】JR弥彦駅よりタクシーで15分
【駐車場】40台

日本最古の即身仏
弘智法印が安置されている霊場

弥彦山の南中腹に位置する西生寺は、弘智法印の即身仏《ミイラ》が安置されていることで有名である。

法印は高野山で修行の後、晩年は岩坂の庵に三千日の木食行に入り、貞治二（一三六三）年、六十六歳で入定し即身仏になったという。境内の一段高いところの弘智堂に安置され、祈とう者にはいつでもご開帳される。

そもそも当山は、奈良時代に聖武天皇の御代として行基菩薩が開山開基したとある。本尊は上品上生の阿弥陀如来で、およそ三千年前インドの月蓋《げつがい》長者が、娘の如是女《にょぜめ》のために、閻浮檀金《えんぶだごん》をもって鋳造した一寸八分（約五センチ）の純金仏といわれ、当初弥彦山の中腹の清水平に安置されていた。行基が飛峰に伽藍《がらん》を移して自ら刻んだ阿弥陀如来像の中に、この純金仏を胎内仏として納め、今に祭られている。また、本堂には本尊の右に大日如来、左に薬師如来が安置され、荘厳なる雰囲気に満ちている。

境内にはほかに、上杉謙信公寄進の愛染明王《あいぜんみょうおう》安置の客殿、金《こん》毘羅《ぴら》堂、霊宝館、庫裏等が配置され、山の自然によく調和している。また、内庭からの日本海一帯の眺望は、新潟百景の一つに選ばれている。

寺宝も多く親鸞、西行、弘智、良寛、芭蕉らの遺品や遺墨、また加藤清正、乃木希典、谷文晁、応挙、黄門らの書画、書簡資料が霊宝館に展示されている。

▶本堂

30

第三十番札所

雲高山《うんこうざん》

国上寺《こくじょうじ》

真言宗豊山派

住所	TEL	住職	備考
新潟県西蒲原郡分水町大字国上一四〇七	0256・97・3758	山田　光哲	納経朱印料規定料金　3、4、11、12月の第2、4日曜／日帰りの開運尼僧修行体験など

◆ご本尊

阿弥陀如来《あみだにょらい》

真言【おん　ろけいじんばらあらんじゃ　きりく】

◆ご詠歌

此山《このやま》の　高ねを渡る　松風は

尊き法《のり》の　千こえ百声《こえ》

▲お前立

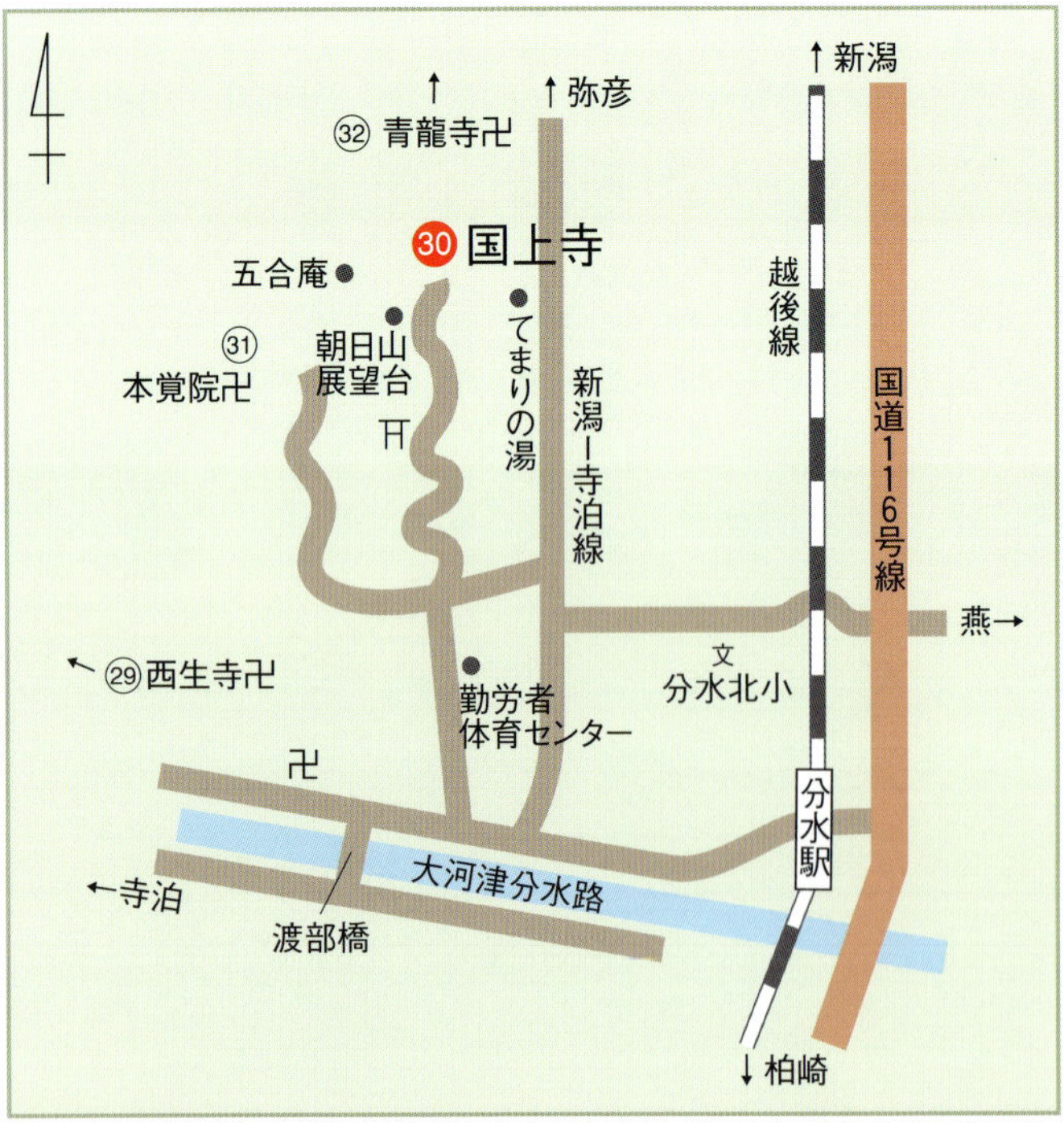

【交　通】JR分水駅より越後交通「寺泊車庫行き」バスで「渡部橋」バス停下車、徒歩60分

【駐車場】60台

良寛上人ゆかりの越後最古の寺院で近くには五合庵がある

国上寺は弥彦山の南に連なる、国上《くがみ》山の中腹にある。開創は和銅二（七〇九）年、弥彦大神の託宣により建立されたとあり、越後最古の寺院である。

本尊は上品上生《じょうぼんじょうしょう》の阿弥陀如来で、光明皇后が発願して行基菩薩が彫ったものといわれている。ご開帳は子《ね》年で、常には阿弥陀三尊立像が迎えてくれる。

国上寺へは入り口の標識に従って、曲がりくねった道を約一・七キロほど上ると大駐車場に着く。ここから徒歩で参道を上り始めると、ぼけ封じ地蔵尊がある。参拝者の中にはお互いに顔を見合わせ。笑みを浮かべながらの合掌風景が見られ、ほほ笑ましい。

山門に入ると当山随一の本堂（客僧の万元《ばんげん》上人が創建）があり、その右手に大師堂、左手には六角堂がある。客殿には、越後三十三観音第二十二番の千手観世音菩薩が安置されている。

また、ここには本尊のお前立で像高四十五センチの金色に輝く、阿弥陀如来坐像も安置されている。

境内にはほかに、大師堂・六角堂・鎮守堂・鐘楼・宝物殿・庫裏等の建造物や歴史を語る岩や木々等もある。

「来てみれば　山ばかりなる　五合庵」と良寛上人が詠んだ五合庵は、国上寺の境外の仏堂で、客殿から西参道を徒歩で十分下った途中にある。

そもそも五合庵は万元上人の住居として貞享年間（一六八四〜八七）に建てられたもので、国上寺から毎日米五合を与えたことにちなんでの庵号となったという。

良寛はここに、寛政九（一七九七）年から二度にわたって通算二十年ほど住んだが、良寛の歌や書等の芸術は、このとき大きく花開いたともいわれている。庵の脇に「焚《た》くほどは　風がもてくる　落ち葉かな」の良寛句碑が立っている。良寛はまた、「国上山　岩の苔みち　ふみならし　幾度われは　まいりけらしも」と詠み、折を見ては国上寺に姿を見せていたようだ。

31

第三十一番札所
国上山《くがみさん》

本覚院《ほんがくいん》

真言宗豊山派

住所	TEL	住職	備考
新潟県西蒲原郡分水町大字国上一五四七	0256・98・3955	澁谷　隆阿	拝観無料 納経軸朱印料300円

◆ご本尊

大日如来《だいにちにょらい》（金剛界《こんごうかい》）

真言【おん　ばざらだど　ばん】

◆ご詠歌

大日の　光輝く　国上山
恵み豊かに　遍《あまね》く照らす

▲ご本尊

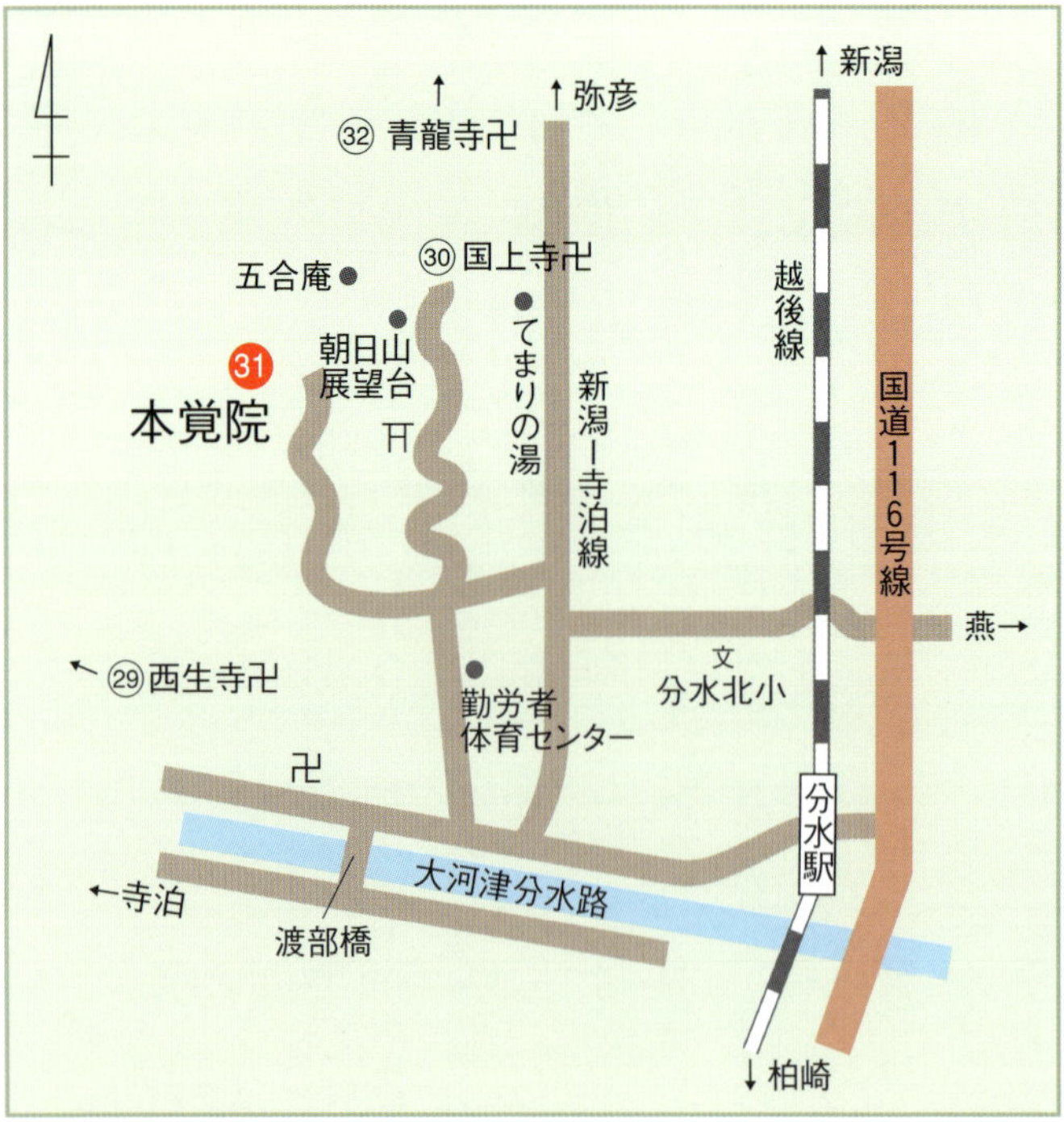

【交　通】JR分水駅より新潟交通「寺泊車庫」行きバスで「国上入口」バス停下車、徒歩20分
【駐車場】15台

良寛と深い縁があり五合庵に最も近い寺

本覚院は新潟―寺泊線から一・五キロほど、国上《くがみ》の曲がりくねった集落を上った所にある。駐車場の正面には良寛の歌碑があり、数段の石段を上がると庫裏、本堂と続く。庫裏の玄関上に、「本覚院」と大きく書かれた良寛名入りの木版が掲げてある。

ご住職のお話によると、開創等の詳しいことは分からないが、国上寺《こくじょう》の天正十一（一五八三）年に書かれた文書の中に同院の名があり、文化十三（一八一六）年に国上寺の末寺となっている。

かつては国上寺の塔頭《たっちゅう》として法要や寺務を司ってきたが、昭和十四（一九三九）年に真言宗豊山派総本山長谷寺の直末となり、現在に至っている。そして、文化八（一八一一）年に住職となった良長上人を、中興開山としているという。

本尊は、像高四三・一センチの木造金剛界大日如来坐像である。この像の蓮華台座裏面に、「難波津に咲くや此花冬ごもり今は春べとさくやこの花」と墨書されている。これは、貞亨年中から亨保三（一七一八）年まで国上寺の客僧だった万元《ばんげん》によるものらしい。

本覚院は霊峰・国上山の中腹にあり、晴れた日には遠く柏崎から米山方面まで見渡すことができるという。境内から歩いて一分ほどで、良寛上人が修行した「五合庵」がある。庫裏のすぐ脇の弁慶井戸には、毎日のように良寛和尚の姿があったのであろう。その良寛上人は当寺にも仮住したという。境内には良寛歌碑や山頭火句碑があり、御船堂の中には聖観世音菩薩が祭られ、古い農機具などが陳列されている。

◀本堂

32

第三十二番札所

多寶山《たほうざん》

真言宗豊山派

青龍寺《しょうりゅうじ》

住所	新潟県西蒲原郡岩室村大字石瀬三六七四
TEL	0256・82・2456
住職	和田　海陽
備考	拝観無料 5月7・8日、10月7・8月／薬師如来会式

◆ご本尊

薬師如来《やくしにょらい》

真言【おん　ころ　ころ　せんだり　まとうぎ　そわか】

◆ご詠歌

西方《さいほう》の　多寶の峰に　薬師如来

衆病悉除《しゅうびょうしつじょ》に　心身安楽《しんじんあんらく》

▲ご本尊

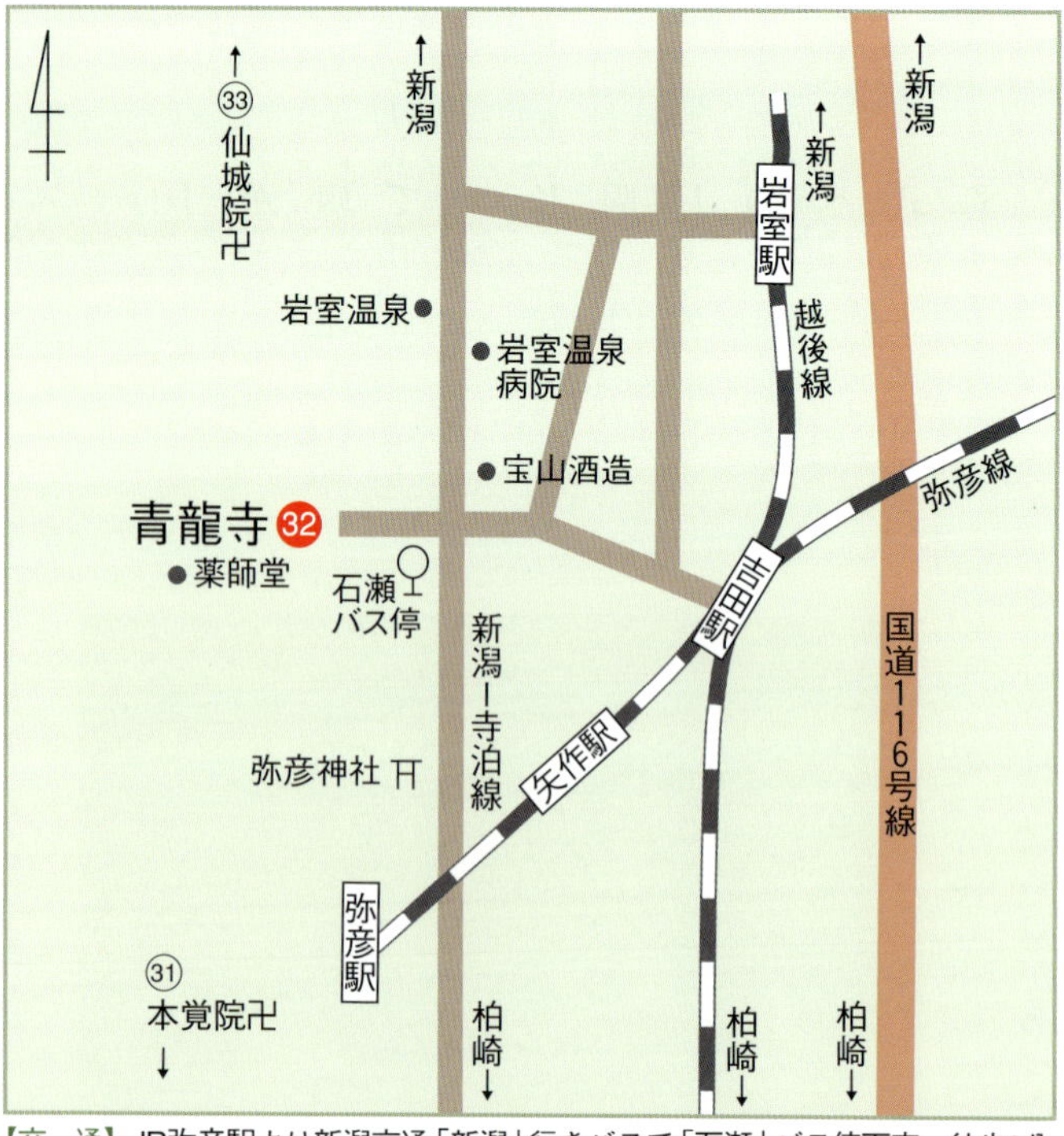

【交　通】JR弥彦駅より新潟交通「新潟」行きバスで「石瀬」バス停下車、徒歩3分
【駐車場】30台

春は花、秋には紅葉が美しく 霊験あらたかな薬師如来が鎮座する

村道から薬師堂までの参道は、一直線でうっそうとした杉並木が続く。途中に赤い欄干の橋があり、風景の中のアクセントとなっている。これまで数回訪れているが、この参道から本堂の苔《こけ》むした境内にかけて、四季折々に花が咲き極楽浄土を思わせる。とりわけツバキの赤い花びらは、木にあっても地に散っても緑に映えて美しい。

　現在の薬師堂は堅牢で、立派な防火建築である。ご住職のご母堂によると、昭和四十八年四月二十八日、かやぶきの薬師堂が山火事で危険との知らせを受け駆けつけると、屋根の二、三カ所から小さな火が上がっていた。薬師如来は施錠されたお厨《ず》子《し》に入っておられたが、若かったご母堂は肘《ひじ》でお厨子を破り、抱いてお連れして難を逃れたという。

　ご本尊の静かに閉じられたひとみの奥からは、限りない慈悲深さが悟られたし、右手の長いしなやかな指の一本一本からは、願いのすべてをことごとくかなえてくれるかのようだった。こうして今なお、尊像が衆生に光明を与えてくれる陰には、ご母堂様の命をかけた行動があってのことと心打たれた。毎年五月、十月の七、八日の「薬師如来会式」には、季節料理が出され参拝者でにぎわう。

　当山は天平八（七三六）年、高僧行基菩薩が薬師瑠璃《るり》光如来の尊像並びに仁王尊の大像を自ら彫刻し開いたという。また、小国但馬守実頼、上杉景勝からは黒印を与えられるなど格式が高かった。特筆すべきものとして、本堂前には法華宗総本山、三条市の本成寺を建立した日印上人のお手植えの紅梅がある。

◀本堂

33

第三十三番札所
医王山《いわおざん》

真言宗智山派

仙城院《せんじょういん》

住所	新潟県西蒲原郡巻町松野尾二七七七
TEL	0256・72・3234
住職	佐伯　幸雄
備考	1月16日／星まつり 4月3日／大般若会

ご本尊

薬師如来《やくしにょらい》

真言【おん　ころ　ころ　せんだり　まとうぎ　そわか】

ご詠歌

はるばると　松原わけて　ありがたや
薬師《くすし》の森の　法《のり》のともしび

▲ご本尊

【交　通】JR越後線巻駅から新潟交通「浦浜」行きバスで、「西松野尾」バス停下車、徒歩6分
【駐車場】20台

大きな良寛歌碑と松尾芭蕉の句碑がある

門前のすぐ左手に広い空き地があり、のぞいて見ると旧松野尾小学校の跡地のようだ。人影もなく、ただ午後のやわらかい日差しを受けて、所々の水たまりが光っていた。昔の子供たちの声が聞こえたような、そんな気がした。参道に入ると良寛の歌碑が立っている。温かく優しい書体に心が和む。

庫裏の玄関に入ってしばらくするとご住職が出てこられたが、表情がさえないので「忙しいところ、済みません」と言ったら、「そうだよ、本堂の掃除もできない」ということだった。暮れの二十五日だったのである。

しかし、話が進むにつれて、予期もしなかった多くの古仏を拝観させていただいた。しかも、ご本尊までご案内いただいて感激した。表情は豊かで、慈悲深かった。

当山は往古、角田浜にあったが、大津波に襲われて松野尾に移ったとの説がある。室町期に良體法師が草庵を建て、聖観世音菩薩を安置したという。現本堂は宝永六（一七〇九）年、法印純清の代に長岡藩と地域住民の協力を得て建立されたものである。本尊薬師如来はこの時、山本彦右衛門から奉安されたもので、今は秘仏として現本尊木造薬師如来坐像の胎内仏となり、深く収められている。

江戸期には天領の時代もあり、このためか谷文晁、良寛和尚、亀田鵬斎、男谷燕斎などの文人墨客が訪れている。とりわけ元禄二（一六八九）年の句会には、松尾芭蕉が立ち寄ったとの説もある。

また境内には、巻町天然記念物の樹齢五百年といわれる根回り六・五メートルのシイの木などもある。

▲本堂

第三十四番札所

石上山《せきじょうざん》

不動院《ふどういん》

真言宗智山派

住所	新潟県新潟市西堀通四番町八一四
TEL	025・223・1010
住職	天野 博
備考	拝観無料、納経朱印料規定料金 2月3日／節分会など

◆ご本尊

不動明王《ふどうみょうおう》

真言【のうまく さまんだばざらだん せんだんまかろしゃだ そわたや うん たらた かん まん】

◆ご詠歌

千万《ちよろず》の あくまごうふく なしたまう

いとくは高《たか》し 南無不動尊《なむふどうそん》

▲お前立

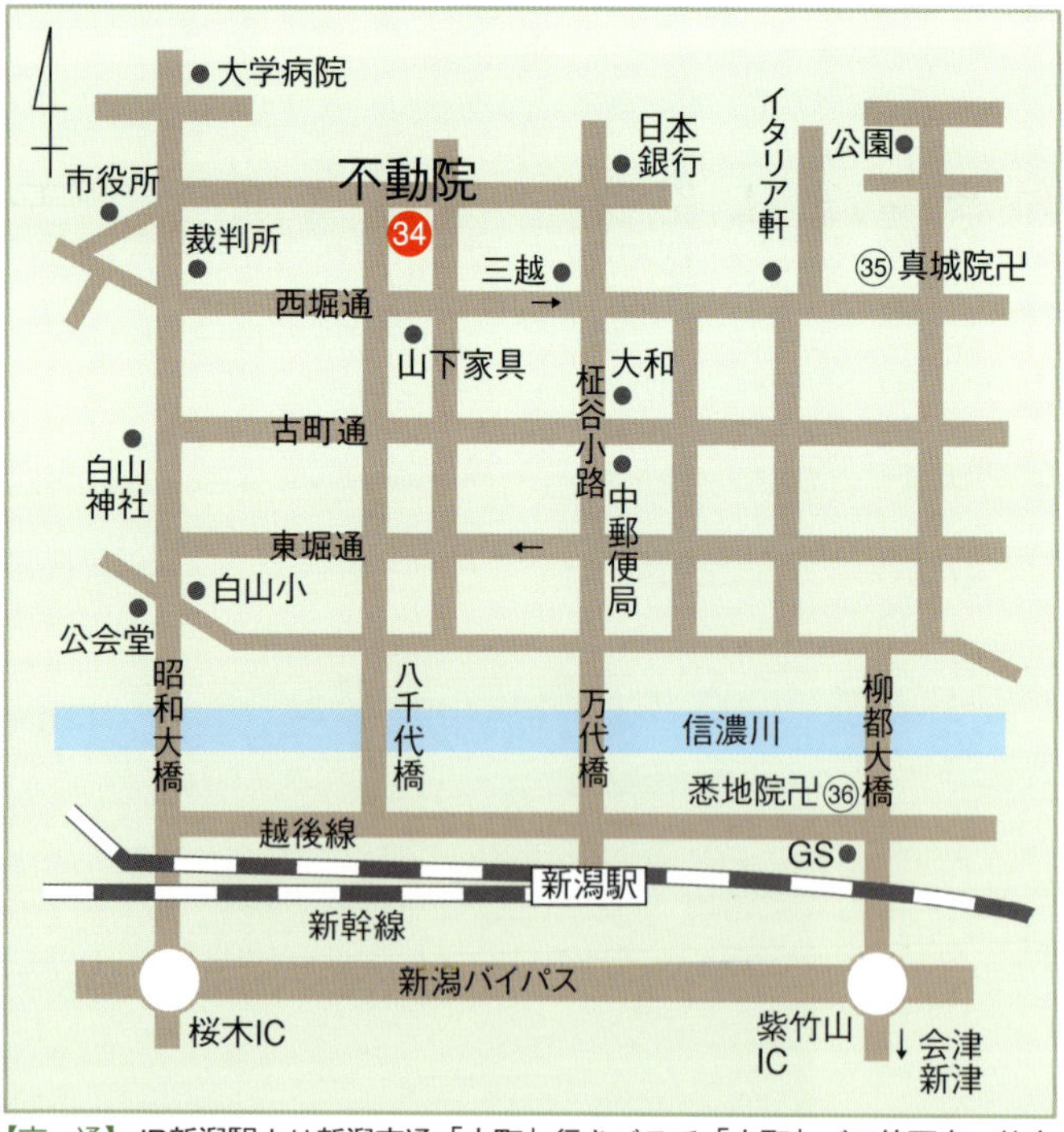

【交　通】JR新潟駅より新潟交通「古町」行きバスで「古町」バス停下車、徒歩5分

【駐車場】2台

水子地蔵たちと石仏群が鎮座し 多くの著名人が眠る

新潟市のメインストリート、柾谷小路の新潟三越西側から入り、二百五十メートルほどの所に新生公園がある。その向かいの白い建物が不動院である。門柱から境内に入ると、たくさんの石仏が目につく。水屋には不動明王立像がおり、こちらをにらんでいる。背景が明るいので尊像は真っ黒く見え、しかも参拝者が水を掛けるので、いつもピカピカ光っているから一段と恐ろしく見える。いつものことながら、今日も胸に手を当て自戒する。

現在の本堂は、新潟大火の翌年に当たる昭和三十一年の建立である。伝承によると、当山は山城国醍醐報恩寺の末寺で、室町末期の永禄十一（一五六八）年には、既に存在していたとされる。本尊は像高九十センチの坐像で、再三の火災からも逃れて今日に至っているが、今は秘仏として深く閉ざされている。

須弥壇《しゅみだん》にはその本尊に代わって、お前立の木造不動明王坐像が安置されている。像高六十センチの力強い尊像である。目は大きくつりあがり、筋骨はたくましい。光背の迦楼羅炎《かるらえん》光《こう》は、不動明王に覆い被さるような迫力である。当山には歴史を語る著名人の墓も多いが、近時国の重要文化財になった新潟市のシンボル、萬代橋架橋に尽力した八木朋直（一八四一～一九二九）もここに眠っている。

参拝を終え本堂の階段を下りると、おいしそうなにおいが漂ってきた。もうお昼の時間だった。ふと左を見ると、弘法大師・空海像が子どもの頭の上にそっと手をやっている。「もうすぐ食べさせるよ」と、優しく諭しているかのように見えた。

◀本堂

第三十五番札所

金潮山《きんちょうざん》 真城院《しんじょういん》

真言宗智山派

住所	新潟県新潟市西堀通八番町一五八三
TEL	025・222・2612
住職	倉茂　良祐
備考	拝観無料 納経朱印料規定料金

◆ご本尊

大日如来《だいにちにょらい》（胎蔵界《たいぞうかい》）

真言【おん　あびらうんけん】

◆ご詠歌

潮《うしお》なる　めぐみは尽《つ》きぬ　大日《だいにち》の

如来の城に　かぎりなければ

▲ご本尊

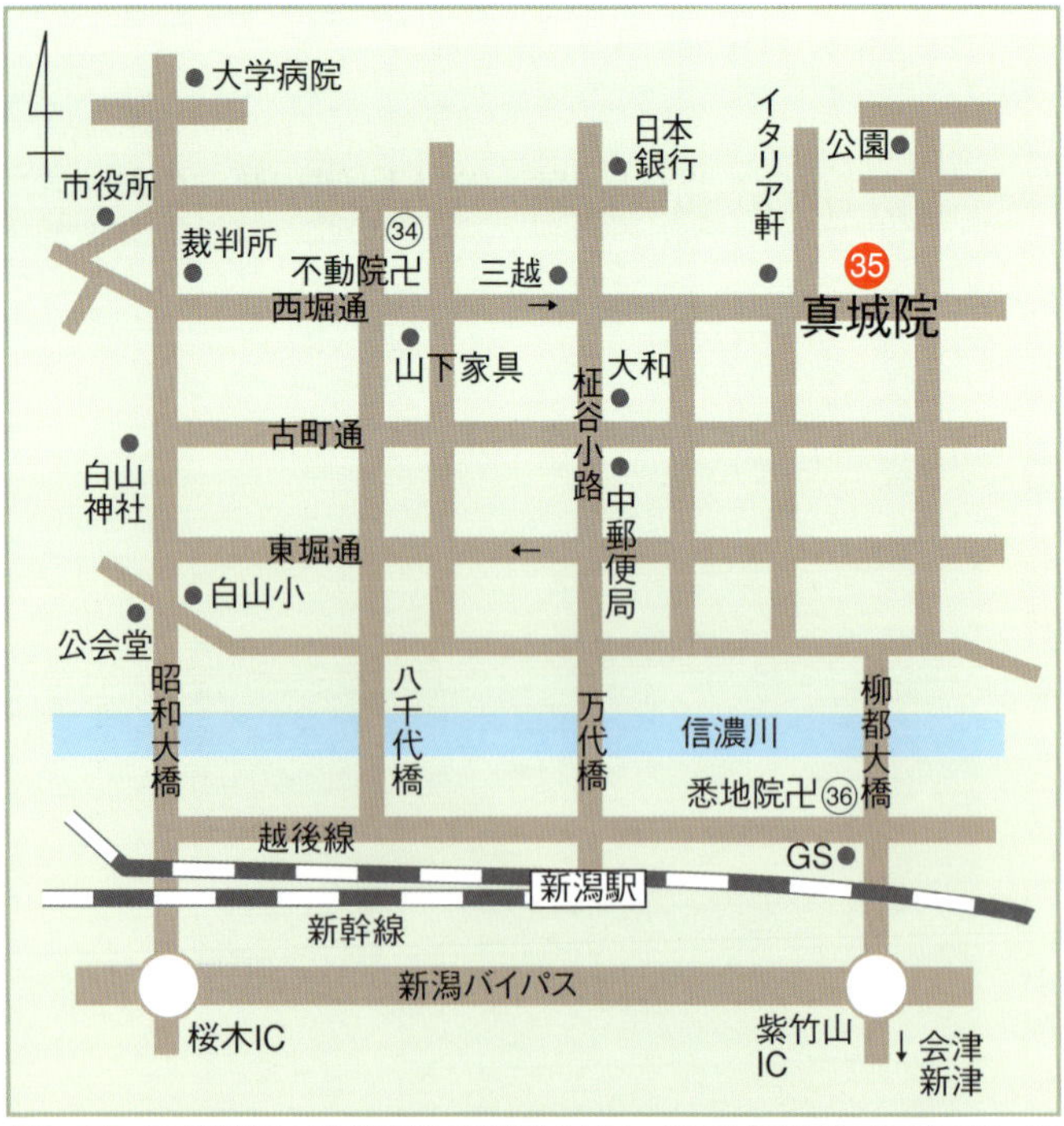

【交　通】JR新潟駅より新潟交通「附船町行き」バスで「西堀八バス停下車、徒歩2分

【駐車場】5台

新潟市の中心街にあり数多くの地蔵菩薩が鎮座する

真城院は、新潟市の柾谷小路に面したNEXT21から、北方に向かう西堀通りを三百五十メートルほど行った所にあり、イタリア軒のすぐ近くである。案内標識から一歩踏み込むと、参道の左に三体、右に二体の地蔵菩薩が親しみを込めて迎えてくれる。さらに門柱の内側に安置の六地蔵の周りには、大小数々の地蔵さんが立ち並んでいた。

本堂正面の須弥壇《しゅみだん》上には、本尊の胎蔵界大日如来坐像が鎮座している。目鼻立ちの整った面相、どっしりした体つき、幾何学的に結んだ法界定印。一見冷たさを感じさせるが、じっくりと拝み、目を閉じ、そっと見上げるとほほ笑みかけてくるように見えるし、結んだ印の丸みが心をなごませてくれる。向かって左には、きりっとした毘沙門天、右には厳しい面相の不動明王がおられた。そして、本堂右手には県内でも珍しい摩《ま》利支天《りしてん》が秘仏として、お厨子《ずし》の中におられた。これは帝釈天《たいしゃくてん》の眷属《けんぞく》で国を守り、民を守り、五穀豊穣、戦から身を守るとされ、日本では古くから軍神、農神の天として信仰されてきた。

当山は建保四（一二一六）年、鑁照《ばんしょう》阿闍利《あじゃり》によって開創されたと伝えられ、新潟城主・寄居土佐守の祈願所として栄えた。しかし、その後、再三の火災で堂宇はもとより、寺宝や記録も焼失したが、歴代の住職の努力でよみがえった。当山は越後三十三観音札所の第三十五番札所であり、この本尊は弘法大師御作といわれる像高一寸八分の木造であるが、今は摩利支天の前に安置の像高五尺八寸、ヒノキ造りの千手観世音菩薩立像の胎内に納まっている。この尊像は先住の良海師代の造立である。

▲本堂

36

第三十六番札所
龍《りゅう》海《かい》山《さん》

悉《しっ》地《ち》院《いん》

真言宗智山派

住所	TEL	住職	備考
新潟県新潟市沼垂東三の三の四三	025・244・1289	井口　能晃	拝観無料 納経朱印料規定料金

◆ご本尊

薬師《やくし》如来《にょらい》

真言【おん　ころ　ころ　せんだり　まとうぎ　そわか】

◆ご詠歌

南無薬師　すべての病　なかれよと
悉《しっ》地《ち》の寺に　今日も祈らん

▲お前立

【交　通】JR新潟駅より徒歩25分
【駐車場】5台

五智如来や多くの仏像が鎮座し 歴代住職の温かい思いが伝わる

山門の左右にちょうちんが掲げられ、奥まった正面の本堂前に人影が見える。例年五月八日は当院の大般若で、お寺は朝から慌ただしかった。

当山はかつて現在地の北方約一里の王瀬山にあって、法印弘遍によって永禄六（一五六三）年に中興されたものである。その後、海岸の浸食により貞享元（一六八四）年当地に移った。本尊の薬師如来は秘仏とされ、笑みを感じさせ、ふくよかな顔立ちのお前立を拝見させていただいた。お厨子《ずし》の周囲には十二神将が立ち並び、本尊を守っている。また寺宝の五智如来が、本堂右側に不動明王を前にして安置されている。この五智如来は像高五十センチ、面長で気品にあふれ、近年お化粧直ししたばかりで黄金の輝きを放っていた。

本堂左手の一角には、山形県の湯殿山大日坊の「お沢八万八千仏」を模した仏像群が安置されている。そもそも湯殿山は弘法大師が開いたといわれるが、その昔、湯殿山の奥之院は女人禁制だったので大師は女人を哀れみ、湯殿山の諸仏を大日坊に移し、湯殿山と称したという。今この諸仏（湯殿山大権現）は、当山（大日坊）本堂の回廊に安置されて身近に拝観でき、小さな八幡大明神から二メートルに及ぶ大黒天まで数百体が安置されている。

▲本堂

記録によると文化二（一八〇五）年、時の住職快済は村上市岩船の塗物師親子を招き、幾日もかけて多くの仏像を修理彩色したとある。

また境内には、弘法大師を祭る岩屋大師堂と、四国、西国、秩父、坂東のお砂巡道霊場があり、平成十五年には虚空蔵像を造立し、安置する虚空蔵堂を建立した。

37

第三十七番札所
米満山《べいまんざん》

真言宗智山派

法光院《ほうこういん》

住所	TEL	住職	備考
新潟県新潟市沼垂東三の四の三	025・244・5059	菊地　隆宣	拝観無料 納経朱印料規定料金

◆ご本尊

地蔵菩薩《じぞうぼさつ》

真言【おん　か　か　か　びさんまえい　そわか】

◆ご詠歌

ありがたや　沼垂《ぬったり》の里に　跡《あと》たれて

もらさで救う　慈悲の網代木

▲お前立

【交　通】JR新潟駅より徒歩30分
【駐車場】15台

国重要文化財の不動明王画像と王瀬長者供養塔がある

参道の石畳に朝の光を受けた木々の影が、美しい模様を描いている。

当山の本尊地蔵菩薩は、満米上人自彫によるものと伝えられている。満米上人は、人皇第五十四代仁明天皇（八三三年即位、在位十七年間）のころの人で、中興開山に尽くされたという。今は秘仏とされ拝観できないが、女性的なお前立様が迎えてくれる。

本堂の須弥壇《しゅみだん》左には護摩壇があり、これの本尊が弘法大師直筆といわれる不動明王画像である。国の重要文化財に指定され、名称は絹本著色不動明王二童子像とあり、軸装で大きさは縦百センチ、横六五・二センチである。中央に不動明王が火焔光を背負い、白い波頭の立つ岩座の上に立ち、その前には矜羯羅童子《こんがらどうじ》と制多《せいた》迦《か》童子が向き合い立っている。鎌倉時代中期の作で、一般的には「波切り不動尊」といわれ、波を鎮める不動尊として航海や漁船などの海上安全に祈念されてきた。

このほかに県指定文化財として、慈恩大師画像と絹本著色三千仏図が残されている。この三千仏図は、王瀬長者の娘が先祖代々の菩提のために寄進したものといわれているが、この王瀬長者供養塔（南北朝時代）が本堂左手奥に安置されている。

ご住職の菊池隆宣師にご教示いただきながら、ふと今は亡き先代の快神師の言葉「金や物は持つべからず、それは大地を汚すだけだ」「心に蓄えよ」を思い出した。私が小声で「方丈様は今、何の欲望もございませんか」と聞くと、「ある、ある。欲はある。大欲があるー。ワッハハ！」との高笑いが堂内に響いたのであった。

◀本堂

38

第三十八番札所

如意山《にょいざん》 乙宝寺《おっぽうじ》

真言宗智山派

住所	TEL	住職	備考
新潟県北蒲原郡中条町大字乙	0254・46・2016	小川　義順	拝観料大人300円・子ども150円、2月6日／春の大祭（おまんだら様）、8月27日～28日／夏の大祭

◆ご本尊

大日如来《だいにちにょらい》（胎蔵界《たいぞうかい》）

真言【おん　あびらうんけん　そわか】

◆ご詠歌

朝日さし　夕日輝く　乙寺《きのとでら》

いりあひ響く　松風の音

▲ご本尊

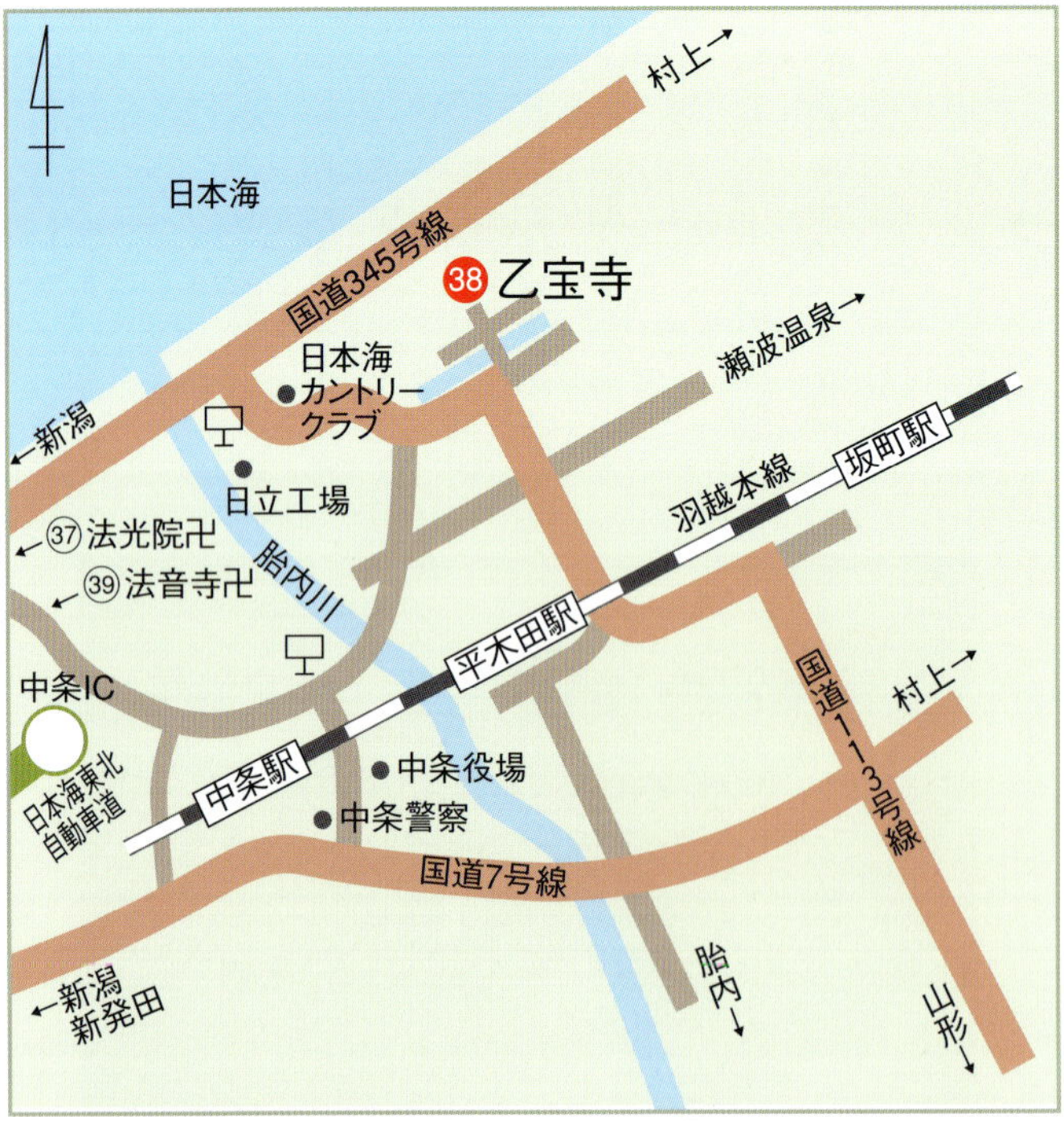

【交　通】JR中条駅より新潟交通「坂町」行きバスで「乙大日前」バス停下車すぐ
【駐車場】50台

美しい三重塔とお猿の伝説で知られる

石のがっしりした太鼓橋を渡ると、乙宝寺の境内である。どっしりした赤い山門は奈良時代からのもので、山額「如意山」は智積院第七世運敞筆である。境内の重要文化財である三重塔も、同寺を象徴する建造物。奈良薬師寺の東塔をフェノロサが「凍れる音楽」と評したが、私はこの三重塔を「雪の音楽」と評したい。

伝承によると寺は、奈良時代の天平八（七三六）年、聖武天皇の勅命により建立された勅願寺であるという。開山は婆羅門僧正と行基菩薩で、婆羅門僧正はインドからお釈迦様の両眼の舎利を請来してここに左眼を納め、名を乙寺と名づけた。その後、平安時代の安元二（一一七六）年、後白河天皇が左眼を納める二重の金塔を寄進した際に、寺名を乙宝寺に改めたのだという。本尊は大日如来、阿弥陀如来、薬師如来の三尊である。

古来より越後の霊場寺院「きのとの大日さま」と呼ばれ親しまれ栄えてきた。旧堂は昭和十二（一九三七）年に焼失したが、昭和五十三年再建された。その後も夢殿や本坊復興などで七堂伽藍《がらん》が整った。

当寺には『今昔物語集』にある、お猿の伝説に出てくる木の皮に書かれたお経や猿塚、縁起絵巻が今も残っている。また寺宝として、県指定文化財の弁天堂をはじめ、松尾芭蕉の句碑などがあり、多数の宝物を所蔵している。

本堂

39

第三十九番札所

密護山《みつごさん》

法音寺《ほうおんじ》

真言宗醍醐派

住所	TEL	住職	備考
新潟県新発田市岡田一三七一の子	0254・22・5239	藍川　全浄	6月第三または第四日曜日　火渡り修行

◆ご本尊

大日如来《だいにちにょらい》（金剛界《こんごうかい》）

真言【おん　ばざらだど　ばん】

◆ご詠歌

朝日さす　光麗《うるわ》し　金剛の
冥加《みょうが》あまねき　法音の岡

▲お前立

【交　通】JR新発田駅より新潟交通バスで「岡田大日堂前」バス停下車、徒歩2分
【駐車場】20台

越後の守護職・佐々木盛綱が再興し源頼朝の供養塔がある

法音寺は国道7号線で、新発田から村上方向に向かい加治大橋手前五百メートルを右折、最初の信号を左折し約一キロで着く。

開創は天平七（七三五）年という長い歴史を持つ寺院である。その昔、弘法大師が真言密教を布教した寺として知られている。時代が下って、当地の加治庄は源平合戦後に、源頼朝の信頼厚く越後守護職を歴任した佐々木盛綱に与えられたのである。しかし頼朝は、それからわずか十年で急死した。盛綱は主君の死を悲しみ、五輪塔を建て供養した。この供養塔は新発田市の文化財に指定されている。

本尊の大日如来は秘仏で拝観できなかったが、お前立ご本尊を拝ませていただいた。高さ約八十センチの木彫りで、天冠台も法衣もシンプルに彫られ、清らかに感じられる。肩幅が広く、頑健な男性的な体つきである。お顔はひとみの周りが赤く彩色され、ほほの漆箔《しっぱく》の剥落《はくらく》した部分がやや赤くなっているからか、生気が漂っている。思わず、ざんげの念にかられた。

帰り際、ご住職は「五十年に一度の本尊様ご開帳の節はご連絡をさせていただきます」と話された。長い石段を下る一歩一歩が心地よかった。

▶本堂

40

第四十番札所

寺社山《じしゃさん》

真言宗智山派

福隆寺《ふくりゅうじ》

住所	新潟県阿賀野市寺社甲一八五三
TEL	0250・68・3367
住職	小嶋　義明
備考	拝観無料、納経軸朱印料500円、納経帳朱印料300円

◆ご本尊

大日如来《だいにちにょらい》

真言【おん　ばざらだど　ばん】

◆ご詠歌

柳島《やなぎしま》　願いをかけて　くる糸を

絶えぬ誓いを　頼むものかな

▲ご本尊

【交　通】JR水原駅より新潟交通バス「五泉・保田」行きで「寺社」バス停下車、徒歩5分

【駐車場】10台

白鳥で名高い瓢湖に近く観音堂と千手観音が美しい

観音堂に近づくと、のどかに歌う"星影のワルツ"が流れてきた。聞くところによると、今日は今年初めてのご詠歌の練習日で、終わった後の懇親会だという。境内には雪があり、雨が降って足元がぬれる寒い日であった。

本堂に鎮座の大日如来は、目鼻立ちの涼しい温和な表情で、引き締まった体つきが美しい。境内には薬師如来や衿羯羅童子《こんがらどうじ》、制多迦《せいたか》童子を脇侍とした不動明王なども安置されている。

当山は天平八（七三六）年、行基菩薩が諸国修行の際に当所に立ち寄り、御丈二尺四寸の千手観音を彫刻し、草堂をつくり安置したのが始まりとある。その後、大同二（八〇七）年、沙門空海がこの尊像を拝し、誠に霊仏なりと勝軍地蔵、勝敵毘沙門天の二像を自ら彫刻して一宇を建立、千手観音の脇侍として安置し、その名を千手院としたとある。また、時の将軍源頼朝は、観音像の利益に思いを寄せて寺領五百石を下さり、これによって寺運はますます興隆し、寺号を福隆寺に改め、村名も柳島から寺社村にしたのだという。

観音堂は寛永十二（一六三五）年に再建され、昭和六十年四月に焼失、同六十二年四月に再度建てられたものである。参拝に訪れた平成三年二月の観音堂は、千手観音はじめ多くの仏像仏具とも新しく、木の香漂う新鮮な空気に、身が引き締まったことを覚えている。

この福隆寺から「白鳥の湖」で知られる瓢湖は、七・八キロの所にあり、冬季には白銀の五頭山、西方の夕日を背景に白鳥の飛ぶ優雅な姿が見られる。

▲本堂

41

第四十一番札所

大《だい》悲《ひ》山《ざん》 普《ふ》談《だん》寺《じ》

真言宗智山派

住所	TEL	住職	備考
新潟県新津市朝日字五明五六〇	0250・22・2439	小林 一三	拝観無料 納経軸朱印料300円

◆ご本尊

不動明王《ふどうみょうおう》

真言【なうまくさんまんだ　ばさらだ　せんだまかろしゃだ　そわたや　うん　たらた　かん　まん】

◆ご詠歌

祈るから　今はのこらず　身の罪を

朝日の里の　霜にたとえて

▲ご本尊

【交　通】JR新津駅下車、新潟交通「金津」行きバスで、「朝日」バス停下車、徒歩10分

【駐車場】20台

苔むした石仏や数知れぬ石灯ろうが浄土へ誘う

境内に入るとまず目にするのが、戸棚に入った地獄極楽像である。親が語る地獄と極楽の話に子供たちもうなずきながら、真剣に聞く光景を目にする。「朝日の観音さま」と親しまれているゆえんである。

ご住職の小林一三師は、要職にあり多忙な方であるが、快く迎えてくださった。資料に基づいて種々説明を受けたが、要約次の通りである。

当山は由緒深い古寺であるが、往昔野火で類焼し、創立年代などは不詳である。伝えるところによれば、承応二（一六五三）年、法印良快が中興したという。山号は昔、普陀洛《ふだらく》山と称したが延宝四（一六七六）年、大悲山と改めた。

かつては無本寺、無格寺であったが、中興三世法印宗栄の代に領主溝口伊予守（沢海）のあっせんにより江戸真福寺末寺となる。以来、領主溝口家の祈願所となり、田二反六畝五歩、畑四反歩、山林二反一畝二十九歩の寄進があった。本尊不動明王は弘法大師空海作と伝えられている。

境内には観音堂があるが、本堂後背山の中腹にあるもので、ここに安置されている十一面観音菩薩は聖徳太子の作と伝えられ、越後三十三観音札所の第三十番、また蒲原三十三観音札所の第九番となっている。

寺宝として、上杉謙信の家臣船山氏が寄進したという狩野元信画の絵馬二対（新津市文化財）、十一面観音立像、不動明王、地獄極楽像、釈尊涅《ね》槃《はん》図などがある。

▲本堂

その後、ご住職に偶然お会いした時に、「新しい仏像が入ったので来なさい」と声をかけられたが、まだ実現していない。楽しみは先に延ばしているのである。

寺は、近年伽藍《がらん》整備が進められ、四季を通じて美しいたたずまいが心を癒やしてくれる。

42

第四十二番札所
龍形山《りゅうぎょうざん》

真言宗智山派

正《しょう》円《えん》寺《じ》

住所	新潟県中蒲原郡村松町甲六三三五
TEL	0250・58・7251
住職	小鍛冶　快弘
備考	

◆ご本尊

不動明王《ふどうみょうおう》

真言【なうまく　さまんだばざらだん　せんだまかろ
しゃだ　そわたや　うん　たらた　かん　まん】

◆ご詠歌

龍形《りゅうぎょう》の　御山《みやま》菩提の　不動尊
極楽浄土　願いたのまん

▲ご本尊

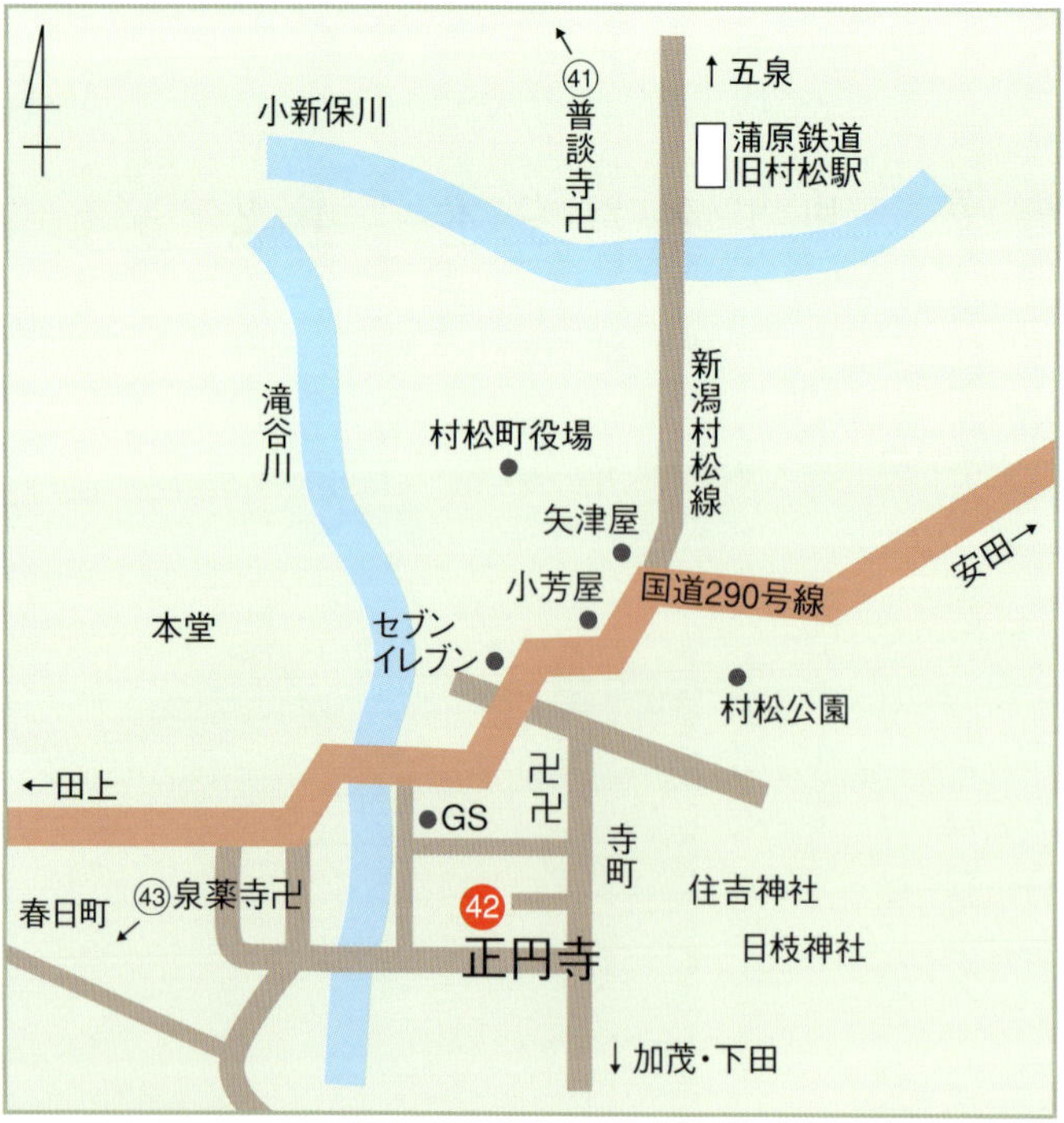

【交　通】蒲原鉄道旧村松駅より徒歩25分
【駐車場】5台

町文化財の五輪線刻塔婆と大阪から運んだ観音堂がある

山門の正面に、擬宝珠《ぎぼし》を頂いた美しい本堂がある。この度は、ほぼ二十年ぶりの参拝となる。時のご住職は隠居されて長老となられたが、ご夫妻ともご高齢ながらお健やかで、うれしく思った。ご住職はお留守で、長老様が親しく応対してくださったことが、この上ない喜びであった。

記録によると当山は延暦十五（七九六）年、伝教大師（最澄）が天台宗として開山し、その後、応徳元（一〇八四）年、善慶上人が開基となり真言宗に改宗した。そして、正保延宝四（一六七六）年には智積院の末寺となり、宝暦十一（一七六一）年に現在地に移り、再建されたという。しかし、昭和二十六年七月、祭りの花火で出火、全焼したが、本尊の不動明王だけは焼失を免れた。

本尊の不動明王は木造で像高七十二センチ。らんらんと光る大きな目、怒り肩で引き締まった腰まわり。憤《ふん》怒《ぬ》の形相と真っ黒な体つきで、どっかりと瑟瑟坐《しつしつざ》に座っている。何もかも話し、煩悩を断ち切ってもらうにふさわしい像である。当山の寺宝として、町指定文化財である五輪線刻塔婆が十一基ある。保存場所の看板によると、自然石に空輪、風輪、火輪、水輪、地輪を線刻した供養塔の一種で、鎌倉時代後半の作とある。

本堂から向かって右手にある観音堂は、当山が現在地に移る以前の元禄五（一六九二）年に堀左京之亮直利が寄進したもので、大阪から船で新潟の港に揚げ、運んだものという。この本尊が、越後三十三観音札所の第三十一番、聖観世音菩薩で、ご開帳は年一回、八月十八日である。

▲本堂

43

第四十三番札所
医王山《いおうざん》

泉薬寺《せんやくじ》

真言宗智山派

住所	新潟県三条市八幡町十一の十六
TEL	0256・32・5273
住職	椛沢　盛芳
備考	拝観無料 納経朱印料規定料金

◆ご本尊

大日如来《だいにちにょらい》（金剛界《こんごうかい》）

真言【おん　ばざらだど　ばん】

◆ご詠歌

もろもろの　ほとけを統《す》べる　大日の
ひかりに遭《あ》はむ　ときぞ来《き》にけり

▲ご本尊

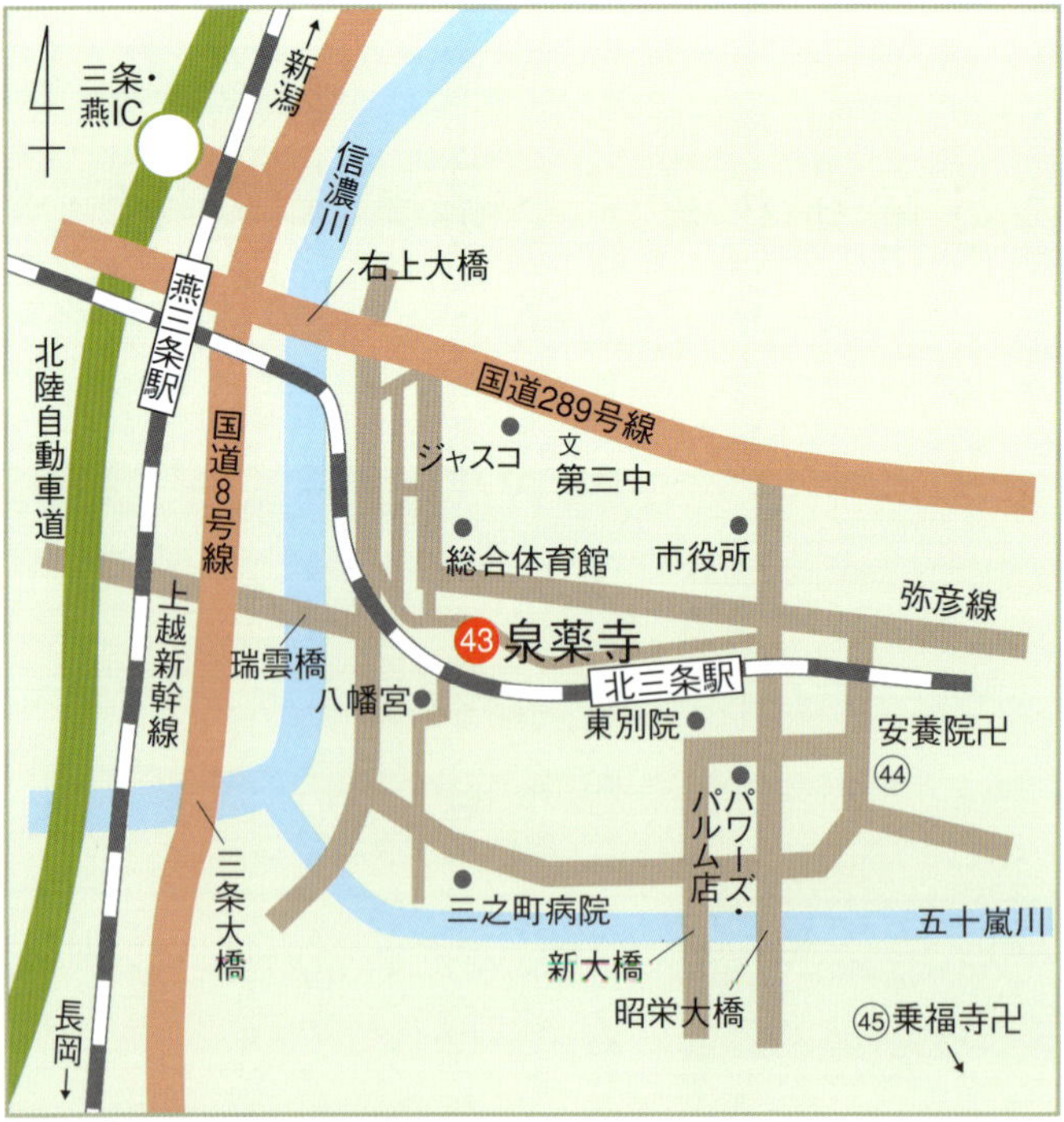

【交　通】JR北三条駅より徒歩3分
【駐車場】10台

石川雲蝶の末えい酒井弥吉作の須弥壇と有願和尚讃の真言八祖軸がある

前庭のきれいな本堂である。淡い緑と薄紅色の木々の芽吹きが春を告げている。折よく副住職が帰ってこられ、本堂の戸を開け放ってくださった。

そもそも当山は昔、西蒲原郡須頃島にあった草庵の開創に始まるといわれる。本尊は木造の大日如来で、等身大の坐像とのことだが、長く秘仏とされ開扉の予定はないという。

記録によると、弘法大師が出羽の湯殿山に巡錫《しゃく》の折、この須頃島まで来ると、里人は邪見放逸に流れて後世のめい福を祈ることも知らなかった。これを哀れんだ大師は、当地に九十余日とどまり教化されたが、本尊の大日如来は、このときクスノキで彫られたものという。

この草庵に旧村上藩主が大いに帰依し、領内安全、武運長久を祈願された。やがて、藩主が三条町を領することとなったので、当寺もこちらに移ったという。

現在の本堂は、明治十三年の三条大火の翌年に建てられたものである。寺宝も多く、とりわけ有願和尚の画賛がある真言八祖の軸物は評価が高い。また、江戸時代の越後と佐渡における彫刻といえば、木喰《もくじき》上人と石川雲蝶が有名だが、当山には、雲蝶の子孫といわれる酒井弥吉が作った須弥壇《しゅみだん》がある。本尊の上下左右に豪華絢爛《けんらん》たる彫刻が施され、まばゆいばかり。須弥壇の裏に打ち付けられた棟札には、「須弥壇木地　彫刻　漆箔　製作人三条町酒井弥吉　号正宣花押　大正三年五月」とあった。

やがて、ご住職も帰られてご説明を頂いたが、若い副住職のはつらつとしたご教示に、すがすがしさを感じた春の一日となった。

◀本堂

44

第四十四番札所

鉄宮山《てつぐうざん》

安養院《あんにょういん》

真言宗智山派

住所	TEL	住職	備考
新潟県三条市神明町八の二六	0256・33・2530	米田　芳英	3月15日／釈迦のだんごまき 8月10日／柴灯護摩（山伏さんのおごま）

◆ご本尊

阿弥陀如来《あみだにょらい》

真言【おん　あみりた　ていせい　から　うん】

◆ご詠歌

五十嵐の　里なる阿弥の　鉄宮山《てつぐさん》

彼の岸渡る　頼りとやせん

▲ご本尊

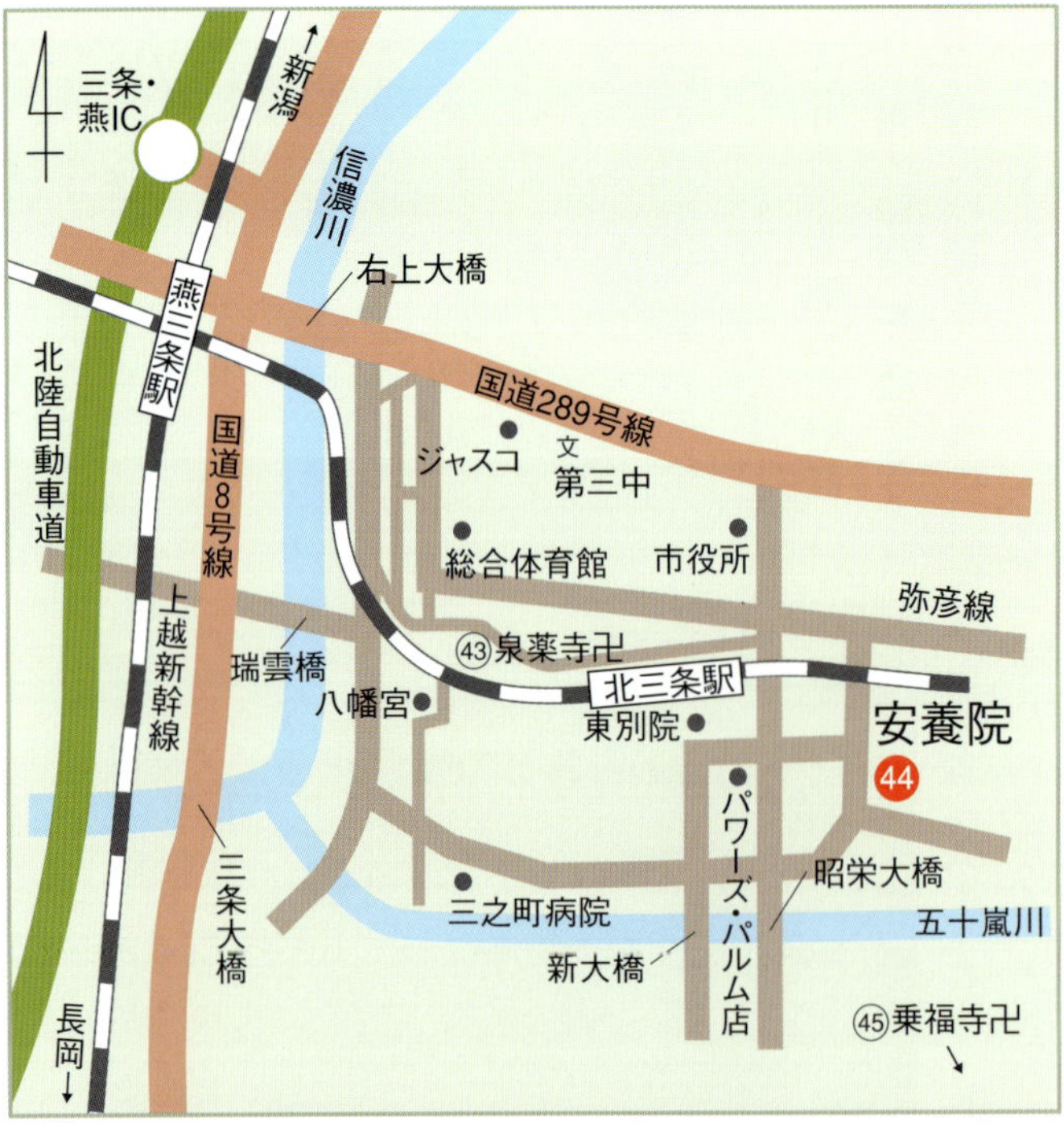

【交　通】JR東三条駅より新潟交通か越後交通「燕・長岡」行きバスで、「神明」バス停下車、徒歩2分。JR上越新幹線燕三条駅から新潟交通「東三条」行きバスで「神明町」バス停下車、すぐ。

【駐車場】5台

慈悲深い本尊と境内の石仏が心を癒やしてくれる

安養院は三条市の商店街にあり、交通の便利な所である。寺前にバス停もある。門柱から参道を見ると、弘法大師がこちらに向かって立っている。その右手にある二十段余りの階段を上がったところが本堂である。ご住職はご不在だったが、奥様が温かく応対してくださった。

ご本尊、阿弥陀如来は木造の上品《じょうぼん》下生《げしょう》の印を結んだ坐像である。女性的な優しい顔立ち、豊かな体つきに心が和らぐ。何もかも話したい気にしてくれる尊像である。また、向かって左のお厨子《ずし》に安置の十一面観世音菩薩は彫りが浅く、素朴さを感じるが、その内面から気品が漂ってくる古仏である。伝承によると、この観世音菩薩は久安二（一一四六）年、当山が南蒲原郡の下田村大浦馬場に草創された時の本尊といわれている。その後、当山が真言宗安養院となったのは、明応年間（一四九二〜一五〇〇）に真言宗の大本山根来寺（和歌山県）から、法印英算《えいさん》を開山に請したことに由来する。

元和三（一六一七）年、当山は一ノ木戸に移転し中興なったが、この中興開山憲英和尚の高弟、総本山智積院五世能化、隆長大僧正がご本尊の阿弥陀如来を勧請し、師僧に贈られたものという。

以来、栄枯盛衰を経ながら寺門は隆盛し、昭和四十九年に庫裏、平成元年に本堂および会館を新築して今日に至っている。寺宝として、前述の十一面観世音菩薩立像（藤原末期作）や薬師如来坐像（室町中期作）、応挙筆の幽霊図などがある。

▲本堂

参拝を終えて階段を下りると、西国三十三観音の石像が、白い花々の中から見送ってくれた。ノートに平成六年五月二十二日、好天の暑い日とある。

45

第四十五番札所

月光山《がっこうざん》

乗福寺《じょうふくじ》

真言宗智山派

住所	TEL	住職	備考
新潟県三条市月岡三の十二の六七	0256・34・0844	穴沢　良彰	拝観無料　4月29日／大般若転読会 8月7日／大施餓鬼会

◆ご本尊

阿《あ》弥《み》陀《だ》如来《にょらい》

真言【おん　あみりた　ていせい　から　うん】

◆ご詠歌

元寺《もとでら》の　源はるか　清水は

阿弥の救いの　大悲《だいひ》とぞ知る

▲ご本尊

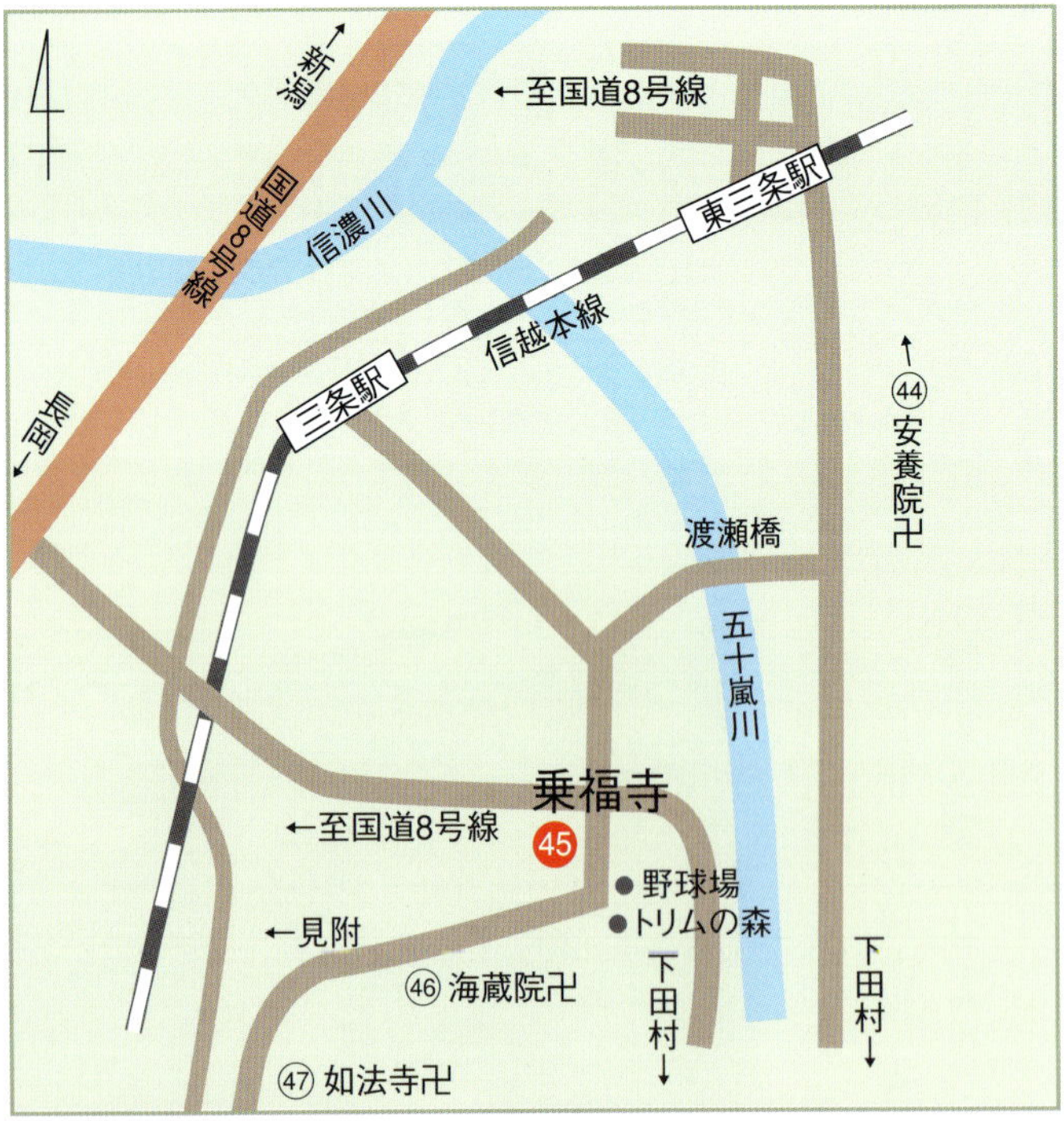

【交　通】JR東三条駅か三条駅より徒歩35分
【駐車場】20台

正観世音菩薩が境内に立ち堂内では古仏が迎えてくれる

境内に入るとまず目に入るのが一段と高い所に立つ正観世音菩薩。昭和四十一年に檀家の一人が、金婚式を機会に寄進したもので、ふくよかな面相の容姿端麗な観音像である。

記録によると、大同年中（八一〇ころ）に弘法大師が羽州（山形県）の湯殿山を開基するために下向された折、当地に立ち寄られ、大面之荘月田村地内元寺（現在の三条市月岡字元寺山林）に当寺を建てたのが始まりとある。しかし、後の元禄年中に大火災に遭いすべてを焼失。当地に移り現本堂が建てられたのは、享保二（一七一七）年、憲性法印によるもので、享保六年に庫裏も建てられている。

現在の庫裏は、昭和三十七年の伊勢湾台風の際に破損して翌年に改造され、本堂は昭和五十五年に銅板ぶき、向拝《ごはい》等の改修を行い今に至っている。

本尊の阿弥陀如来は上品上生《じょうぼんじょうしょう》の坐像で、享保九（一七二四）年夏に京都より到着。仏師は京都の森万次郎とある。丸顔で胸は厚く、堂々とした体つきである。脇侍の勢至、観音両菩薩、さらにその脇には左に不動明王、右に愛染明王が鎮座し、絢爛《けんらん》たる天蓋《てんがい》、そして左右に金剛、胎蔵の曼荼羅《まんだら》が掲げられ荘厳なる仏殿を形成している。

堂内には宝永年間（一七〇四〜一〇）、仮本堂で本尊として安置されていた地蔵菩薩坐像もある。面長でなで肩、衲衣《のうえ》の彫りは浅く柔らかな体つきの温和な尊像である。

▶本堂

46

第四十六番札所
中海山《ちゅうかいさん》

真言宗智山派

海蔵院《かいぞういん》

住所	TEL	住職	備考
新潟県三条市大字如法寺四〇四	0256・34・5486	傳　観雄	拝観無料 納経朱印料規定料金

◆ご本尊

釈迦如来《しゃかにょらい》

真言【なうまく　さまんだぼだなん　はく】

◆ご詠歌

遙《はる》かなる　弥彦の山を　望みつつ
大師をおがみ　心はれませ

▲ご本尊

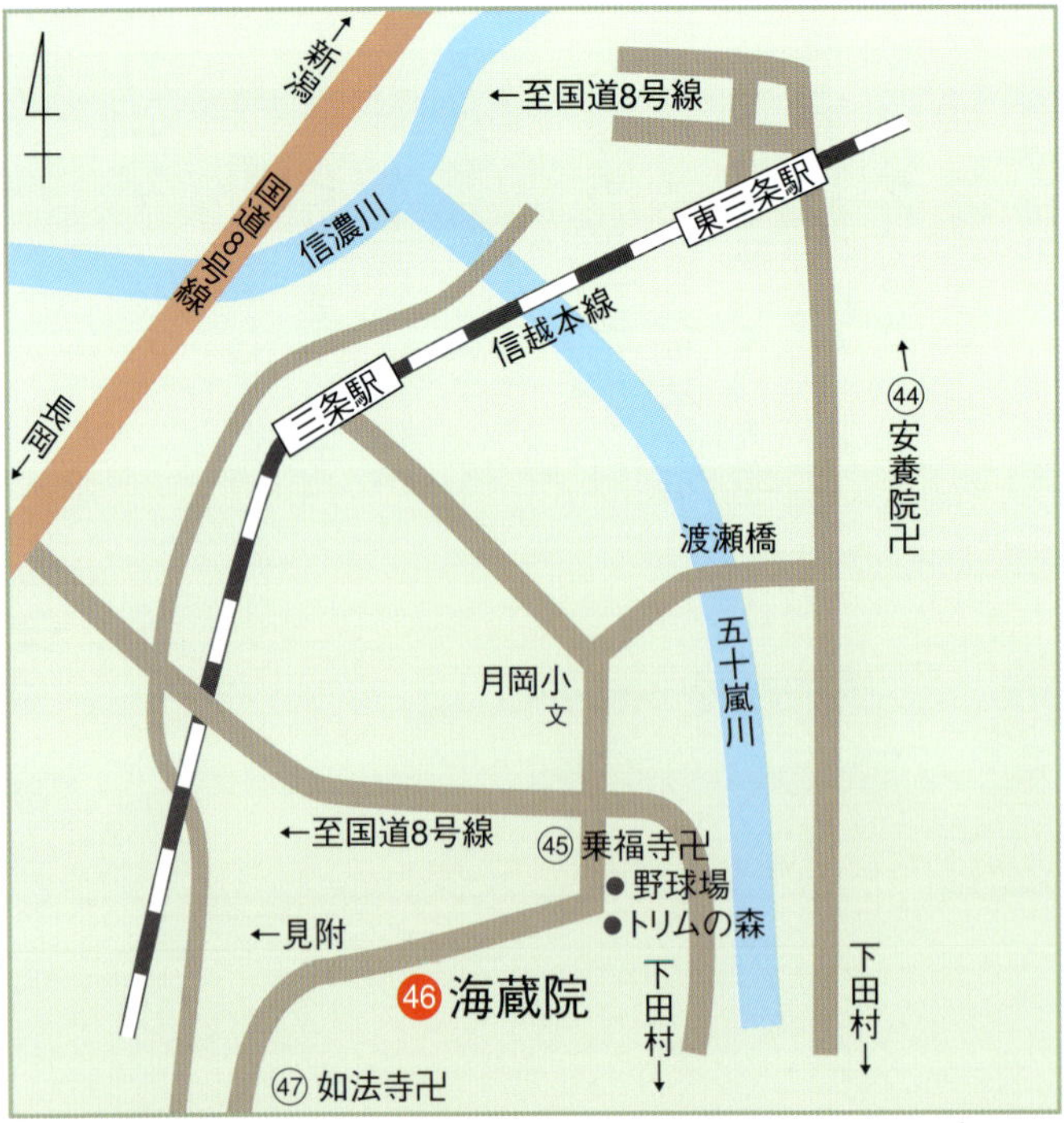

【交　通】JR東三条駅または三条駅からタクシーで10分
【駐車場】5台

本尊釈迦如来と寺宝阿弥陀如来、それに板碑が文化財の寺院

参拝と取材に訪れたのは、十二月の上旬のこと。時折、雨と雪の降る寒い日であった。庭木には雪囲いがなされ、所々に数日前に降った雪の消え残りがある。

三条市の文化財、本尊釈迦如来坐像は高さ五〇・七センチ、ヒノキの一木造りで、内刳《ぐ》りを施してある。顔立ちは比較的穏やかで、ふくよかな体つき、衣文《えもん》の彫りも深く、どっしりとしていて、鎌倉時代以降の作とみられる。また、寺宝の阿弥陀如来は上品下生《じょうぼんげしょう》の坐像で、像高五一・六センチ、カツラ材の一木造り、丸顔の彫眼、瞑想《めいそう》にふける静かな顔立ちである。ややなで肩で均整がとれ、膝《ひざ》高が低いところに特徴があり、藤原時代の作風である。この尊像も本尊とともに市文化財になっている。

いま一点の文化財である板碑は、鎌倉末期の元亨三（一三二三）年作といわれ、阿弥陀如来の梵字「キリーク」が刻されている。当寺では、これの由来から「八郎石」と呼び堂内に安置されている。

当山の開創については不詳であるが、「釈迦如来を本尊として、中海山如法寺海蔵院と号す」とある。大同年中（八〇六～九）、弘法大師が山形県の湯殿山参拝の折立ち寄られ、三年間滞在された。その間、世話をした老人が没した時、大師がつめで「八郎」と書いて供養したのが、今に残る板碑だという。

◀本堂

また、明治天皇が巡幸の際、越後七不思議のひとつとして、天然ガスの炎をご覧になったが、その時の木製の火器が残っている。

第四十七番札所

中海山《ちゅうかいさん》

如法寺《にょほうじ》

真言宗智山派

住所	TEL	住職	備考
新潟県三条市大字長嶺一八〇四	0256・34・2731	川崎　憲澄	拝観無料、納経朱印料規定料金 8月7、8日／薬師如来大祭

◆ご本尊

正《しょう》観《かん》世《ぜ》音《おん》菩薩《ぼさつ》

真言【おん　あろりきゃ　そわか】

◆ご詠歌

鐘の音の　遠く響きて　朝明の

山里すがし　長嶺の寺

▲ご本尊

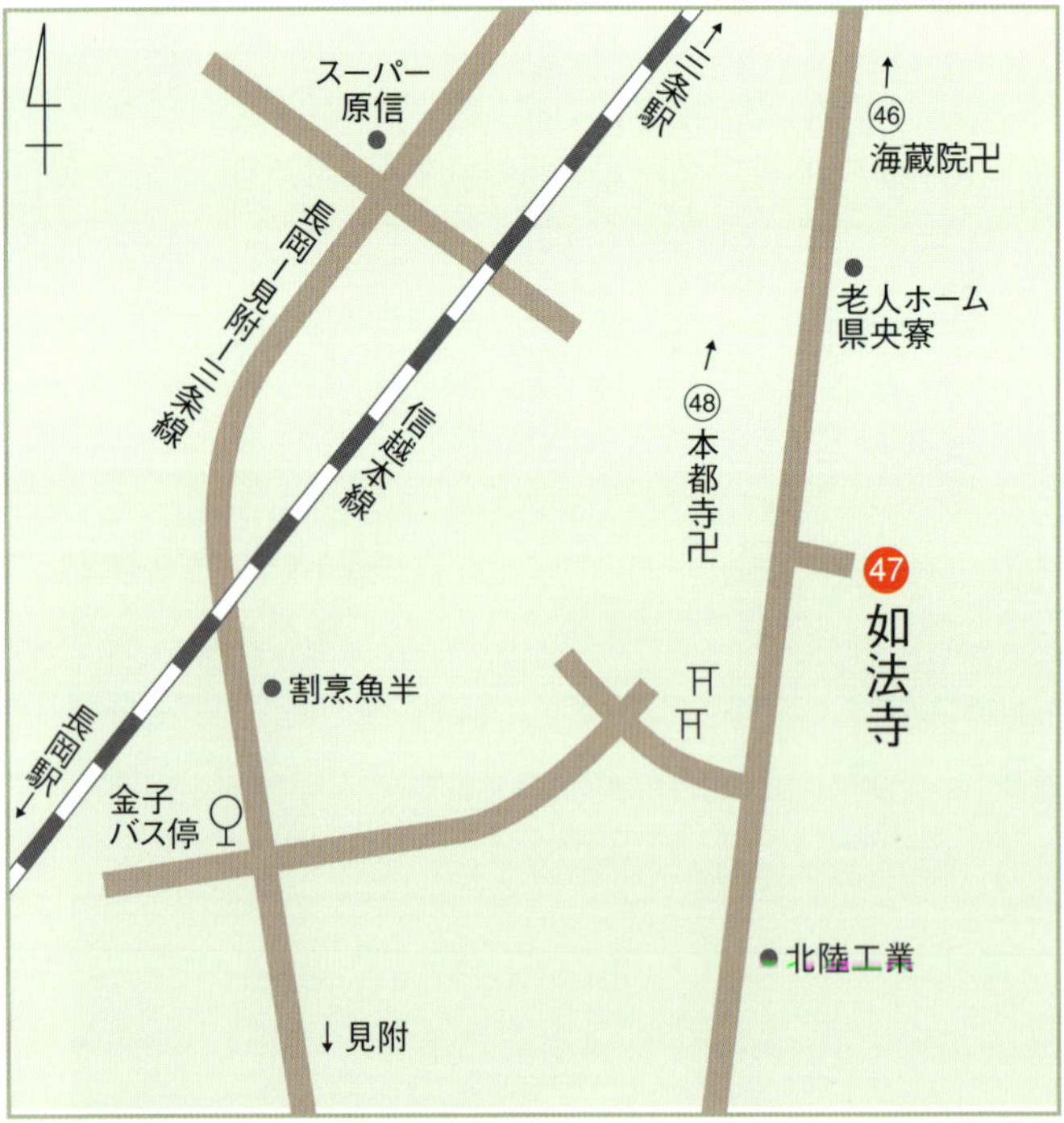

【交　通】JR東三条駅より新潟交通「大面」行きバスで「金子」バス停下車、徒歩20分

【駐車場】30台

本堂から薬師堂、観音堂へと歩を進めるごとに心静まる

参拝に訪れたのは正月十日、雨がしとしとと降る薄暗い寒い日であったが、草木からしたたる雨のしずくは光っていた。

ご住職は、待ちわびていたかのように、寺院の由緒沿革をしたためられた巻物を説明され、このあと本堂に案内していただいた。

本尊正観世音菩薩（三条市文化財）安置のお厨子《ずし》は暗くて良く見えなかったが、パッと明るくなった。お厨子の中に蛍光灯が設置されていたのだ。その瞬間、目元のすっきりした、温和な顔立ちと口元の引き締まった理知的な表情にしばし目を奪われた。像高百十八センチ、ヒノキの寄せ木造りだという。右手指の一部分の漆《しっ》箔《ぱく》の剥落《はくらく》があった以外は保存状態も良く、宝冠、瓔珞《ようらく》なども美しい。お厨子の明かりは、ご本尊を参拝する人に対する、ご住職の心遣いなのであろう。

当山は延暦年中（七八二〜八〇五）の創立といわれ、現在は京都智積院の末寺となっている。境内には長い参道と立派な薬師堂があり、山額「医王殿」は、良寛が仮住まいし国上《くがみ》山五合庵の開祖、万元《ばんげん》の揮毫《きごう》だという。

本堂から薬師堂、観音堂と案内ねがったが、修験道の開祖・役行者《えんのぎょうじゃ》と醍醐寺を開いた理源大師の写実的な両像も忘れがたい。

庫裏を出た時は暗くなり、雨にぬれた竹やぶの、電灯の明かりを受けたところだけが光っていた。

▶本堂

48

第四十八番札所
慶宥山《けいゆうざん》

真言宗智山派

本《ほん》都《と》寺《じ》

住所	TEL	住職	備考
新潟県南蒲原郡下田村大字飯田二二〇八	0256・46・4020	市川 雄秀	

◆ご本尊

阿《あ》弥《み》陀《だ》如《にょ》来《らい》

真言【おん あみりた ていせい から うん】

◆ご詠歌

古《いにしえ》の お厨子《ずし》を蔵《ぞう》し 花の寺
阿弥陀の光の 満る本都寺

▲ご本尊

【交　通】下田村役場より2.2キロ。タクシーで10分、徒歩45分
【駐車場】6台

下田三千坊にゆかりがあり流麗な阿弥陀三尊がひかえる

参拝に訪れたのは、十二月の初めのこと。雪はなかったが、寒い雨上がりの午後であった。山門の向かって左に「普明院本都寺」、右に「真言宗智山派慶宥山」と大きく書かれた、新しい門札があった。

ご住職の中興五十四世、市川雄秀師は「本都寺由緒書」、「本都寺歴代記」をもとに語ってくださった。天平年間、南都法相宗興福寺の真教大法師が北陸巡化《じゅんげ》の折、民衆が苦しむのを見て、北陸鎮護を朝廷に請い、道場を猿平山中腹の黒見渓山上に三千坊（寺名普明院本都寺）を建立、聖武帝の勅願所とした、とある。実際に三千坊と称されたのは、後に多くの寺院が建ってからのことである。その後、三千坊は兵火で焼失、天禄年間（九七〇～七二）に本坊の本都寺は飯田に移り、真言宗に改宗したのだという。

本尊の阿弥陀如来は、木造で上品《じょうぼん》下生《げしょう》の立像。肉髻《にっけい》は低く丸顔で、やや意志的な表情。なで肩で衣文《えもん》の彫りは深く流れが美しい。脇侍は、本尊が安置された厨子《ずし》の扉の左右に描かれた勢至菩薩、観音菩薩である。この両菩薩は典麗で、しなやかな容姿、優雅な美しさである。とりわけ観音菩薩の女性的な美しさは、見る人を魅了する。顔立ち、両手の指の動きから、足元の微妙な動きをも繊細に描き出している。この阿弥陀三尊は三千坊時代（平安時代）のものと伝えられている。

▲本堂

現在の本堂は寛政十二（一八〇〇）年の建立。堂内には寺宝として、地蔵菩薩、十王、不動明王など多くの仏像がある。また、集落には下田村文化調査研究会の「三千坊跡」と称する説明看板や、詳しい観光案内図などもある。

49

第四十九番札所
羽黒山《はぐろさん》

真言宗豊山派

宝積院《ほうしゃくいん》

住所	TEL	住職	備考
新潟県南蒲原郡下田村大字長沢二一	0256・46・3224	山田　照賢	

◆ご本尊

大日如来《だいにちにょらい》（金剛界《こんごうかい》）

真言【おん　ばざらだど　ばん】

◆ご詠歌

お羽黒の　如来の功徳を　念ずれば
永遠《とは》の宝を　積むに同じき

▲お前立

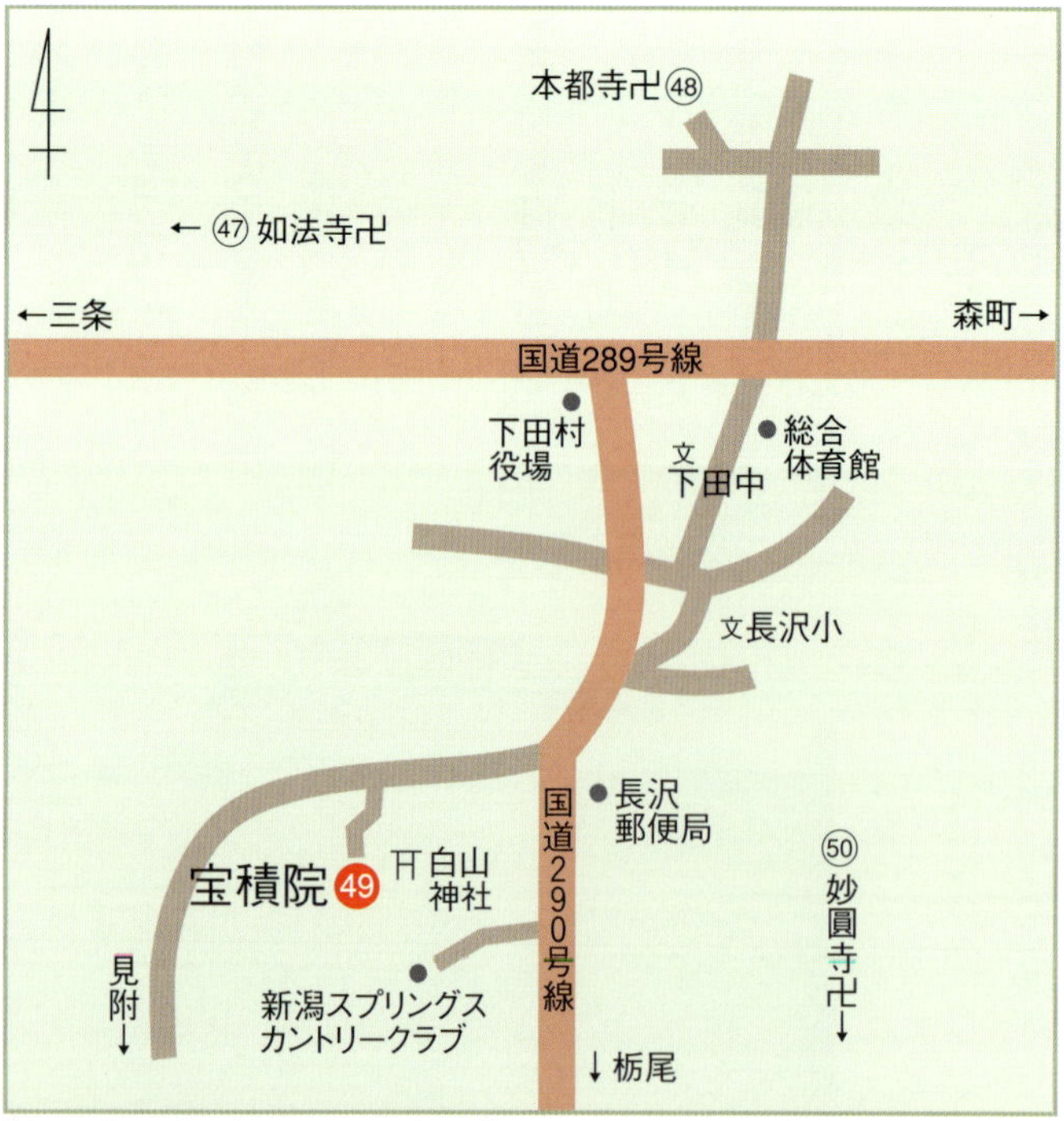

【交　通】JR東三条駅から新潟交通「八木前行き」バスで「越後長沢駅前」バス停、「駒込行き」バスに乗り換え「長沢中央」バス停下車、徒歩3分
【駐車場】10台

不動講火渡り祭りでにぎわい 薬師山の本尊薬師如来が鎮座する

参拝に訪れたのは、小正月が過ぎたばかりの一月十七日。この年は珍しく少雪で、参道は乾いて歩きやすかった。ご住職は初対面ながら、快く迎えてくださった。「実はこれから、下駒込の観音堂に行くが、一緒に行きますか?」と言われる。観音堂の祭りで、お経を上げるのだという。喜んで同行した。

寺院に戻ると、早速本堂から案内していただいた。本尊は金剛界の大日如来で、住職一代一回のご開帳とされる秘仏。昭和五十年に現在の晋《しん》山《ざん》式でご開帳されたので、当代ではもうご開帳はないとのこと。それに代わって不動明王が、お前立として安置されている。丸顔でらんらんと光る玉眼と、むき出した金歯、力強い体つきで諸悪を寄せ付けない迫力がある。

当山は天文七（一五三八）年、重円上人によって一宇が建立、開基されたとある。しかし寺は、それ以前すでに長沢の「坊所」にあったと伝えられ、その後、現在地に移ったのだという。

寺宝も数多く、本尊の向かって右には十一面観音立像、左には裏の薬師山の本尊薬師如来が安置されている。この尊像は衲衣《のうえ》の彫りの深い、瞑想《めいそう》にふける木造の坐像。興味深かったのは、持ち運びに手ごろなお厨子《ずし》に納まった金剛界の大日如来と、左の弘法大師、右の興教大師である。

▲本堂

これは真言宗寺院の本堂を象徴する形の一つであることから、身近に置いて常に手を合わせる念持仏だったかもしれない。

ふと『今昔物語』の、「浄尊も尼も共に持仏堂に入りぬ、聞けば終夜《よもすがら》ともに念仏を唱ふ」を思い出した。

50

第五十番札所

瀧澤山《りゅうたくさん》 妙圓寺《みょうえんじ》

真言宗豊山派

◆ご本尊

釈迦如来《しゃかにょらい》

真言【のうまく　さまんだぼだなん　ばく】

◆ご詠歌

たまきはる　いのちかなしも　現《うつ》し世の

ゆめ円《まど》かなれ　加持のみ寺に

▲ご本尊

住所	TEL	住職	備考
新潟県栃尾市下塩二五一八	0258・52・5524	内山　慶法	拝観無料 納経帳朱印料200円

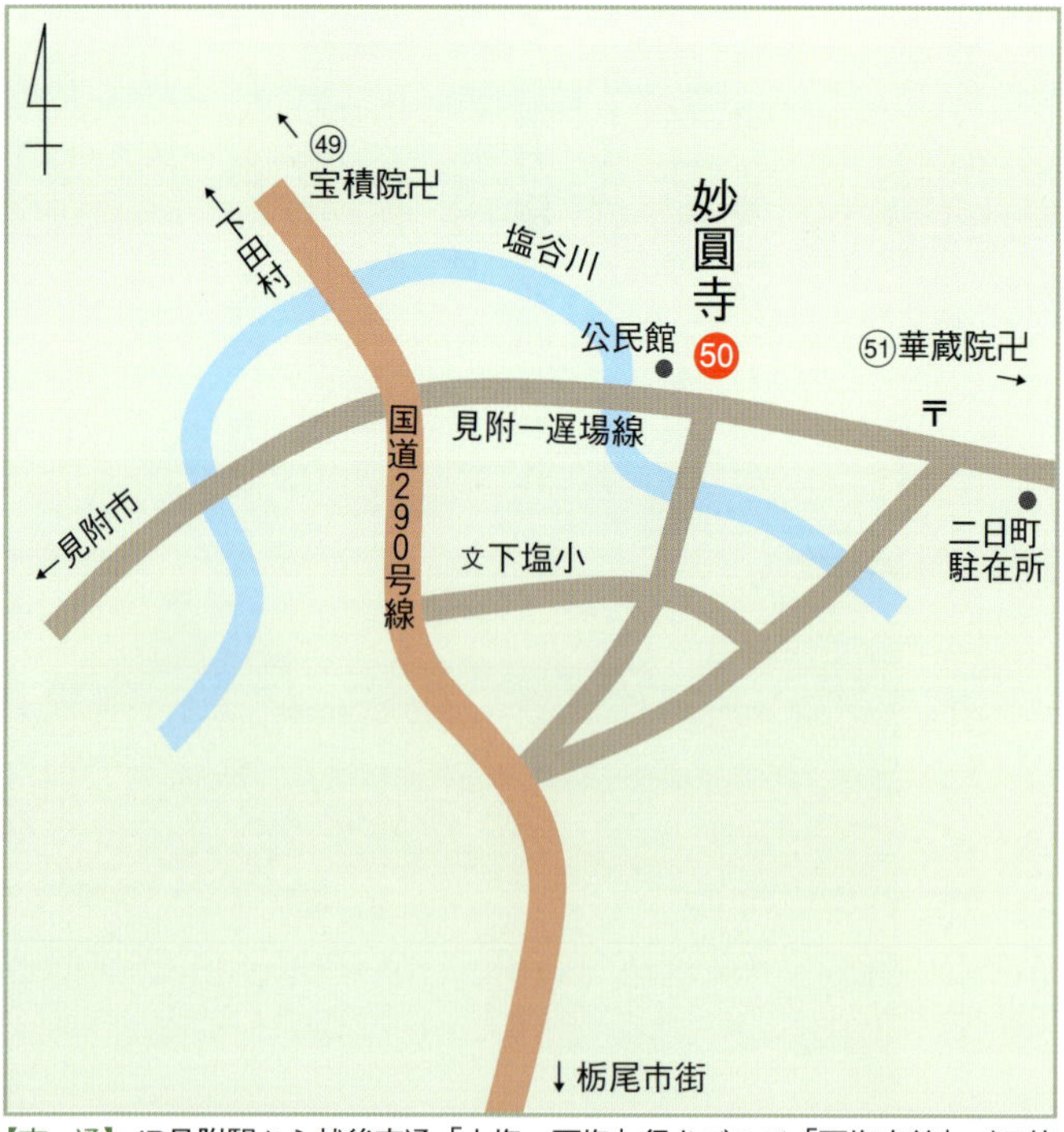

【交　通】JR見附駅から越後交通「上塩、下塩」行きバスで「下塩寺前」バス停下車、徒歩1分

【駐車場】50台

鬼門、方位よけの寺として長岡藩主も帰依した寺院

妙圓寺は国道２９０号線で、人《ひと》面《づら》交差点を左折して見附―遅場線に入って約一キロの下塩《しもじお》にある。寺前の広い駐車場に着いて見回すと、緑いっぱいの奥まった本堂の左手に五、六台の自転車が並んでいた。子供たちが遊びに来ているであろう。梅雨晴れの昼下がりのことである。

正面の石段から石畳に沿って、本堂に入れてもらった。初夏だったので戸を開け放してあり、堂内は広々としている。この本堂は明和五（一七六八）年、庄屋酒井番エ門の支援を得て再建されたものだという。

当山は康治二（一一四三）年、紀州の根来寺、興教大師の高弟である、燿光房融源大僧都の開基といわれ、伝行基菩薩作の釈迦如来坐像を本尊としている。

寺宝には恵心僧都《えしんそうず》作の阿弥陀如来像、真言密教の灌頂《かんじょう》法儀に必要な法具、両界敷曼荼羅《まんだら》、秘密法具や大般若経六百巻のほか古仏などがあり、興味は尽きない。中でも傷みは残るが、像高四十六センチの阿弥陀如来立像は気品に満ち、像高八十センチの毘沙門天像は力あふれる尊像であった。

また当山は古来より「下塩の金神《こんじん》寺《でら》」といわれ、建築物施工に当たっての方位よけの祈願や信仰がなされてきたことも重要である。

長岡藩主の牧野侯は、このことから領内の鬼門、方位よけの寺として当山に深く帰依したといわれ、今では家内安全をはじめとする所願成就の祈とうに多くの人が訪れる。当寺のご詠歌「たまきはる」は、「命《いのち》」の枕詞。大切な命、魂がほとばしる命という意味であると、ご住職は寺報「同信」第二十四号の中で説いておられる。今も、心に強く響く言葉である。

▲本堂

51

第五十一番札所

不動山《ふどうさん》

真言宗豊山派

華蔵院《けぞういん》

住所	TEL	住職	備考
新潟県栃尾市大字上塩一九八九	0258・52・9417	福岡　宗元	納経朱印料規定料金 6月20日／大般若会など

◆ご本尊

大日如来《だいにちにょらい》（金剛界《こんごうかい》）

真言【おん　ばざらだど　ばん】

◆ご詠歌

いつ来ても　佛《ほとけ》の慈悲の　みちみちて

不動ケ山《ふどうげやま》に　参る喜び

▲ご本尊

【交　通】JR長岡駅より越後交通「栃尾行き」バスで「栃尾駅」バス停へ、「上塩行き」バスに乗り換え「上塩橋」バス停下車、徒歩5分

【駐車場】10台

苔むした石仏と、力みなぎる五大明王像が迎えてくれる

参拝に訪れたのは四月の上旬で、所々に残雪があるものの小さな花々が咲き、春の訪れを告げていた。

伝承によると、鎌倉時代に山岳修験者が訪れ、現在地の下方にあたる不動ケ山のふもとに、国家安泰と済世利民のため庵を結び、不動山妙法寺と称したとある。そして、室町時代に布山に移り、さらに江戸時代初期の元和元（一六一五）年、現在地に移転し不動山華蔵院とした。その後たびたび火災や大風に遭い、現本堂は昭和五十二年に建てられた。

本尊は金剛界の大日如来で、像高三十三センチ。作者は不明だが室町時代の制作といわれ、寄木造りの小像で漆箔《しっぱく》が施されている。若干傷みは見られるが、面相からは悩みや願いを聞き入れ、衆生をしっかり見つめ諭す意志が伝わってくる。寺宝の薬師如来は像高三十八センチ、木造の坐像である。少し、なで肩であるが、肩幅は広く胸が厚い堂々とした体つきで、瞑想《めいそう》にふける穏やかな表情である。

本堂左手の護摩壇の正面には不動明王が座し、その後ろに憤怒《ふんぬ》の形相をした五大明王画像が掲げられていた。ご住職がご病気とのことで、副住職から終始ご指導いただいたが、この画像はすべてご住職自ら描かれたものだという。

それから、わずか数年してご住職のご逝去を知った。今あの激しく、躍動感に満ちた画像を思う時、衆生が現当二世《げんとうにせ》にわたって諸悪を撃退し安楽を願うために、ご住職が満身の力を振り絞って描かれたものと思えてならない。合掌。

◀本堂

52

第五十二番札所
岩間山《いわまさん》

遍照院《へんじょういん》

真言宗豊山派

住所	TEL	住職	備考
新潟県栃尾市山葵谷七六六	0258・52・1590	佐藤　照弘	拝観無料 納経朱印料規定料金

◆ご本尊

阿弥陀如来《あみだにょらい》

真言【おん　あみりた　ていぜい　から　うん】

◆ご詠歌

いにしえの　阿弥陀三尊《あみださんぞん》　おわします

心安らか　岩間の山に

▲ご本尊

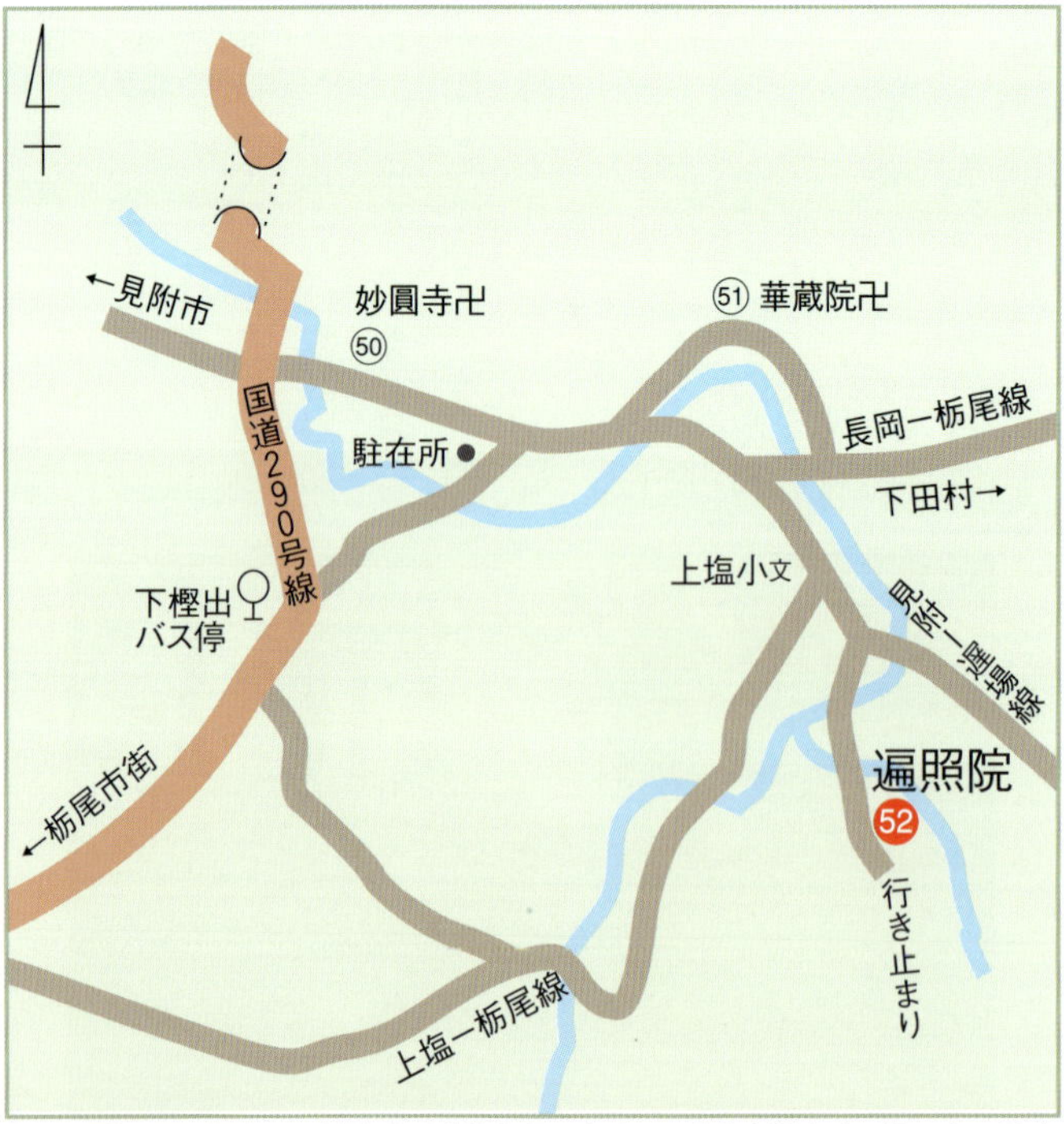

【交　通】JR見附駅より越後交通「葎谷行き」バスで「落合橋」バス停下車、徒歩20分

【駐車場】10台

恵心僧都源信作と伝えられる秘蔵の掛け軸がある

遍照院は栃尾市の山あいにある。車で参道から境内に入ると、正面に古く、小さくかわいい石の地蔵さんが数体並んで迎えてくれる。当山の創設、沿革等は明らかでないが約六百年前、すぐ隣に位置する南蒲原郡下田村の葎谷《もぐらだに》から、当地に移った行者寺といわれている。葎谷には今も寺屋敷が現存しているという。

　本尊は阿弥陀如来で、木造上品《じょうぼん》上生《じょうしょう》の坐像である。本尊とは別に、「往生要集」三巻を完成させ、日本浄土教史に大きな功績を残した恵心僧《えしんそう》都《ず》源信の直筆とされる阿弥陀三尊の掛け軸が秘蔵されている。繊細にして絢爛《けんらん》である阿弥陀三尊は、深い輝きを放っていた。例年正月とお盆の十六日にご開帳される。

　本堂は寛永三（一六二六）年建立されたもので、今はかやぶきから銅板ぶき屋根になっている。

　近時の寺宝として特筆すべきものに、新潟県が生んだ偉才・會津八一の書簡や遺墨がある。戦前、八一の在京時代に家事手伝いをしていた河田ネイさん（当地出身）が、農作業の手不足と戦況悪化から実家に呼び戻されることになった。困った八一は、国民学校の先生をしていた当時の遍照院住職佐藤照禅師夫人せつさんにあてて手紙を書き、河田さんの両親に猶予の説得を依頼している。その文面と書体からは、八一の切実な心境が読み取れる。

▶本堂

　帰り際、ご住職が「お茶も出さなかったので、これを飲んでください」と言って乳酸飲料を下さった。すっかり外は暗くなり寒かったが、ご住職のご厚意がありがたかった。

53

第五十三番札所
勢至山《せいしざん》

真言宗豊山派

阿《あ》弥《み》陀《だ》院《いん》

住所	TEL	住職	備考
新潟県栃尾市栃堀六九九	0258・52・3541	桑原　康年	拝観無料 納経朱印料規定料金

◆ご本尊

阿弥陀如来《あみだにょらい》

真言【おん　あみりた　ていぜい　から　うん】

◆ご詠歌

尋《たず》ね来て　仰ぐ御寺《みてら》の　光明《みひかり》は
弥陀の誓願《せいがん》　地蔵のお慈悲

▲ご本尊

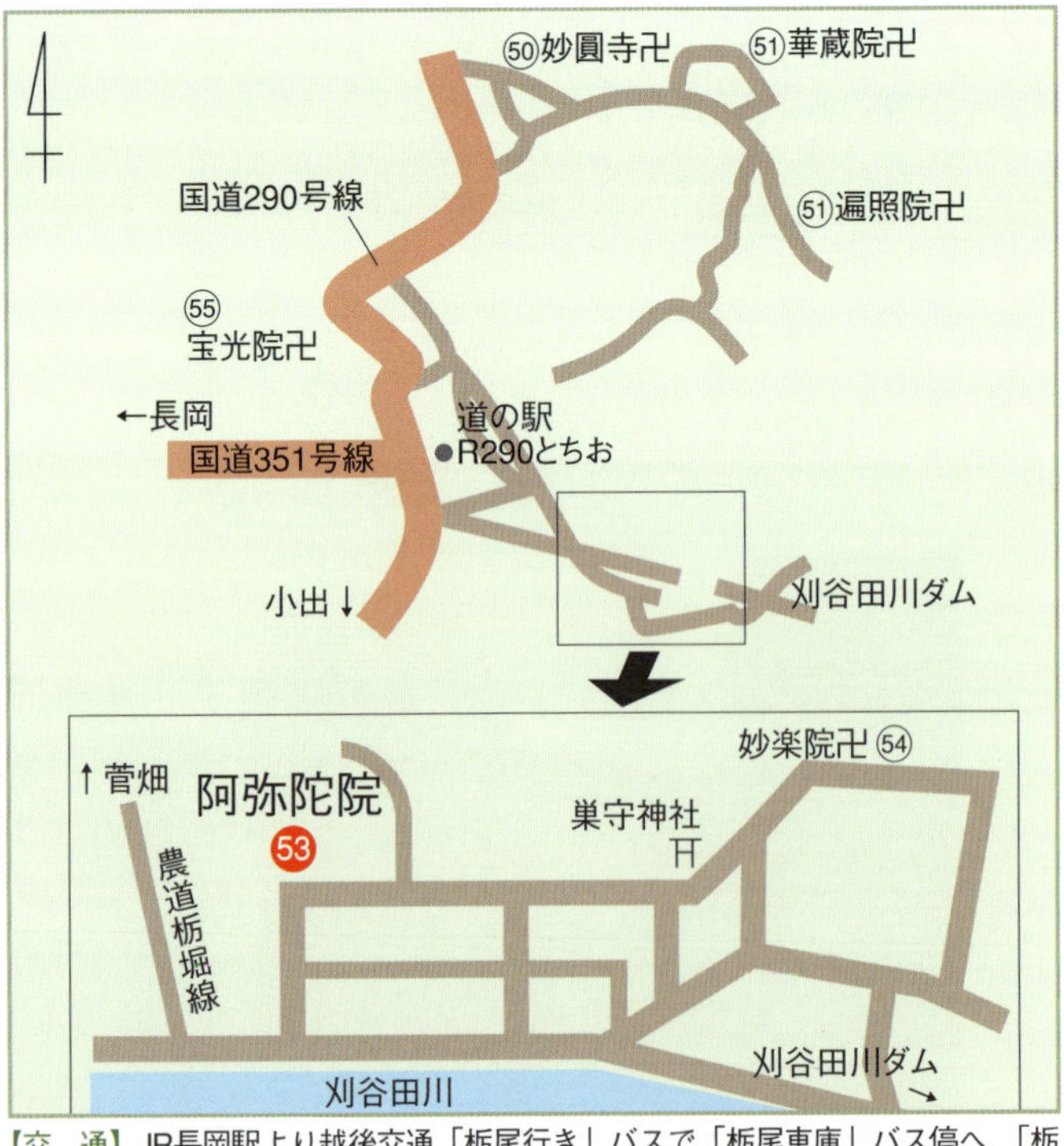

【交　通】JR長岡駅より越後交通「栃尾行き」バスで「栃尾車庫」バス停へ、「栃堀行き」バスに乗りかえ「栃堀下口」バス停下車、徒歩5分
【駐車場】16台

刈谷田川の淵から上がった延命地蔵菩薩を安置する

栃尾市の中心街から国道290号線で東に向かい、泉の信号を左折し、刈谷田川の大川戸橋を渡り右の道を行くと、一・五キロほどで栃堀に着く。左前方を見ると、大きな屋根が見えてくるので、阿弥陀院はすぐに分かる。門前左のコンクリート製の祠《ほこら》に、六地蔵が供養塔二基とともに収まっていた。どんなに雪が降っても屋根が落ちることはなく、やや細身の地蔵さんへのご住職の配慮なのだろう。

当山は僧高徒の開創とあるが、年代などは不詳である。慶長三（一五九八）年、時の住職圓可法印は弘教に功あって、紅衣の着用を許され、中興第一世となっている。本尊は上品上生《じょうぼんじょうしょう》の阿弥陀如来の坐像である。像高三十センチ、そっと目を閉じた優しい表情の尊顔である。左右に勢至と観音の脇侍を従えて、お厨子《ずし》に居られた。三尊ともに長い歴史を語るにふさわしく、黒光りしながら現世《げんせ》を見つめていた。

当山には、寺前を流れる刈谷田川のグミの木淵《ふち》から上がった、弘法大師御作の延命地蔵菩薩が安置されている。これは当山一世の圓可が、川から聞こえる読経の声に足を留めて抱き上げ、当寺に安置したもので、像高は八寸三分（約二十五センチ）の半跏《か》像だという。平成十五年に亡くなった現ご住職の義母トク様は、この地蔵尊に特別な心を寄せ、参拝者に説き聞かせ種々導いたという。

ご開帳は毎年四月二十三日で、法要と大般若転読が行われる。寺宝には、機神《はたがみ》様、不動明王、各種画像などがあり、心が引かれた。

◀本堂

54

第五十四番札所

無量山《むりょうざん》

妙楽院《みょうらくいん》

真言宗豊山派

住所	TEL	住職	備考
新潟県栃尾市大字栃堀二八三一	0258・52・1255	星　秀純	拝観無料 納経朱印料規定料金

◆ご本尊

阿弥陀如来《あみだにょらい》

真言【おん　あみりた　ていぜい　から　うん】

◆ご詠歌

福壽山《ふくじゅさん》　出《いず》る泉の　豊かさは

大慈大悲の　南無阿弥陀仏

▲ご本尊

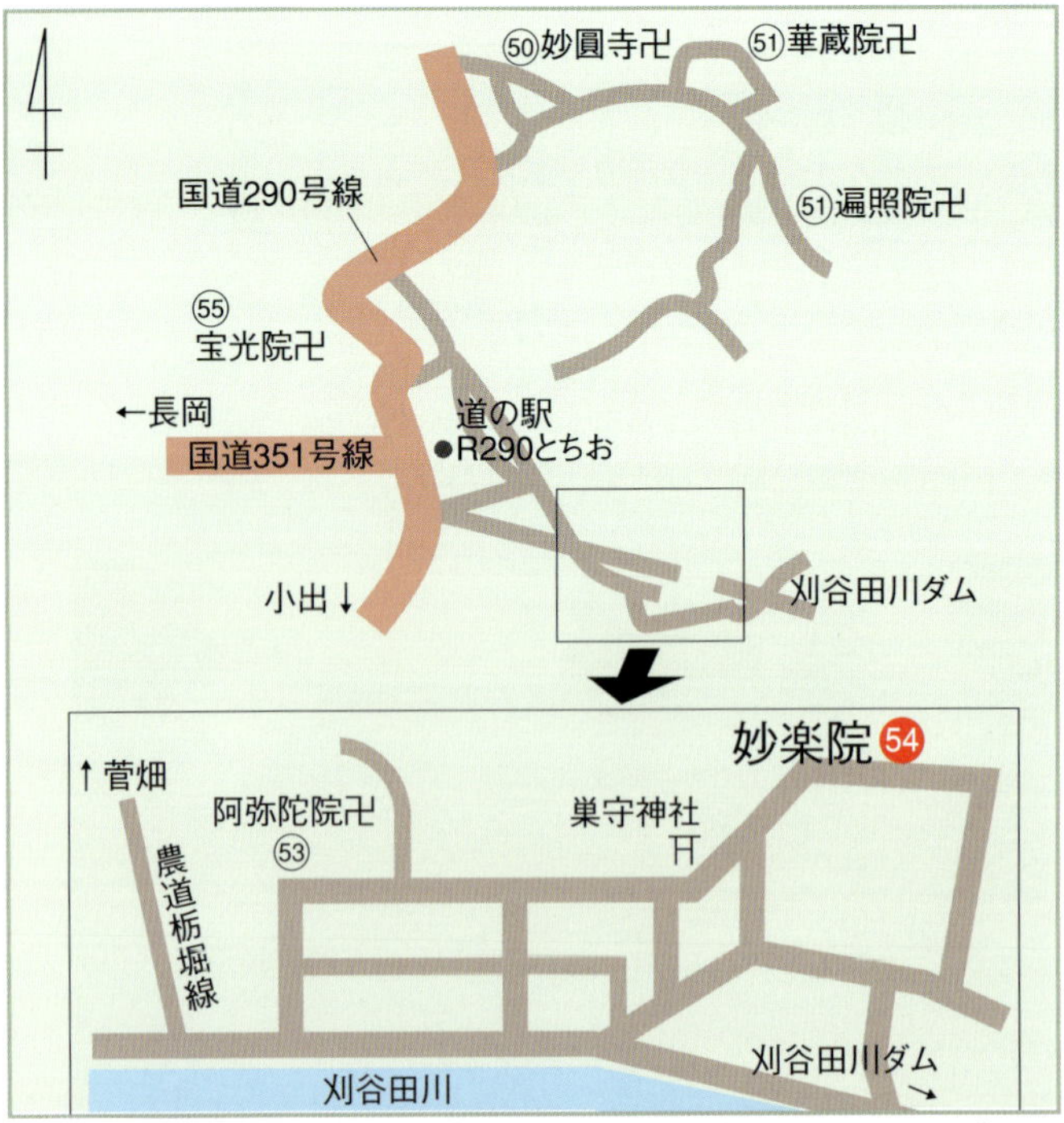

【交　通】JR長岡駅から越後交通「栃尾」行きバスで「栃尾車庫」バス停「栃堀」行きバスに乗りかえ「栃堀終点」バス停下車、徒歩7分

【駐車場】7台

五十八年ぶりのご開帳で、現世に光明を放ったご本尊安置の寺院

栃尾市の国道290号線で、泉から栃堀に向かう。栃堀下口から少し入った所に妙楽院がある。当山の創立ははっきりしないが、当地区が開村された大同年間（八〇六〜八〇九）に、「僧妙楽の開創なりし」との古文書があることから、今からおよそ千二百年前の開創と思われる。しかし、火災に遭うこと数回に及び、正徳三（一七一三）年、栃尾宝光院の徒弟であった教智が再建し、中興開山となっている。

本尊は上品下生《じょうぼんげしょう》の阿弥陀如来立像である。ご開帳は住職一代一回とされているが、幸運にも平成十二年六月九日から九月九日までの、ご開帳の機会に恵まれた。ご本尊は高さ六十二センチの穏やかな面相で、衣文《えもん》の流れが美しかった。

寺宝としては聖観音像（行基菩薩作）、不動明王画像（兆殿可作）、虚空蔵菩薩立像（空海作、像高二十八センチ）などがある。

また、慶応四（一八六八）年五月十九日、戊辰《ぼしん》の役で落城した長岡城主と家族用人一行が午後六時ころ栃堀村に到着、庄屋や妙楽院など数カ所に分散して宿泊し、翌日八十里越えから会津に落ち延びた、との記録もある（『栃尾市史』）。

◀本堂

取材のあと、奥様から、お茶と裏山から採ったという山菜の漬物を出していただいた。「雪がこんなに多く降るとは、嫁いで来るまで知りませんでした」と語るその笑顔に、女性の優しさを垣間見た思いがした。

55

第五十五番札所

五智山《ごちさん》

宝光院《ほうこういん》

真言宗智山派

住所	TEL	住職	備考
新潟県栃尾市大町五番十四号	0258・52・2425	佐藤　義調	納経朱印料規定料金 毎年10月第3土曜日／慈母子育観音法要

◆ご本尊

大日如来《だいにちにょらい》

真言【おん　ばざらだど　ばん】

◆ご詠歌

ありがたや　深き恵みの　五智の寺

如来とともに　千歳《ちとせ》のながきを

▲ご本尊

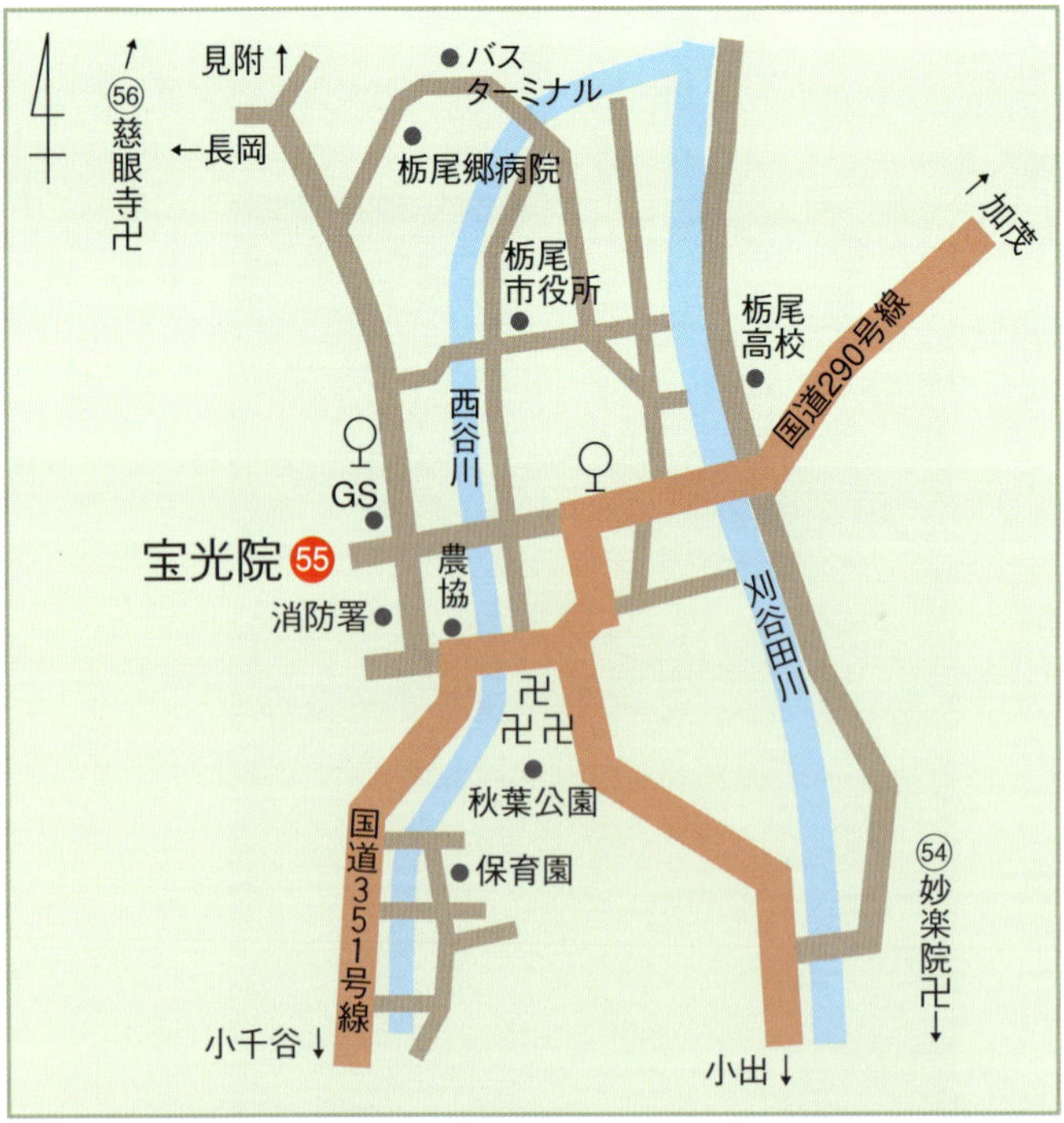

【交　通】JR長岡駅より越後交通「栃尾行き」バスで「中央公園」バス停下車、徒歩2分

【駐車場】10台

長岡藩主から寄進の本尊大日如来像と勝軍地蔵菩薩を安置

中央公園のバス停から、歩いてわずか二分で宝光院の門前に着く。参道は住宅街を横断して山手に向かい、正面の石段を登り、山門、本堂と続く。

ご本尊大日如来は、長岡藩主第九代牧野忠精公の寄進によるもの。ご開帳は住職一代に一回のところ、計り知れない仏縁により拝観させていただいた。面長でふくよかな頬《ほほ》、見開いた目、しっかり結んだ口元、厳しい面相の中に優しさが感じられる。体つきは均整が取れ、引き締まっている。保存状態もよく、きれいなご仏像である。

当山の沿革書によると、開基は貞観年中（八五九～七六）、弘法大師の弟子、真雅僧正の高弟、道雅法印が波立不動尊の一軸を本尊として、楡原《にれはら》村に一宇を建立したという。その後、元和年間（一六一五～二三）に中興三世・円慶法印代に鳥越（現在の新町）に移り、高野山正智院の末寺となる。寛延元（一七四八）年には長岡藩主第七代牧野忠利公が家内安全、武運長久を祈願して、勝軍地蔵菩薩を寄進している。この勝軍地蔵菩薩（現在は当山の内鎮守）は裏山の愛宕《あたご》神社の本尊となっている。像は高さが十六センチ、甲冑《かっちゅう》を着け、右手に錫杖《しゃくじょう》を持ち、左手に宝珠を携えて馬に乗っている。ふくよかで笑みを浮かべ、眷属《けんぞく》として不動明王と毘沙門天を従えて厨子《ずし》に納まっている。拝観すると心が静まり、安心感さえ覚えるご仏像である。

本堂の一角には、波立不動明王と十王を祭る不動堂があり、荘厳な雰囲気に満ちている。また境内には、大正十五年に起こった栃尾郷大水害の際、町内被災者家庭の児童一時預かり所が契機となって設立された保育園がある。

▲本堂

56

第五十六番札所

石動山《いするぎさん》

真言宗豊山派

慈《じ》眼《げん》寺《じ》

住所	TEL	住職	備考
新潟県見附市神保町九九八	0258・63・2786	星　義英	拝観無料、納経朱印料規定料金、4月15日／大般若転読会、11月23日／水子・子育地蔵法要

◆ご本尊

千手観世音《せんじゅかんぜおん》

真言【おん　ばざらたらま　きりく】

◆ご詠歌

風光る　石動山《いするぎさん》の　御仏《みほとけ》の

ふかきお慈悲の　おんめにあえば

▲ご本尊

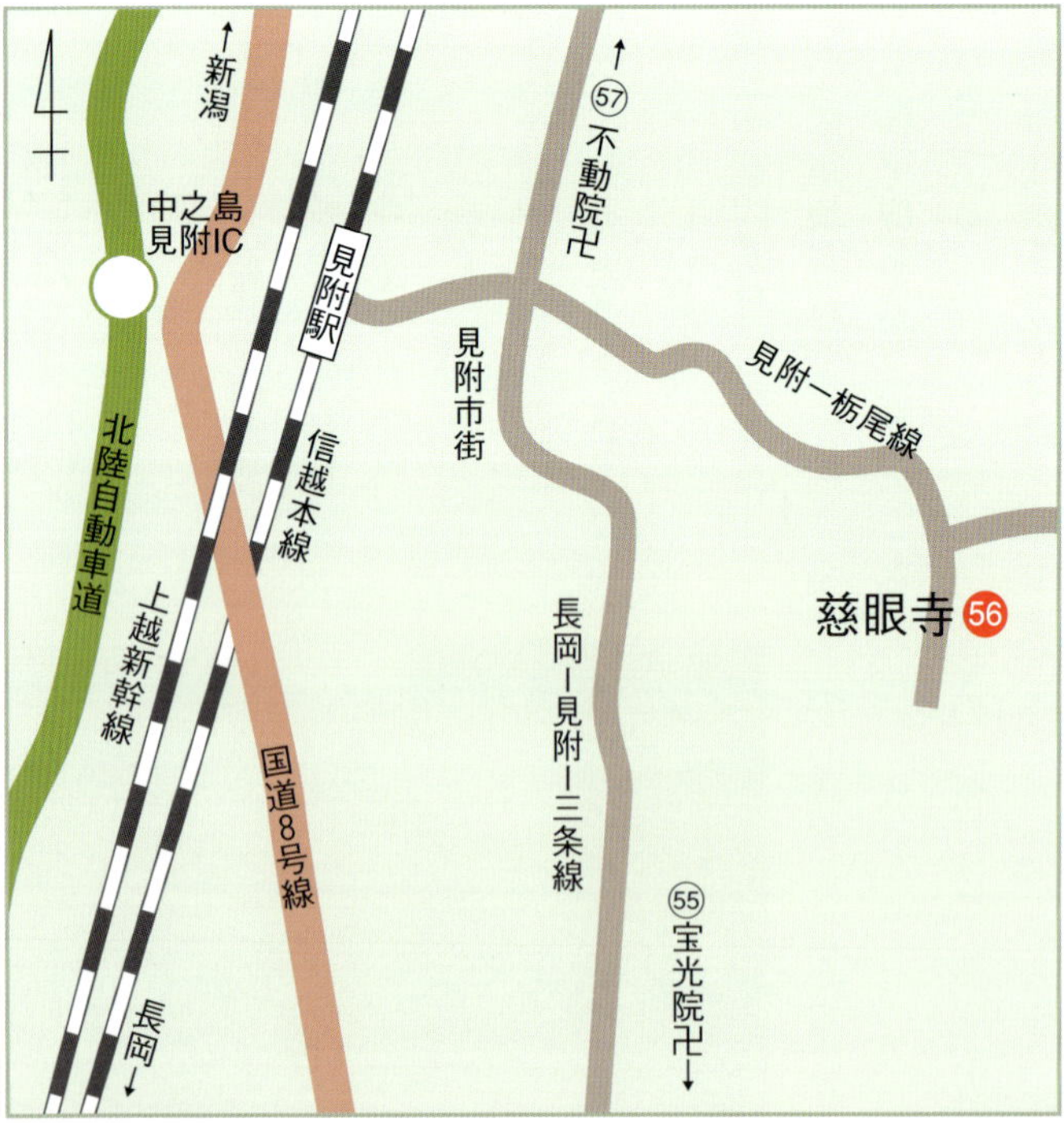

【交　通】JR見附駅より越後交通「栃尾行き」バスで「神保」バス停下車。徒歩3分

【駐車場】20台

護摩堂に安置の神秘的な仏像と藤田亮策氏敬慕の碑がある

慈眼寺へは、北陸自動車道の中之島見附I・Cから見附―栃尾線に入り、神保町の標識に従い、右手に入って四百メートルくらいの所にある。ご住職はお留守だったが、奥様とご住職のご母堂が気さくに迎えてくださった。

本尊の千手観世音菩薩は木造で、十一面を頂いた立像である。平成十四年に、厨子《ずし》とともに修理、塗り替えしたばかりで金色に輝いていた。丸みを帯びたふくよかな顔、天衣《てんね》や裳《も》の整然とした流れが美しい。そして、向かって右に文殊菩薩、左に阿弥陀如来のいずれも立像が安置されている。

当山は石動山観音院として、田辺平次左衛門が寛正元（一四六〇）年に建立し開基となっている。約二百五十年前、火災によって記録を失い、詳細は分からない。昭和五十九年、弘法大師入定千百五十年の御遠忌に寺を改修し、境内左方に水子地蔵尊を建立し、現在に至っている。

本堂左手奥の通称、八尺の間に護摩堂があり、正面中央には像高二十六センチの真っ黒く厳しい面相の不動明王坐像がおられる。その向かって左には像高五十四センチのどっしりした毘沙門天像が、右手には像高二十六センチの石動山大権現が安置されている。この大権現は素朴さの中に、神秘的な力と安ど感が感じられ、高貴な妃《きさき》のようであり、母のような包容力を秘めた尊像である。

境内には考古学者の藤田亮策氏敬慕の碑がある。氏は昭和三十五年、奈良国立文化財研究所長として活躍中に六十八歳で急逝されたという。境内の草むらの石仏には、一体ごとに見合った花が供えられ、奥様の優しさが、こちらにもそっと伝わってきた。

▲本堂

57

第五十七番札所
小栗山《しょうりつざん》

真言宗豊山派

不動院《ふどういん》

◆ご本尊

大日如来《だいにちにょらい》（金剛界《こんごうかい》）

真言【おん　ばざらたと　ばん】

◆ご詠歌

唯《ただ》たのめ　頼む心は　三栗《みつくり》の
なかなか法《のり》の　まことなりけり

▲お前立

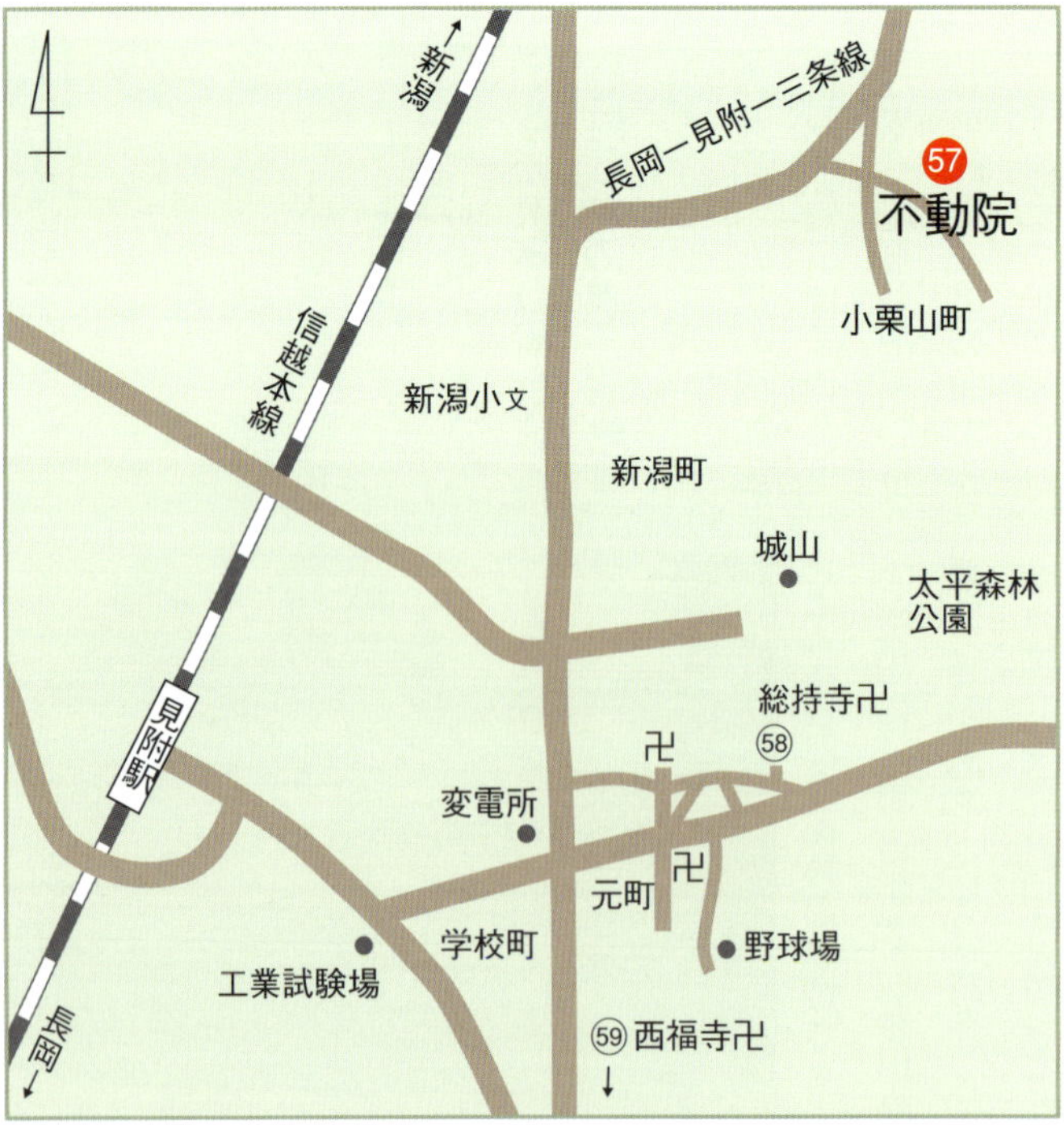

【交　通】JR見附駅から越後交通「大面行き」バスで「小栗山」バス停下車、徒歩3分
【駐車場】50台

住所	新潟県見附市小栗山町一七七八
TEL	0258・62・0991
住職	諸橋　隆泰
備考	拝観無料　納経朱印料規定料金　6月17日／観音講・護摩祈祷法要、8月9・10日／観世音大祭など

伝統を誇る獅子舞が伝わり山県有朋の歌碑がある

北陸自動車道、中之島見附I・Cから国道8号線で、見附市今町五の交差点から東に向かう。県道見附—三条線に入り三条方面を行くと、約二キロで小栗山バス停があり、そこから二百メートルほどで当山に着く。

正面の石段を登った所が、越後三十三観音の第十七番札所で知られる観音堂である。和同年間（七〇八〜一五）に、行基菩薩が像高五尺の千手観音を刻み安置されたとある。本堂は左手にある堂々とした木造建築。大同元（八〇六）年、弘法のため当地を訪れた紀州の浄蓮上人と、将軍坂上田村麻呂が堂宇を建て千手観音の開眼法要を行ったが、これを当山の開基としている。この時、上人は自ら大日如来を刻し客殿の本尊とした。この本尊は、秘仏として深く閉ざされ、お前立を拝観させていただいた。智《ち》拳《けん》印を結ぶ右手首の欠落は見られたものの、穏やかな表情の尊像であった。

当山には寺宝が多い。昭和二十年、裏山から偶然掘り出された陶製壷、銅製仏像、銅鏡、経巻軸冠一対、珠《す》洲《ず》系土器の壷など平安末期のもので、小栗山経塚出土品として県の指定文化財になっている。境内には戊辰《ぼしん》戦争の際、官軍の参謀だった山県有朋《やまがたありとも》が、激烈で困難な戦いに詠んだ自筆の歌碑「あだ守るとりでのかがり影ふけて夏も身にしむ越の山嵐」がある。

▲本堂

また当山には、江戸前期の三百年前から伝わる獅子舞が伝えられて獅子頭、衣装、楽器などが市の文化財に指定されている。この獅子舞は毎年八月九、十日に行われている。

第五十八番札所
秋《しゅう》富《ふ》山《ざん》

総《そう》持《じ》寺《じ》

真言宗智山派

住所	新潟県見附市元町一丁目三ノ六六
TEL	0258・62・2145
住職	井上　覺陽
備考	拝観無料　2月7日／御日待、星祭り大護摩　6月24日／観音講、四国八十八カ所霊場お砂踏み

◆ご本尊

薬師如来《やくしにょらい》

真言【おん　ころ　ころ　せんだり　まとうぎ　そわか】

◆ご詠歌

南無薬師　諸病なかれと　願いつつ
参《まい》れるひとを　平等にして

▲ご本尊

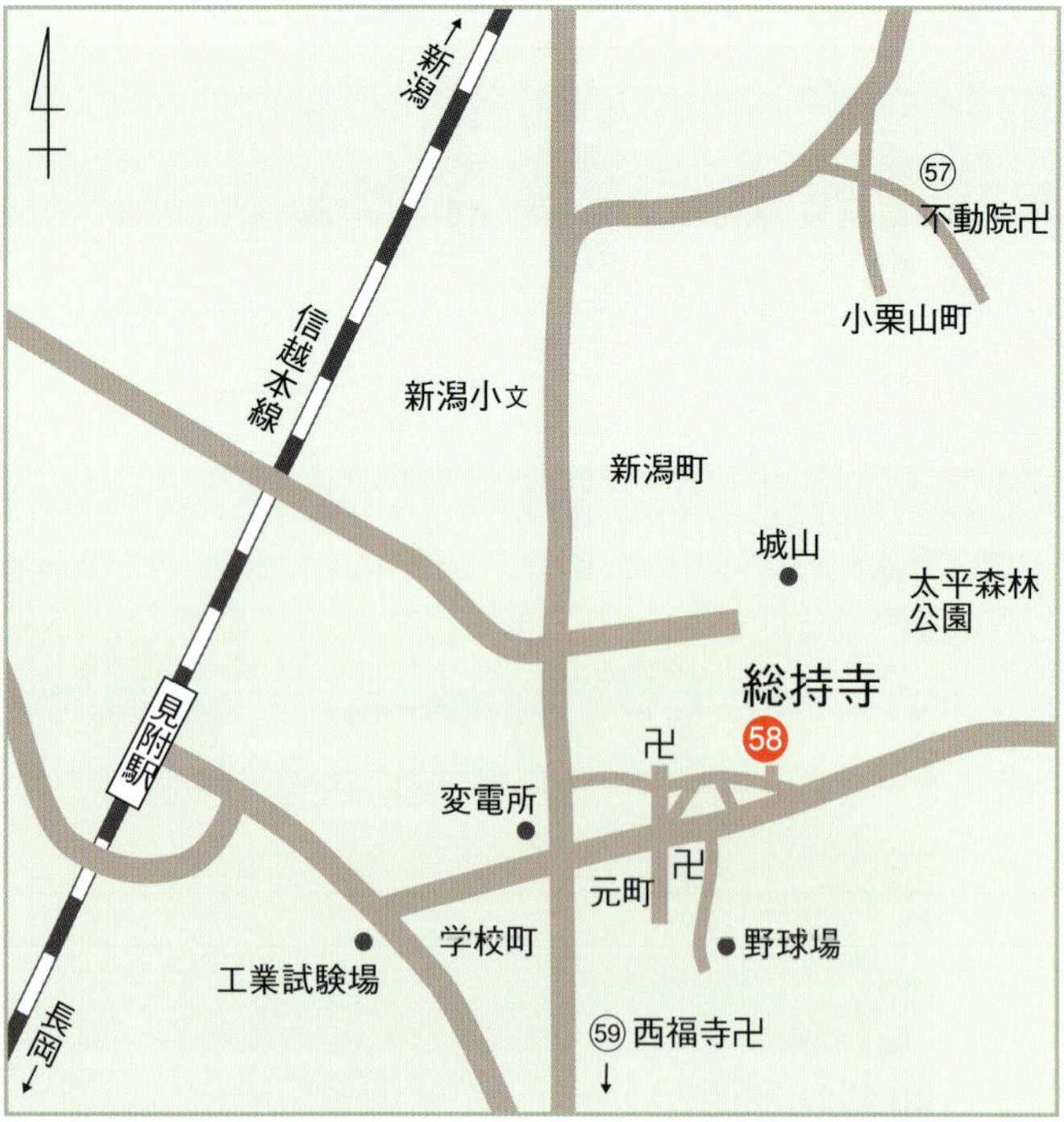

【交　通】JR見附駅より徒歩45分
【駐車場】10台

寺宝の聖観世音菩薩と西国三十三観音の写し霊場がある

参拝に訪れたのは、晴れ間から時折強い光さす、初春であった。

当寺は、標高百十メートルの見附城址のふもとにある。見附市の中では最古の寺院といわれるが、それを語る過去帳も古文書もない。口碑によれば、千百余年前、当地に弘法大師が錫《しゃく》を留め、一宇を建立したのが当寺となったという。

本尊は千二百余年前、行基菩薩が一刀三礼して作られた薬師如来である。その後、堂宇は幾度か兵乱で焼失するが、本尊だけは事無きを得て、その霊験を今に伝えている。お厨子《ずし》の奥深くに閉ざされた本尊は、秘仏で拝観できなかった。住職に伺うと、

「子供のころ一度、開帳したことを記憶しているが、何も覚えていない」

とのこと。

寺宝で須弥壇《しゅみだん》の中ほどに安置されている聖観世音菩薩は、高さ三十三センチの立像で宝冠を頂き、面長で穏やかな面相。豊かな装飾、引き締まった体つきで奈良時代の作といわれる。伝承によれば、その昔、住職の覚明法印が、三夜にわたっての夢の知らせにより、城山のふもとから掘り出したものという。

また、花鳥が描かれている本堂の格天井絵が素晴らしい。弘化三（一八四六）年に見附市の文人、渋谷三貫が描いたものだという。

本堂前から左の遊歩道が城山に続くが、写し霊場の三十三観音巡りは途中の木立の中に点在する。これは、明治末期に西国から持ち帰った霊砂を土台にして、三十三体の石像を建立したものである。

▶本堂

59

第五十九番札所

普通山《ふつうさん》

西福寺《さいふくじ》

真言宗智山派

住所	TEL	住職	備考
新潟県長岡市富島町一三一	0258・24・5295	布川　宥明	拝観無料　納経朱印料規定料金 毎月第3日曜日／朝粥会など

◆ご本尊

阿弥陀如来《あみだにょらい》

真言【おん　あみりた　ていせい　から　うん】

◆ご詠歌

飛島《とびしま》は　大慈大悲《だいじだいひ》の　花ざかり

阿弥の六大《ろくだい》　我をつつみて

▲ご本尊

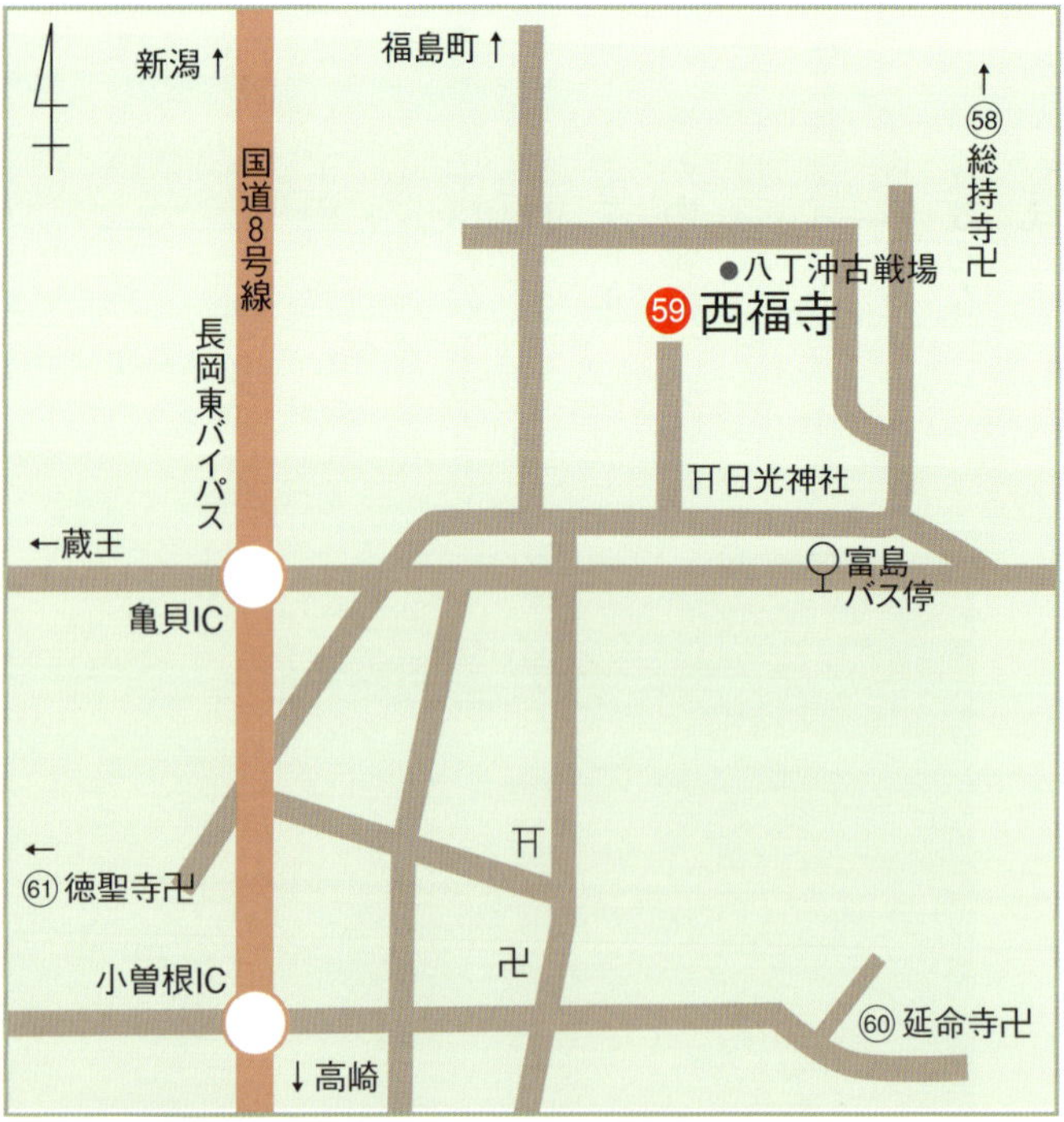

【交　通】JR長岡駅より越後交通「上見附行き」バスで「富島」バス停下車、徒歩3分

【駐車場】30台

近くの日光社と深い縁があり八丁沖古戦場を臨む

西福寺は、長岡市の国道8号線亀貝から、東へ六百メートルほど行った所にある。本堂は平成十二年五月に再建されたばかりで、見るからに新しい。本尊の阿弥陀如来は上品上生《じょうぼんじょうしょう》の木造の坐像である。像高五十二センチ、面長でふくよかな面相、均整の取れた体つきで、金色に輝いていた。そして本堂左の位牌堂には、不動明王をお前立にして、黒漆のお厨子《ずし》の中に理知的で優しさに満ちた、阿弥陀三尊像が安置されていた。

当山は貞治年中（一三六二〜六八）、足利の豪将大友左近太夫の一族で、飛鳥城主五百川縫殿介が英典禅師を請じて、宝積院、阿弥陀院、不動院の三カ寺を開基して祈願所とし、その後、宝積院にほかの二カ寺（ともに旧跡がある）を合して西福寺としたのである。後に高野山中院谷明王院末となるが、次第に衰微してきたところを、永禄二（一五五九）年に七世宥教が復興に尽力し、中興の祖となっている。

当山は明治元年七月二十四日、戊《ぼ》辰《しん》戦争の兵火により本堂庫裏などすべてを失ったと伝えられるが、この時、当地富島には新政府軍の陣地があった。長岡城奪還を目指す河井継之助率いる兵約六百名は、八丁沖の北約四キロからの沼地を渡り切り、七月二十五日の未明に西福寺のすぐ裏手に上陸した。

門前から百五十メートルほど前方には日光社がある。同社の西北に行基御作の薬師如来を祭る御堂があり、当寺はその別当職を務めた。年一回のご開帳には富島薬師としてにぎわったという。境内には、八丁沖の戦いで壮絶な死を遂げた、長岡藩士鬼頭熊次郎顕彰碑がある。

▲本堂

60

第六十番札所

石動山《いするぎざん》

延命寺《えんめいじ》

真言宗豊山派

住所	TEL	住職	備考
新潟県長岡市小曽根町二一九三	0258・24・5296	小林　義世	

◆ご本尊

延命地蔵菩薩《えんめいじぞうぼさつ》

真言【おん　か　か　か　びさんまえい　そわか】

◆ご詠歌

岩山《いわやま》も　動《ゆる》がせたまう　ご誓念《せいねん》

永遠《とわ》の生命《いのち》　護《まも》らせたまう

▲お前立

【交　通】JR長岡駅から越後交通「栃尾、見附、小曽根方面行き」バスで「小曽根」バス停下車、徒歩3分

【駐車場】10台

山門の中で六地蔵が出迎え 仏心の尊さが境内にあふれる

延命寺は、国道8号線で長岡市の小曽根I・Cから東へ約五百メートル行った所で、ブロック塀の中に墓が見えてくるので分かりやすい。

　すぐ右手に山門があり、その中の両側には、大きな地蔵菩薩に守られて、小さな地蔵さんが三体ずつ静かな姿で迎えてくれた。参道の右手には、大小の地蔵さんがキチンと並びこちらを向いている。

　庫裏の玄関に立ち入ると、突然の参拝だったが、ご住職夫妻は快く迎えてくださった。絢爛《けんらん》たる宮殿《くうでん》には、本尊の地蔵菩薩が安置されているという。秘仏で年一回のご開帳のため拝観できなかったが、半跏《はんか》像の美しく彩色されたお前立様を拝観させていただいた。

　聞くところによると、ご本尊は弘仁年中（八一〇～八二三）のころ、空海上人が北陸路を巡錫《じゅんしゃく》の折、諸民の難渋を救うために刻んだ尊像といわれている。諸民は災疫より逃れられ、幸せに暮らしていたが、年経ていつの日か、尊像を供護する人もなくなり子どもたちの遊具となっていた。悲しいことにこの尊像は、ついには沼地に投げ込まれたという。しかし、寛文年間（一六六一～一六七二）のころ、当村三浦孫次郎の母がこれを哀れみ、尊像を沼から救い上げて家の仏壇に安置した。そして、後に庄屋を務める孫次郎と一宇を建てて当山の開基となり、今に至っているのだという。

　本堂には「佛心」と書かれた、大らかな書体の額が掲げられていた。当山開基のきっかけとなる、仏心がご本尊を救い、ご本尊は諸民を救って今日がある。そして、境内のお地蔵さんは、どれも大切に守られている。三浦孫次郎氏の母の仏心に、そっと触れさせてもらった気がした。

▲本堂

61

第六十一番札所

金色山《こんじきざん》

真言宗豊山派

徳聖寺《とくしょうじ》

住所	TEL	住職	備考
新潟県長岡市上田町二の二五	0258・33・1586	中村 啓識	拝観無料 納経朱印料規定料金

◆ご本尊

大日如来《だいにちにょらい》（金剛界《こんごうかい》）

真言【おん　ばざらだど　ばん】

◆ご詠歌

金色《こんじき》の　御山《みやま》に仰ぐ　みほとけの

智慧《ちえ》のみひかり　徳のかがやき

▲ご本尊

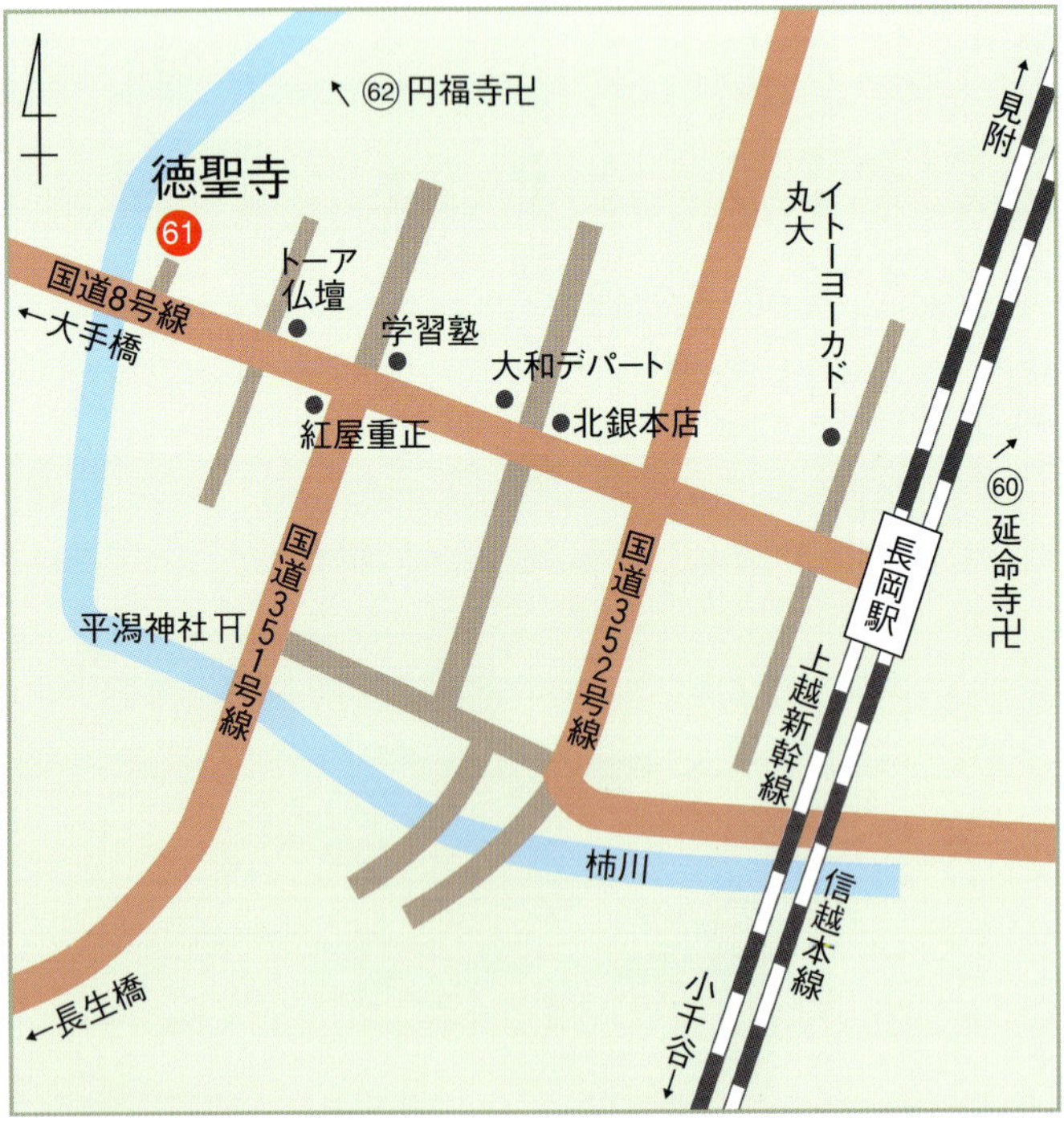

【交　通】JR長岡駅より徒歩12分
【駐車場】10台

興味引かれる善光寺如来三尊と著名人の墓や碑がある

当山は長岡駅から約七百五十メートルで、大手大橋までのほぼ中間にある。開創は天平八（七三六）年、大仙法印とあり、昔は古志郡蔵王村、現在の長岡市蔵王にあったが、弘安五（一二八二）年九月、二十八世乗阿法印代に現在地に移転し、中興第一世となり今に至っている。明治元（一八六八）年七月、戊辰《ぼしん》の役で兵火にかかり堂宇をすべて焼失。さらに昭和二十年八月一日の戦災で再度焼失した。現在の本堂は昭和四十二年に、客殿と庫裏は昭和四十六年に再建されたものである。

本尊は金剛界大日如来で像高五十五センチ、木造乾漆仏で室町時代の作だという。半眼で優しさに満ちた均整の取れた尊像である。当山には寺宝も多く、とりわけ善光寺如来三尊像は興味深かった。銅造りで中尊の阿弥陀如来は像高四十八センチ、脇侍の観音・勢至両菩薩は共に像高三十三センチである。中尊は右手の欠落、脇侍の台座や光背のないのが残念だが、本多善光が造った日本四十八体の一つといわれている。また、像高三九・四センチの古い延命地蔵菩薩半跏《か》像や秘仏の薬師如来像があり、新しいものでは昭和五十八年に、スリランカのプレマダサ首相から頂いた修行中の若い釈迦の石像がある。

境内には元東大総長、法学博士小野塚喜平次氏の記念碑。歌人、遠山夕雲・芳夫氏父子の歌碑と墓。そして、宗偏流茶道宗匠、関嶺宗師の墓などがあり、著名人と縁が深い寺院でもある。

本尊の前に安置の、像高三十三センチの上品上生《じょうぼんじょうしょう》の阿弥陀如来坐像は、ふくよかな優しい表情の顔で豊かな体つき。この尊像の素晴らしさを称えた、高村光雲氏の墨書銘の箱が残されている。

▲本堂

62

第六十二番札所

應神山《おうじさん》

圓福寺《えんぷくじ》

真言宗智山派

住所	TEL	住職	備考
新潟県長岡市川袋町九八九	０２５８・２９・０４７３	椛澤　義寛	拝観無料、納経帳朱印料２００円、毎月８日／薬師御縁日　２月８日／涅般会（おだんごまき）、10月３日／薬師大護摩会など

◆ご本尊

大日如来《だいにちにょらい》

真言【おん　ばざらだど　ばん】

◆ご詠歌

かわぶくろ　仏の慈悲に　抱かれて
福寿の光　円《まどか》なりけり

▲ご本尊

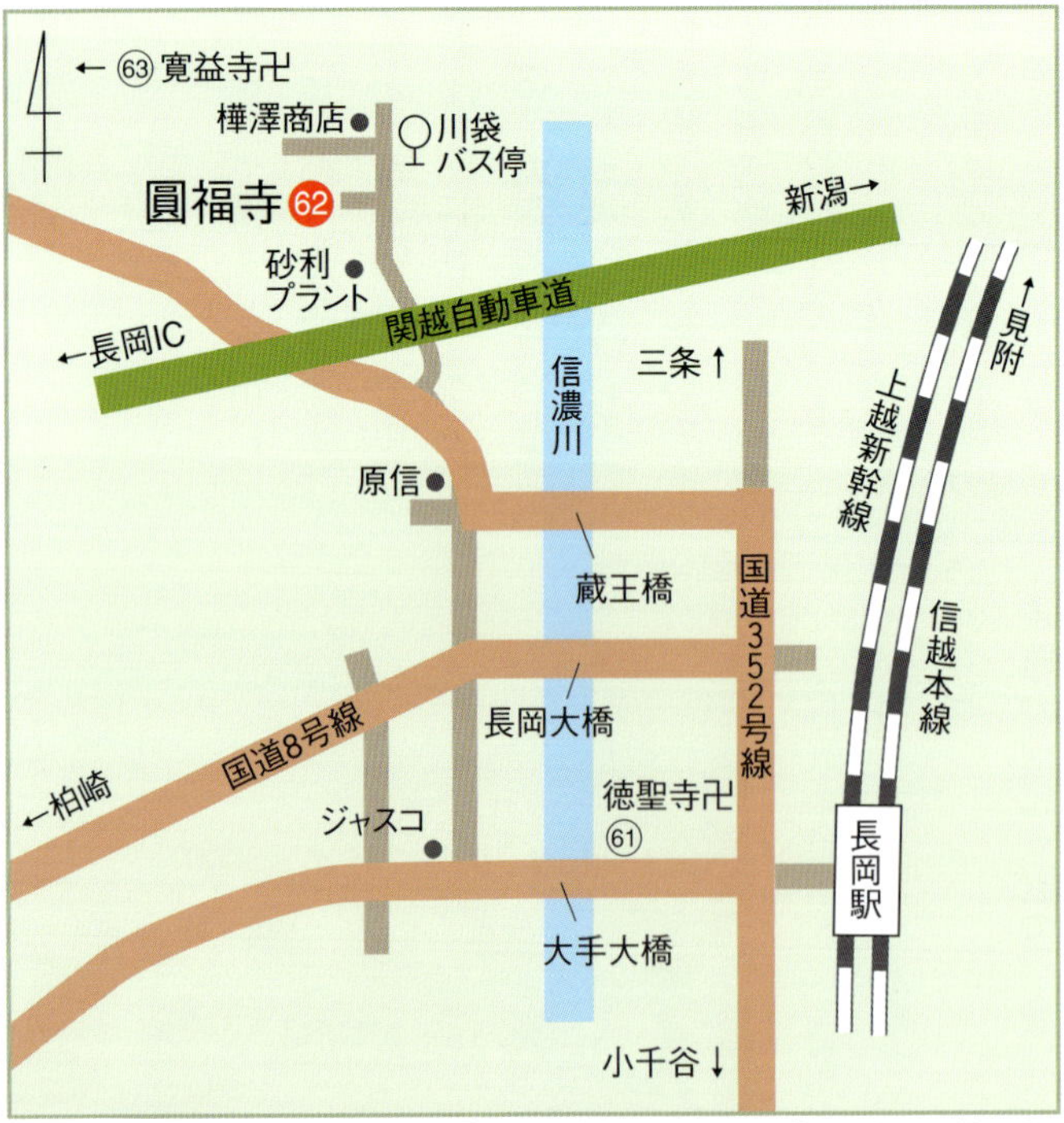

【交　通】JR長岡駅より越後交通「与板寺泊」行きバスで「川袋」バス停下車、徒歩1分
【駐車場】10台

霊験あらたかな薬師三尊や寺宝の勝軍地蔵も鎮座する

参拝に訪れたのは二月十五日だった。圓福寺前に着くと、次々と人が行き交うので聞くと、すぐ近くの信濃川脇で「どんど焼き」をやるのだという。

雪を積み上げた参道に入ると、正面に「興教大師八百五十年御遠忌記念事業」として建立された、新しくて立派な鐘楼山門があった。

ご住職は「どんど焼き」の大役があってお留守だというので、取材には、ご母堂が応じてくださった。創立は大同年中（八〇六～八〇九）で、当初は三島郡槙原村（蓮乗が原）にあったが、明暦年間（一六五五～五七）に現在地に移転し、實栄を中興一世としている。

ご本尊の大日如来は慈覚大師（円仁）作とあり、像高約五十センチ、智拳《ちけん》印《いん》を結んだ黄金に輝く尊像である。現在の本堂は昭和五十年、第十七世義弘和尚の再建によるもので、昭和五十九年には「宗祖弘法大師一千百五十年御遠忌記念事業」として、新たに薬師堂が建立された。

ここに安置の薬師如来立像は像高約三十センチで、略縁起によれば弘仁年中（八一〇～八二三）に小野篁《たかむら》が鋳造し、脇侍の日光、月光の両菩薩立像も刻んだとある。この薬師如来は往昔、古志の郡、大島の荘、芹川の城主大島頼興公の守り本尊だったという。こうした長い歴史の中にあった薬師三尊からは、古仏としての像容に秘める深い精神性が感じ取れる。また、寺宝である勝軍地蔵は像高約二十センチで、温和なのびのびとした造りであった。

本堂は冷えていたが数々の仏像、仏具に熱中し、寒さを少しも感じることはなかったし、ご母堂のきめ細かなご説明に心を奪われた。

帰りは雪も晴れたので、終わりに近かった「どんど焼き」の会場に行ったところ、舞い上がる火柱に歓声が上がり、炎に人それぞれ夢と願いを込めていた。

▲山門

63

第六十三番札所

医王山《いおうざん》

寛益寺《かんにゃくじ》

真言宗豊山派

住所	新潟県三島郡三島町大字逆谷二二五七五
TEL	0258・42・2180
住職	若月　良英
備考	拝観無料　納経朱印料規定料金 5月8日／大般若転読会

◆ご本尊

薬師《やくし》瑠璃《るり》光如来《こうにょらい》

真言【おん　ころ　ころ　せんだり　まとうぎ　そわか】

◆ご詠歌

越後路を　遍く照らす　お薬師の
瑠璃《るり》の光ぞ　誓い尊き

▲ご本尊

【交　通】JR長岡駅から越後交通「蓮花寺」経由バスで「逆谷」バス停下車、徒歩20分
【駐車場】15台

ご本尊の薬師如来をはじめ数多くの仏像が鎮座する

寛益寺へは、長岡市から国道352号線で出雲崎に向かい、上条のJA脇を右折し一・六キロで着く。かやぶきの山門は、元禄十四（一七〇二）年に門の古材で補い再建したものである。左右の連字窓の中には、ケヤキの寄せ木造りで像高約三メートルの堂々とした金剛力士像が収まっている。元中七（一三九〇）年の開眼で、「逆谷《さかしだに》の仁王様」と親しまれ、県の文化財に指定されている。

この山門に続く参道の正面に、鉄筋コンクリート製の空調設備を備えた収蔵庫があるが、これが当山の須《しゅ》弥壇《みだん》としての役割を担っている。去る昭和三十六年八月の集中豪雨による山津波で、寺の本堂をはじめ諸堂が流失した。しかし、本尊以下の諸仏は、幸いにして本堂屋根修理のため土蔵に移されていたので、難を免れたという。

本尊の薬師如来立像は像高七十七センチ、桂材の一木造り。珍しい鉈《なた》彫りで、丸鑿《まるのみ》の跡が残る白木像である。どっしりした体つき、ふっくらした手足で親しみやすい。眷属《けんぞく》の十二神将、四天王の内の持国天、多聞天とともに県指定文化財となっている。なお本尊は古来より寅《とら》年にご開帳され、普段は秘仏としてお厨子《ずし》に安置されている。

当寺は奈良時代の養老二（七一八）年、行基菩薩の開山である。大同二（八〇七）年には七間四面の伽藍《がらん》を修造し、十八宇の僧院も建立されて威容を誇ったという。享保元（一七一六）年には、八間四面の薬師堂が落慶したが、これも前述の昭和の山津波で消えてしまった。

あれから四十余年、越後を代表する仏像の宝庫も、やがては壮大な本堂によみがえることであろう。

▲山門

64

第六十四番札所

微妙山《みみょうさん》

法華寺《ほっけじ》

真言宗豊山派

住所	TEL	住職	備考
新潟県三島郡三島町大字蓮花寺一〇二八	0258・42・3025	田邉　堯正	拝観無料、9月第1日曜日／大般若会 12月第1日曜日／観音講

◆ご本尊

如意輪観世音菩薩《にょいりんかんぜおんぼさつ》

真言【おん　ばらだはんどめい　うん】

◆ご詠歌

千古より　御佛《みほとけ》おわす　板が沢

恵み豊に　智慧《ちえ》と慈悲湧く

▲お前立

【交　通】JR長岡駅より越後交通「出雲崎」行きバスで「中永」バス停下車、徒歩15分

【駐車場】3台

平安後期の古仏が鎮座する三島町で最古の寺

長い石段の参道が続いているが、その脇の参道を車で一気に駆け上がる。エンジンを止めると、そこは静寂の世界。境内にはボタンのつぼみが膨らみ、名も知らない小さな白や黄色の花々がたくさん咲いていた。緑の中の、奥まった所にある経堂の扉が開かれ、その右側には玄奘《げんじょう》三蔵、左側には孫悟空の旅の姿がくっきりと浮かんで、あたかも、こちらに向かって歩いてくるかのように見える。

当山は霊亀二（七一六）年、当初板ヶ沢村で開山されたが、大同三（八〇八）年現在地に移った。三島町では最も早い開創であり、本尊の如意輪観世音菩薩は江戸初期の作で、十二月の観音講の時だけのご開帳である。

寺宝の釈迦如来坐像は、平安後期に見られる量感あふれる体つきで穏やかな像容、衣文《えもん》の彫りは浅く、面相は温和で慈悲深い。残念なことに両手が欠落するなど傷みは激しいが、白い木肌の堂々とした如来像である。昭和五十一年、県文化財審議委員で慶應義塾大学の西川新次教授と同委員の宮栄二氏の鑑定で、木造の天部形立像とともに町文化財として保存すべき旨の書面が寄せられ、翌年に町文化財に指定された。

また、当山は上杉謙信の家臣で、小木城主松本左馬介の祈願寺としてあつい庇護を受け、九十石五斗の寺領を与えられたという。また、寺宝である青銅の鰐口《わにぐち》には、「越中滑川長福寺常住大永七年二月」との銘があり、上杉謙信が越中攻めで得た戦利品を、松本氏がもらいうけたものだとの説がある。

堂内にはほかに、伝弘法大師作とされる木造薬師如来坐像、木造不動明王像、刺繍《ししゅう》弘法大師像掛け軸などがある。

なお、平成十六年七月十三日の水害によって本堂が倒壊したが、幸いご本尊は無事だった。

▲山門

65

第六十五番札所

大悲山《だいひざん》　根立寺《こんりゅうじ》

真言宗豊山派

住所	TEL	住職	備考
新潟県三島郡三島町大字上岩井三二〇一	0258・42・2674	伊藤　剛志	拝観無料 納経朱印料規定料金

◆ご本尊

大日如来《だいにちにょらい》

真言【あびらうんけん】

◆ご詠歌

木もれ日に　映える青ごけ　ねだちでら

慈悲のひかりは　遍く照らす

▲ご本尊

【交　通】JR長岡駅から越後交通「関原経由・与板行き」バスで「上岩井公会堂」バス停下車、徒歩3分

【駐車場】路上数台可

西国三十三観音像と彫刻の美しい観音堂が有名

本堂は、普通の民家と変わらないたたずまいを見せている。三〜四百年ほど前に火災に遭い、二百メートル奥から出て、仮堂のまま今に至っているのである。

当寺の由緒沿革は、大正時代に作成された過去帳によると「法印良応開山」とあるにとどまり、詳細は不明である。ただ、現住職が第二十二世であることから、五、六百年以前の開創と考えられる。

ご本尊の胎蔵界大日如来は丸顔の半眼、優しいまなざしで、体つきは均整が取れ美しい。堂内には西国三十三観音像が安置され、厳かな雰囲気をつくりだしている。

観音堂は本堂裏手の奥にあり、間口三間、奥行き二間半、奥の院は間口が二間、奥行き二間半のトタンぶきである。向拝《ごはい》をはじめ随所に素晴らしい彫刻が見られるが、桁上には十二支の動物が彫られている。本尊は正観世音菩薩で、桃の木を素材に行基菩薩が一刀三礼して刻んだ霊仏だという。ご開帳は根立寺住職一代一回の秘仏であり、拝観できなかったが、お前立様を拝観させてもらった。木造の立像、写実的で温和な顔立ちである。しかし、納衣《のうえ》の彫りが深く、施無畏印《せむいいん》の右手と蓮華を持つ左手に力強さを感じさせる。

このお堂前に立つ、三島町教育委員会の「町指定文化財根立寺の観音堂」と書かれた案内板によると、この観音堂は安政四（一八五七）年に再建されたもので、本尊は正観音、越後巡拝十八番に位する。永禄年中（一五五八〜六九）、上杉謙信より国家安全祈願所の一つに加え、仏供料として田畑七反二畝二十歩の寄進を受け、明治維新まで続いたという。そして、別当が根立寺であることも記されている。

▲本堂

第六十六番札所

八葉山《はちようさん》

法明院《ほうみょういん》

真言宗智山派

住所	TEL	住職	備考
新潟県長岡市宮本町一丁目甲二四六	0258・46・3528	大谷　一宥	拝観無料 納経帳200円以上、納経軸300円以上

◆ご本尊

不動明王《ふどうみょうおう》

真言【のうまく　さんまんだばざらだん　せんだまかろしゃだ　そわたや　うん　たらた　かん　まん】

◆ご詠歌

八葉《はちよう》の　寺をたずねて　参《まい》る日は

仏の恵　ありがたきかな

▲ご本尊

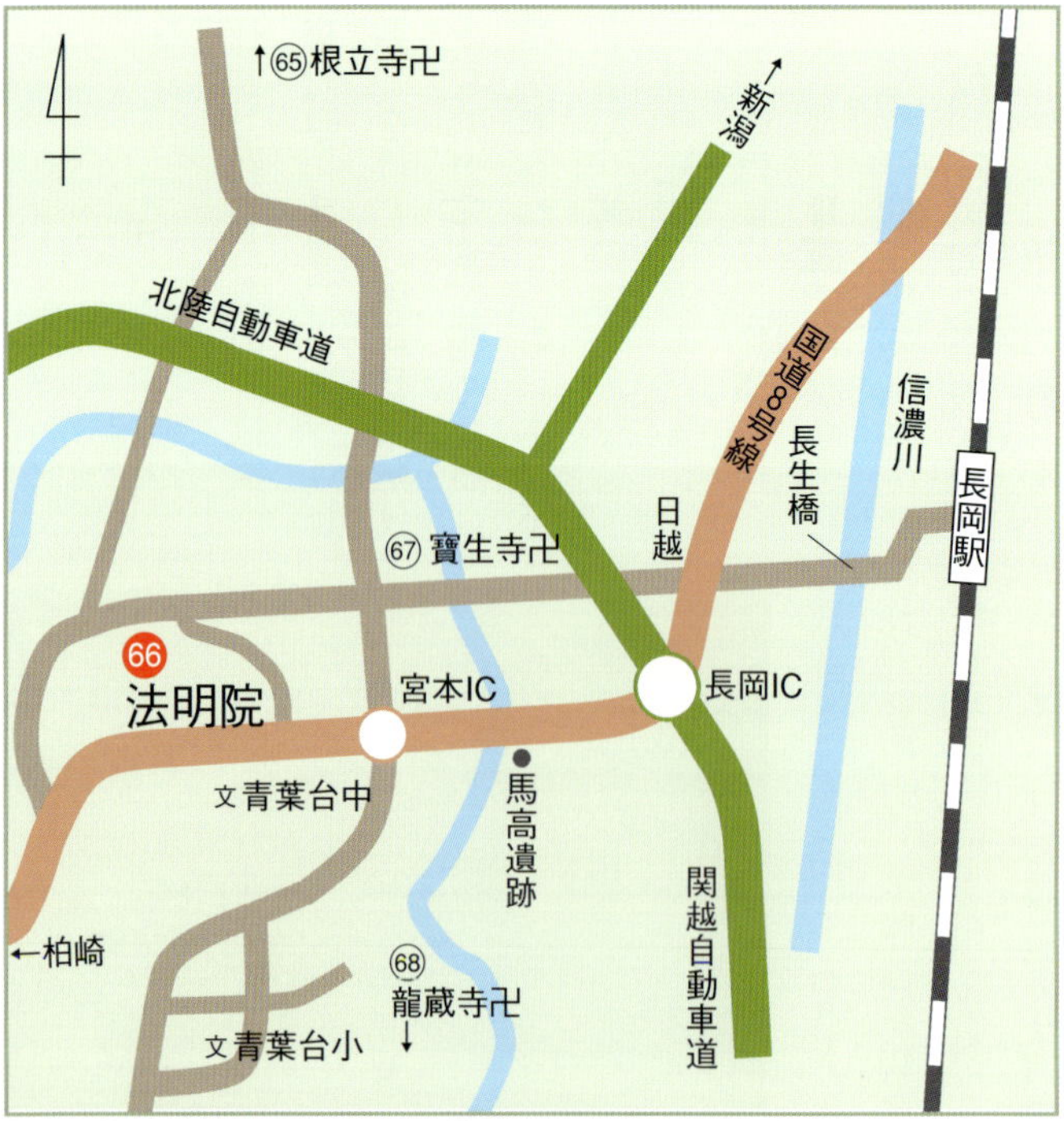

【交　通】JR長岡駅より越後交通「旧道大積」行きバスで「宮本上口」バス停下車、徒歩3分、もしくは「国道8号線柏崎」行きバスで「宮本」バス停下車、徒歩3分

【駐車場】10台

境内には菩提樹とイチョウの大木
堂内には信仰と美術の香りが漂う

木々に囲まれ、鬱蒼《うっそう》とした参道を抜けると本堂が目前に迫る。

当山の開創は鎌倉初期の承久三（一二二一）年で、高僧覚海によって行われた。それから三百年ほど後の弘治元（一五五五）年、円弁上人が西宮本町から現在地に移り再建、中興第一世となっている。往時は高野山の宝亀院の末寺であったが、今は真言宗智山派総本山、京都の智積院の末寺である。

文政四（一八二一）年、本堂は火災で焼失するが、天保五（一八三四）年に再建、今に至っている。明治四十四（一九一一）年には厄除《やくよけ》大師を祭る大師堂が建てられ、昭和五十四年には、本堂の裏約百メートルの霊園上の国道8号線脇に観音堂が建てられた。この観音堂には木造十一面観世音菩薩像と、この観音山の頂上にあった石像観世音菩薩七体も祭られ、納骨堂も兼ねている。

寺宝である本尊の不動明王は高さ約四十三センチ、面相、怒り肩、拳《こぶし》に力強さがみなぎっている。一方、脇侍の阿弥陀如来と地蔵尊には穏やかな優しさと救いの表情が感じられ、参拝者を安心させる。衆生は励まされ、時にはしかられ、そして諭され、慰められ、温かく包まれて成長する。ご本尊の姿、形が異なっていても、衆生への思いはすべて一緒であることを悟るときだ。

このほか当寺には位牌檀の阿弥陀三尊、堂内の愛染明王や閻魔大王、観音堂の十一面観世音菩薩に厄除大師像など多くのご仏像がおられる。

また、巻菱湖書の山号額や寺号額、良寛書の板額「地蔵尊」、弘法大師筆の法華経常不軽菩薩品や如来神力品などのほか、運敞僧正所持の念珠と五鈷《こ》なども蔵されていた。

▲本堂

67

第六十七番札所

金亀山《こんきさん》

寶生寺《ほうしょうじ》

真言宗豊山派

住所	TEL	住職	備考
新潟県長岡市白鳥町四八六	0258・46・4768	富澤　亮光	拝観料志 納経帳朱印料200円

◆ご本尊

阿弥陀如来《あみだにょらい》

真言【おん　あみりた　ていぜい　から　うん】

◆ご詠歌

ほほえみて　木喰佛《もくじきぶつ》の　おわす寺

深き祈りに　慈悲のともしび

▲ご本尊

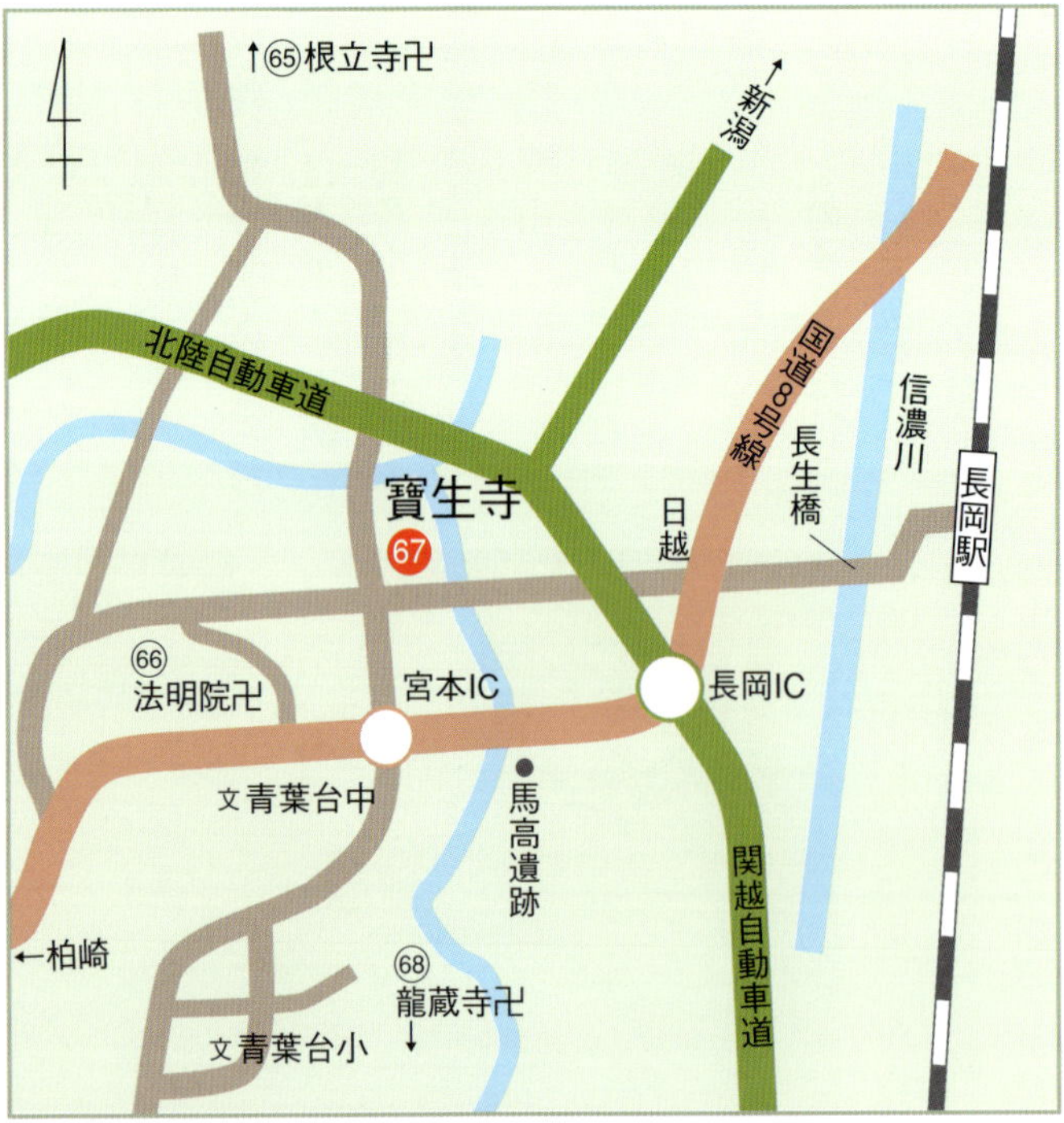

【交　通】JR長岡駅より越後交通バス6番線で「関原三叉路」バス停下車、徒歩3分

【駐車場】5台

木喰上人が円熟期に刻んだ三十三観音像と自刻像安置の寺

寶生寺は、長岡インターから国道8号線で柏崎方向に三分ほどで着く。入り口に「木喰観音・寶生寺」と刻された石柱が立っているのですぐに分かる。本堂は昭和五十一年に建てられた鉄筋コンクリート造りである。しかし、当山を象徴するのは本堂の角張った見た目の姿ではなく、木喰仏のようなまろやかさであろう。それは、ご住職のふくよかな姿と温厚な人柄からも、感じられたことである。

伝承によると、寶生寺は寛弘七（一〇一〇）年、元杲《げんごう》上人が当町の白山神社の社僧となって、境内に一宇を建てて神宮寺としたのが始まりとのこと。神社とのこうした縁からか、明治維新までご神体だった十一面観世音菩薩画像が当山の寺宝として今に残っている。

その後、天文五（一七四〇）年、第二十七世快尊が高野山宝亀院の政与僧正より法流を相伝され、中興となっている。

文化五（一八〇四）年六月、木喰五行上人が来られ、庭のイチョウで三十三観音と自刻像を彫り安置した。この間上人は、時には一夜で一体を彫ったといわれている。上人この時八十七歳だったというが、ご仏像の美しさから、この年代が円熟期だったとされている。なお像は、一木造りで微笑仏《みしょうぶつ》と称され、現存する木喰仏の中でも傑作として県文化財に指定されている。

取材を終えて参道を振り返り、ふと木喰上人の歌を思い出した。「みな人の心をまるくまん丸に　どこもかしこもまるくまん丸」。木喰堂と本堂の中は、まん丸でいっぱいなんだと思った。

▲三十三観音像

68

第六十八番札所

瑠璃山《るりさん》

真言宗豊山派

龍蔵寺《りゅうぞうじ》

住所	新潟県長岡市親沢町七八七
TEL	0258・46・2454
住職	樺澤　賢教
備考	拝観無料　納経朱印料規定料金　2月15日／涅槃会、4月8日／本尊功徳日・仏生会など

◆ご本尊

薬師如来《やくしにょらい》

真言【おん　ころ　ころ　せんだり　まとうぎ　そわか】

◆ご詠歌

親沢《おやざわ》に　まいる仏は　薬師仏

導きたまえ　瑠璃《るり》の浄土へ

▲お前立

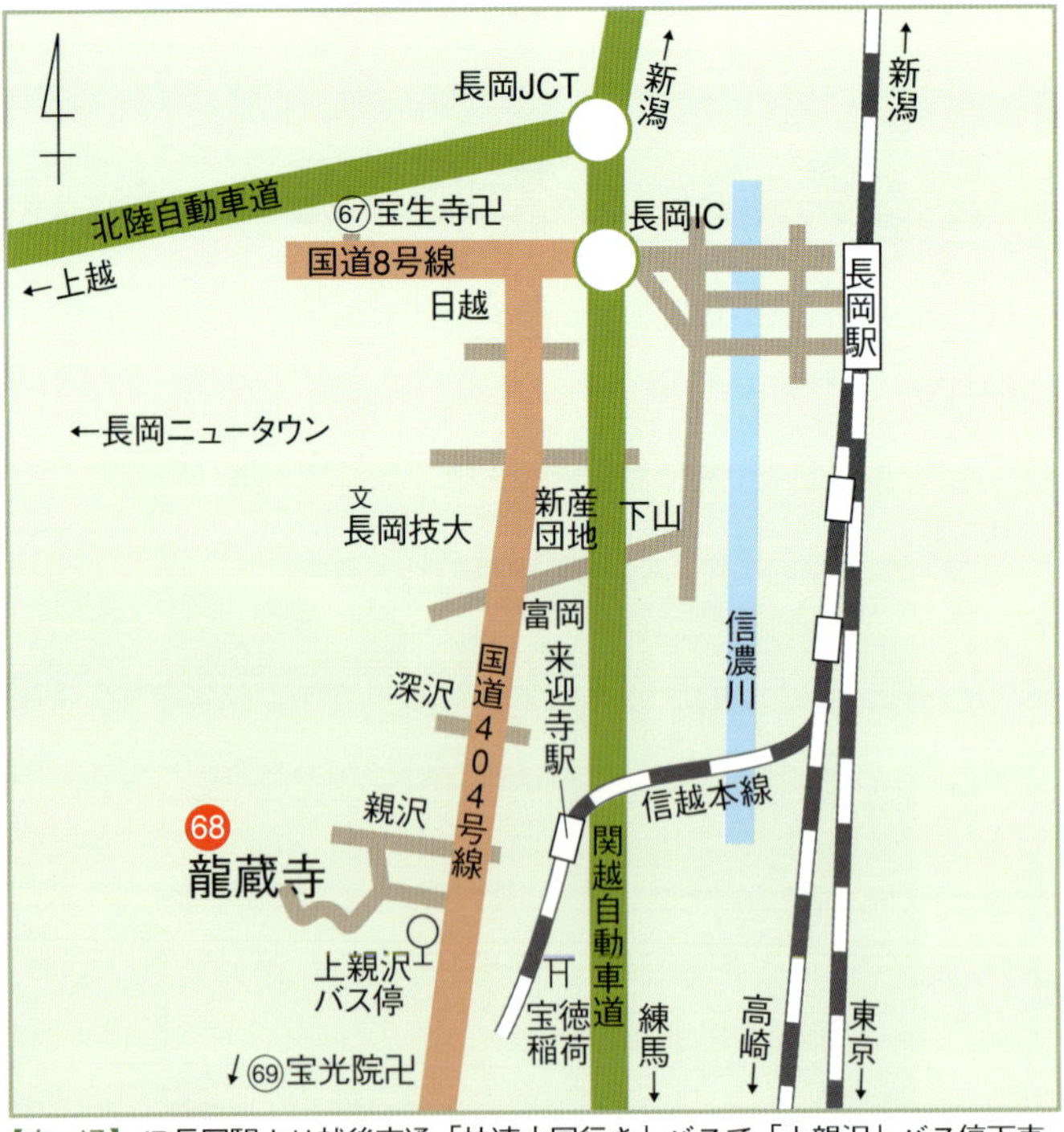

【交　通】JR長岡駅より越後交通「快速小国行き」バスで「上親沢」バス停下車、徒歩7分

【駐車場】40台

力強い金剛力士像と厳かな修行大師像が居られる

当山は長岡ICから国道8号線に入り、日越交差点を左折、国道404号線で越路町手前右側に案内看板があるのですぐに分かる。

山門の両金剛力士は、赤の塗料がところどころ剥落《はくらく》し木肌が表れ、怒りの形相を高めているし、両腕の筋肉は盛り上がり躍動感があふれている。山門を入ると、左手前方には弘法大師像の厳かな修行の姿が見える。

正面の本堂は寛政四（一七九二）年の再建である。本尊の薬師如来は秘仏で拝観できなかったが、『長岡市史』によると、像高は五十六センチ、桂材の丸彫りの立像で螺髪《らほつ》は表されず、衣文《えもん》もほとんど刻まれていない。肉身部分部分には漆箔《しっぱく》を施し、衣には彩色されているとある。お前立の薬師如来坐像は像高四十三センチで、半眼の優しい面相、肩幅の広い堂々とした尊像である。本尊のお厨子《ずし》の周りには、十二神将が厳しい顔で立ち並んでいた。

当山は大化元（六四五）年、高僧日恵上人が草創開山したと伝えられている。建久四（一一九三）年、征夷大将軍源頼朝が五千貫の寄付を行い、現在地から約一キロ離れた山中に仏閣僧坊寮院が建てられ栄えた。しかし、鎌倉末期からの諸国の戦乱により、すべてが朽損してしまった。ただ、今も頼朝の紋所が寺の定紋となっている。

その後、中興開基の長賢律師が、永正五（一五〇八）年に上杉顕家に請うて再建し、この時、寺号を龍蔵寺とし、往古よりの瑠璃山を山号とした。しかしながら天正七（一五七九）年、またも兵火で堂塔をことごとく失ったが、江戸時代に再建され伽藍《がらん》が整った。その後、台風などの災害もあったが克服し、現在に至っている。

▲本堂

第六十九番札所

盛光山《せいこうさん》

宝光院《ほうこういん》

真言宗豊山派

◆ご本尊

大日如来《だいにちにょらい》

真言【おん　ばざらだど　ばん】

◆ご詠歌

山合《やまあ》いの　渋海《しぶみ》の流れ　西の里

盛るる光　万物《あまた》照らさん

▲ご本尊

住所	新潟県三島郡越路町大字西谷三二四四
TEL	0258・94・2839
住職	清水　俊理
備考	拝観無料 納経朱印料規定料金

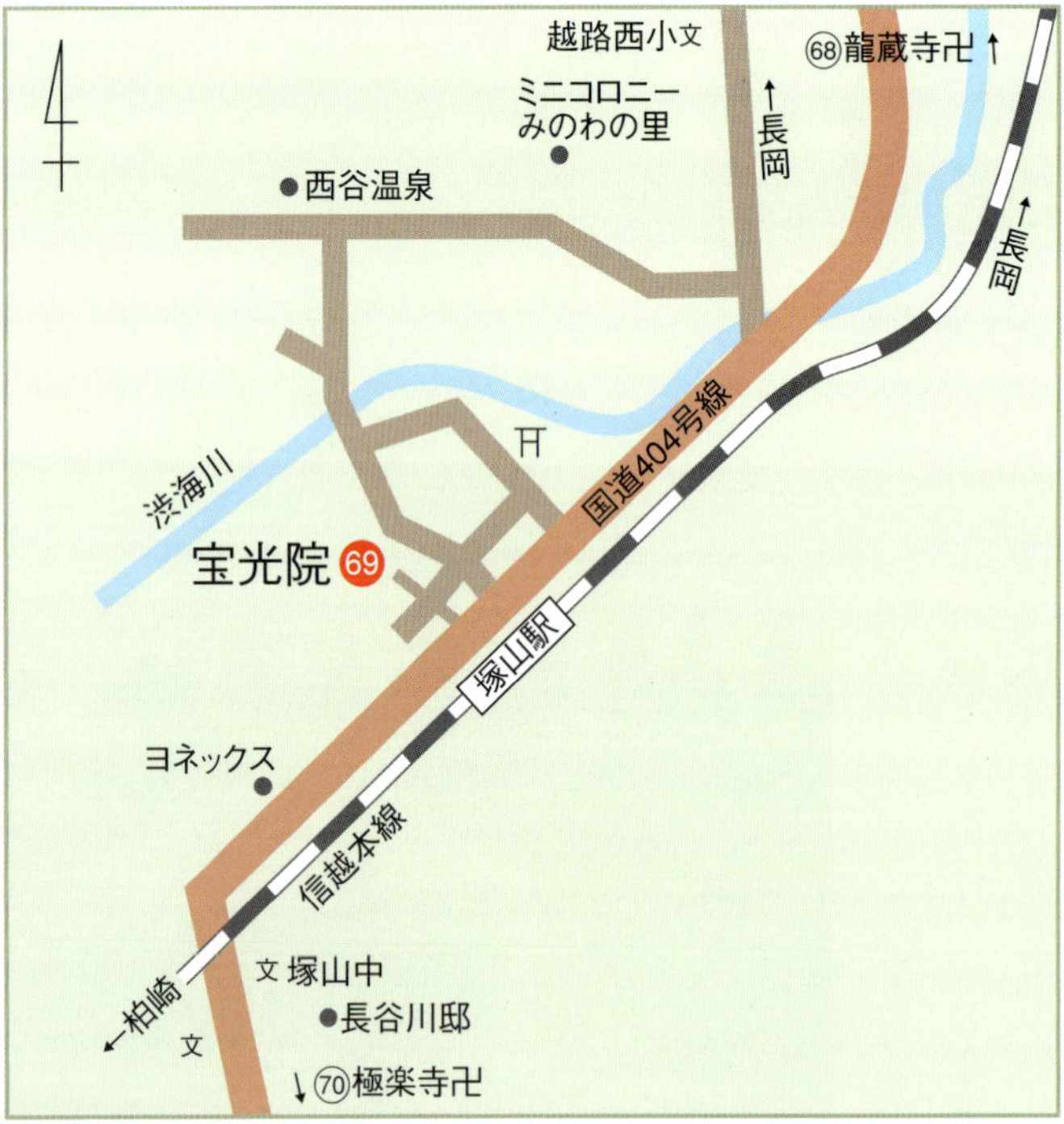

【交　通】JR塚山駅より徒歩2分
【駐車場】10台

手彫りの千体仏が整然と並んで迎えてくれる

訪ねたのは、どんより曇った冬の日であったが、正午ころには時折日が差した。参道に立ち並ぶ地蔵や如意輪観音などの石仏は、全身がぬれて黒く見えるが、日の当たった部分は光って生き生きとしていた。

当山は延暦年中（七八二〜八〇六）に征夷大将軍の坂上田村麻呂が建立し、七堂伽藍《がらん》の大寺院であったが、永禄年間（一五五八〜七〇）に火災等によってすべてを失った。しかし、上杉謙信の厚い帰依を受けて、刈羽郡小国町原から現在地に移り、天正元（一五七三）年再建された。その後も幾度か火災に遭っているが、近年では昭和二十九年に村祭りの花火で焼けたものの、寺宝などは持ち出せたという。

本尊は木造の大日如来で、智拳印《ちけんいん》を結んでいる。丸顔で優しい顔立ち、引き締まった体つきである。右側には不動明王、左側には正観音が立っている。そして、この内陣天井いっぱいに墨一色の見事な竜が描かれている。また、壁面には天女や鶴が優雅に飛翔し、下界の都にはハスが咲いているのどかな様子が、色彩豊かに描き出されている。

また、外陣の鴨居《かもい》の上いっぱいに、手彫りの千体仏が整然と並んでいる。十五センチに満たない小さな観音像であるが、金箔《ぱく》が施され重厚な輝きを放っている。一見、姿かたちは同じに見えるが、近づいて見ると同じものはない。この荘厳な雰囲気に、いつとはなしに合掌していた。

▲本堂

ご住職がご不在だったので、奥様からお話をうかがった。当地は豪雪地帯で、昔は多くの人が出稼ぎに出た。男性は杜氏《とうじ》、女性は紡績会社が多かったようだ。

暗くなり始め、街灯の灯がちらほら見える中、雪が降り出した。豪雪地帯だった往時の生活を想像しながら、帰途に就いた。

70

第七十番札所

廣大山《こうだいさん》

真言宗智山派

極楽寺《ごくらくじ》

住所	TEL	住職	備考
新潟県小千谷市大字薭生甲三九七	0258・82・6606	富山　能隆	拝観無料 納経朱印料規定料金

◆ご本尊

上品上生《じょうぼんじょうしょう》阿弥陀如来《あみだにょらい》

真言【おん　あみりた　ていぜい　から　うん】

◆ご詠歌

薭《ひ》生の山　お不動様と　大師様

阿弥陀の浄土　極楽の寺

▲ご本尊

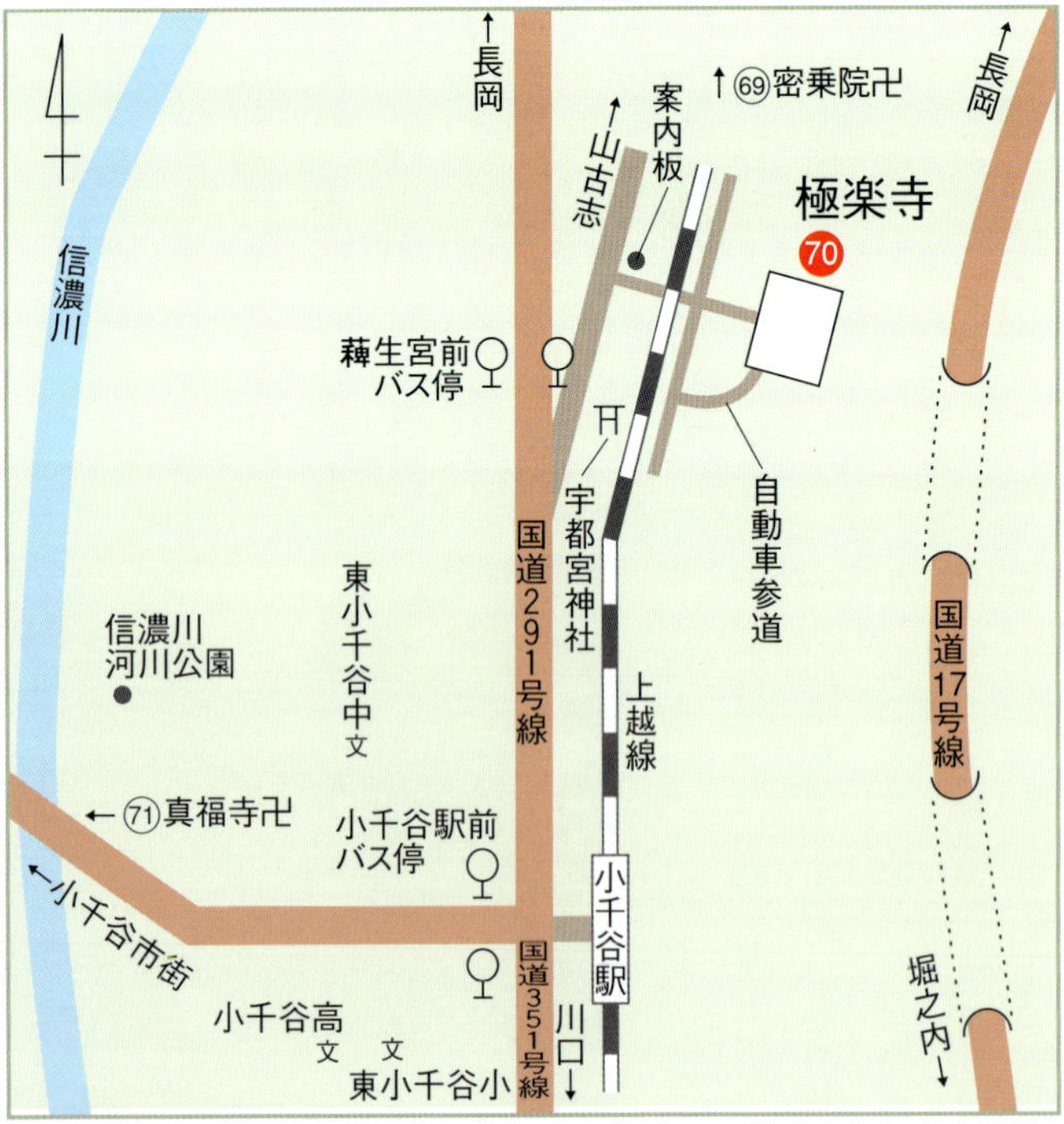

【交　通】JR小千谷駅より越後交通「長岡行き」バスで「薭生宮前」バス停下車、徒歩5分

【駐車場】10台（冬期間使用不可）

境内の花々と本堂内陣の格天井の仏画が美しい

関越自動車道の小千谷I・Cから国道291号線に出て直進し、JR小千谷駅手前信号から左折、三百メートルほどで右折し上越線のガードを通り左折する。極楽寺は、ここから七、八百メートル行くと右側に「極楽寺自動車参道」の標識があるのですぐ分かる。駐車場から境内に入ると、四季折々の花々が迎えてくれる。

当山は往古より数度の兵火に遭い、古文書等はすべて焼失し詳しいことは分からない。現住職の富山能隆師によると、そもそも当山は五智院が山寺にあったころ塔頭《たっちゅう》寺院の一つで、五智院住職の隠居所としての役割も担っていたという。

慶長三（一五九八）年、五智院塔頭の海龍房が、上杉遺民一揆《いっき》の際に三千八百余人を率いて堀之内下倉城を攻略した。しかし、上田城主堀直寄の援軍によって敗退を余儀なくされ、五智院と運命共同体だった当寺も甚大な影響を受けた。慶長十一（一六〇六）年、僧本性が再建し五智院末となった。その後、栄枯盛衰を経て、昭和十八年またも火災で全焼し、仮本堂のまま今に至っている。

本尊は上品上生《じょうぼんじょうしょう》の阿弥陀如来で、像高三十八センチの金色に輝く尊像である。面相は半眼で強い意志が感じられ、衣文《えもん》の彫りが深いことからか力強さを感じるが、豊かな体つきからは優しさがにじみ出て、心が和んだ。普段はお厨子《ずし》の中におられ拝観できないが、特別なるご縁を得て、ご開扉がかなった。

帰途、駐車場を見ると、「中部北陸自然歩道コース案内」の看板があり、蒋生《ひう》城跡から山寺山頂を経て、道の駅「ちぢみの里おぢや」までが分かりやすく示されていた。中にはかかわり深い、この極楽寺に参拝され、コースに向かう人もあるのであろう。

▲本堂

第七十一番札所
石打山《いしうちざん》
真言宗智山派
真福寺《しんぷくじ》

住所	TEL	住職	備考
新潟県小千谷市城内一丁目一ノ二	0258・82・3203	池之上　芳俊	拝観無料　納経朱印料規定料金　2月／節分会、3月／だんごまき、6月両／大師誕生祭など

◆ご本尊
三尊《さんぞん》阿弥陀《あみだ》如来《にょらい》

真言【おん　あみりた　ていぜい　から　うん】

◆ご詠歌
ありがたや　信濃の河辺《かわべ》　石打山《いしうちざん》

阿弥の浄土へ　行く心《ここ》ちして

▲ご本尊

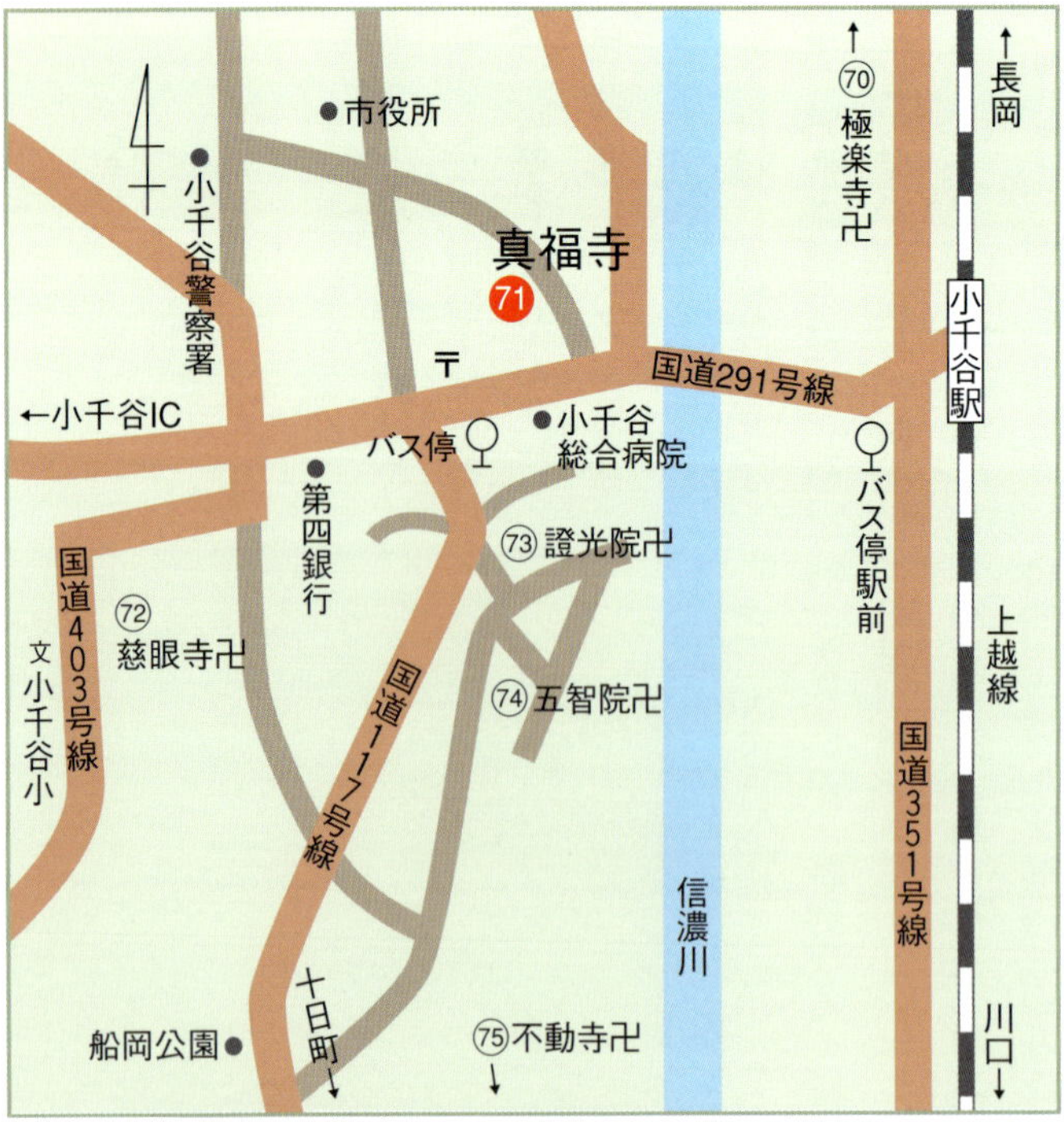

【交　通】JR小千谷駅より越後交通「小千谷インター行き」バスで「本町東」バス停下車、徒歩2分

【駐車場】5台

美しい地蔵曼陀羅画像と墨跡鮮やかな釈迦入滅画像がある

門柱に覆いかぶさるように、黒松の枝が重なり合っている。その中で、二階建ての本堂が、青空に浮かんでいるかのように見える。左手には地蔵尊はじめ多くの石仏が、眼下の街並みを背に立っている。

当山は初め、寛弘年間（一〇〇四～一二）に、市内千谷川石打という所で開基されたとある。文明年間（一四六九～八七）に入ると荘官・渡辺家の庇護により、近くの阿弥陀堂の本尊だった行基菩薩作の阿弥陀三尊を当山の本尊としたのだという。その後、幾多の変遷を経て現在地に移り、現本堂は昭和五十三年に建て替えられたものである。

本尊の阿弥陀如来は、木造で像高六十七センチの上品下生《じょうぼんげしょう》の立像である。像は、再三の火災等により一部損傷が見られるものの、面長で衲衣《のうえ》の流れが美しい。脇侍の観音菩薩、勢至菩薩も木造で共に立像、像高もそれぞれ四二・四センチである。

この阿弥陀三尊は、古来より霊験あらたかといわれ、殊に水不足にあたって雨請い祈とうし、ご開帳すれば、わずかでも雨が降ったといわれている。しかし、今はそうした祈とうもなくなり、ご開帳は住職一代一回とされ、秘仏として深く閉ざされている。そうした中で、この度、ご住職の特段のご高配とご仏縁によって、固い扉を厳かに開いていただいたのである。

当寺には、写実的で美しく描かれた地蔵曼陀羅画像がある。地蔵曼陀羅とは、地蔵信仰を分かりやすく絵で説いたもの。また、釈迦入滅画像は柔らかな墨跡に彩色されていて、どの顔からも悲しみと森厳なる心情が伝わってくる。

▲本堂

72

第七十二番札所

船岡山《ふなおかざん》

真言宗智山派

慈眼寺《じげんじ》

住所	TEL	住職	備考
新潟県小千谷市平成二ノ三ノ三五	0258・82・2495	船岡　芳秀	拝観無料 納経帳朱印料200円

◆ご本尊

聖観世音菩薩《しょうかんぜおんぼさつ》

真言【おん　あろりきゃ　そわか】

◆ご詠歌

志《し》る人も　志らざる人も　渡さばや

かの国へゆく　舟のたよりは

▲ご本尊

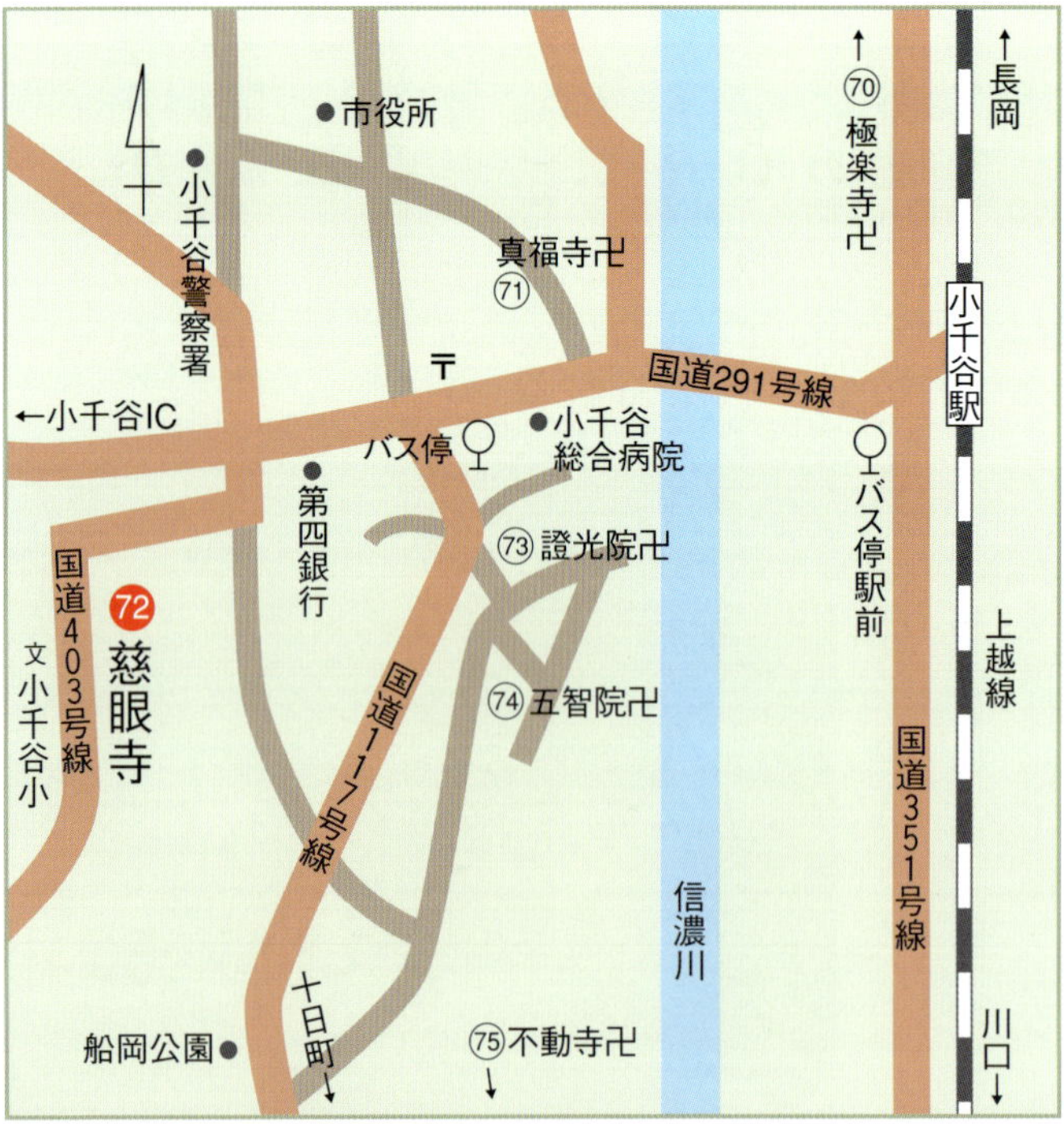

【交　通】JR小千谷駅より越後交通「小千谷インター行き」バスで「本町西」バス停下車、徒歩3分

【駐車場】5台

戊辰史に残る岩村軍監と河井総督の運命的会見場がある

平成九年三月、表通りに面した壮大な山門から、観音堂前を通り本堂に入る。小説「峠」の取材で昭和四十年八月、司馬遼太郎もここを通ったし、慶応四年五月二日には河井継之助もここを通り、岩村精一郎との会見に向かったであろう。

寺伝によれば、当山は天武天皇の白鳳年間（六七二〜?）、薩明大徳によって開創されたとあるが、詳しいことは分からない。

観音堂のご本尊聖観世音菩薩は、大同年中（八〇六〜九）、この地に教えを広めに来られた弘法大師が、一刀三礼し彫刻されたものと伝えられている。像は高さ約百四十五センチ、面長の瞑想《めいそう》にふける貴族的な表情と、あごを引いた端正なたたずまい、そして、衣文《えもん》の襞《ひだ》に鎬《しのぎ》のある彫法で、藤原末期から鎌倉前期の作と思われる。

元禄四（一六九一）年、ご本尊を江戸で出開帳したところ、大変な数の善男善女が集まり、開帳法会は六十日間にも及んだという。また、この評判を耳にした時の将軍綱吉公が参拝に訪れ、供養料として、和歌入り金地扇を一本添えて奉納したという。この扇子は今も残っているが、寺宝として観音堂に弥勒《みろく》菩薩、毘沙門天、不動明王、絵馬などがあり、本堂には戊辰《ぼしん》の役の軍服、陣羽織などの遺品もある。

さらにこの奥には、明治戊辰史に残る官軍岩村軍監と長岡藩河井総督会見の場があり、臨場感や緊張感が伝わってくる。とりわけ近年は、司馬遼太郎著「峠」に描かれる河井総督をしのんで、この一室を訪れる人が少なくないという。

▲本堂

73

第七十三番札所

法林山《ほうりんざん》

證光院《しょうこういん》

真言宗智山派

住所	新潟県小千谷市本町一ノ一四ノ一一
TEL	0258・82・2543
住職	西巻 覺道
備考	納経朱印料規定料金

◆ご本尊

大日如来《だいにちにょらい》（金剛界《こんごうかい》）

真言【おん ばざらだど ばん】

◆ご詠歌

み仏に 朝日夕日の 輝ける

徳《とく》ぞゆかしき 法林《ほうりん》の丘

▲ご本尊

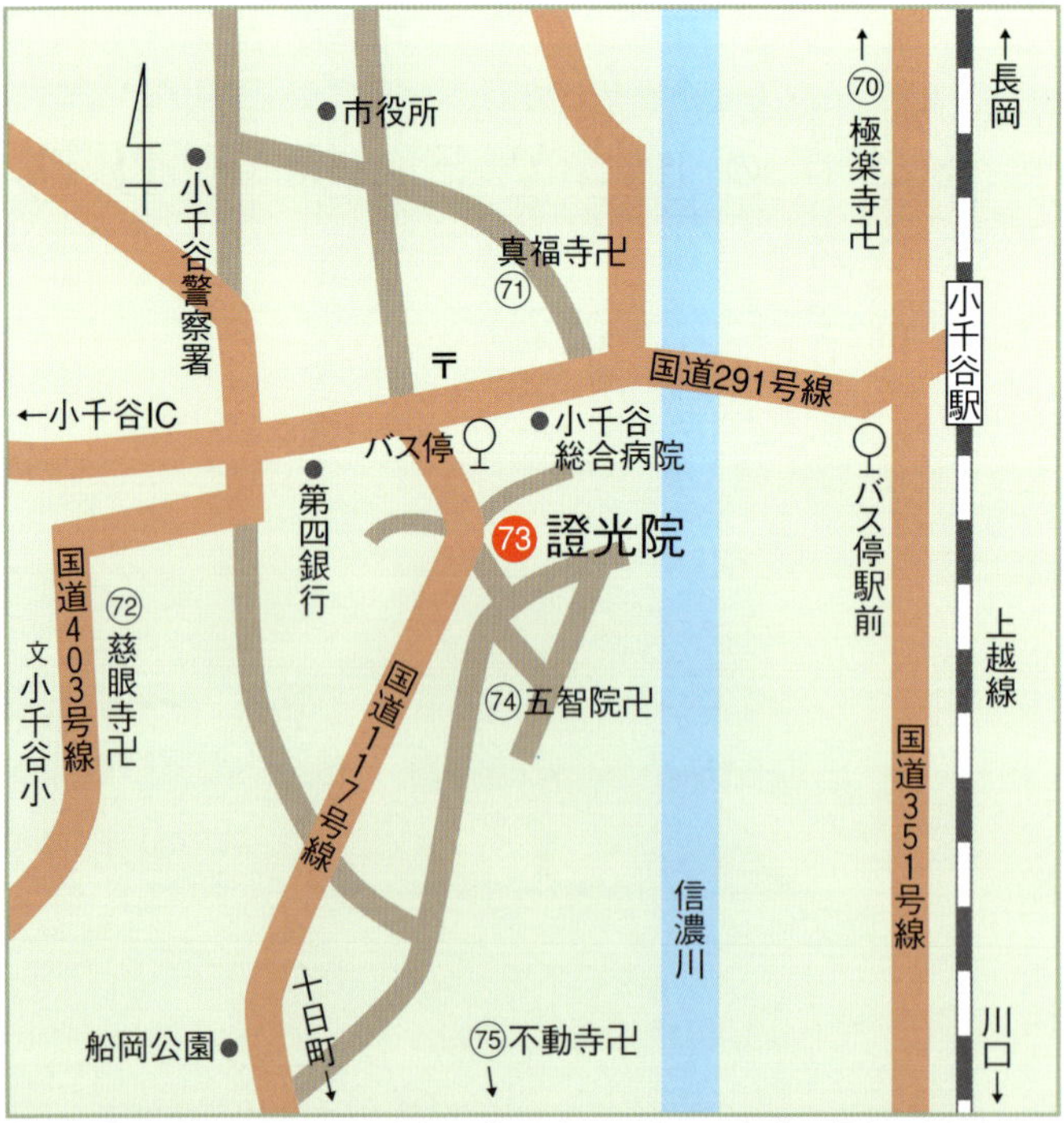

【交　通】JR小千谷駅より越後交通「駅前」バス停より全線で「本町中央」バス停下車、徒歩1分

【駐車場】10台

勇気と知恵・交通安全の守護神 讃岐国金毘羅大権現で知られる

関越自動車道の小千谷I・Cから市内中心街に向かい、一・八キロほどで本町（一）交差点に出る。證光院は、ここを右折して百メートル余りの左側にある。

門柱の内側すぐ左に神殿がある。この中には元禄元（一六八八）年、当山に出開帳された讃岐国（現香川県）の金毘羅大権現がそのまま祭られてあり、勇気と知恵・航行安全、そして交通安全の守護神として信仰を集めている。現在の神殿は文政十一（一八二八）年に再建されたものであるが、このご神体は拝観できない。研究者やメディア関係者の取材もあるが、扉を開けることはないという。

当山は平安前期の元慶五（八八一）年、真雅僧都の開山で、山形県の湯殿山・大日坊の末寺であった。現在の本堂は天正年間（一五七三～九二）に建立、天明八（一七八八）年に大改修され現在に至っている。

本尊は像高六十二センチの大日如来（金剛界）で、伏目がちでふっくらした面相からは仏の限りない力が読み取れる。体つきはすっきりとして若さを感じさせる。そして一瞬、この何ともいえない全体像の空気感に触れたとき、おのずとすべてを告白し、自戒の念と救いを求めていたのである。この度、ご縁を得て本堂屋根の改修時以来二十七年ぶりにご開扉いただいた。また、このお厨子《ずし》の扉の表裏には、四天王が二体ずつ本尊を守護するようにしっかりと張り付いていた。

▲本堂

須弥壇にはほかに聖観音、薬師如来、弁財天、不動明王など多くの仏像が鎮座していたし、堂内欄間には彫りの深い力強い彫刻があり、色彩豊かな花が描かれ荘厳な雰囲気を醸し出している。帰りに仰いだ山号額「法林山」を見て、“法輪”と“檀林”を深く感じながら歩を進めた。

第七十四番札所

龍久山《りゅうきゅうざん》

五智院《ごちいん》

真言宗智山派

住所	新潟県小千谷市元町十四番七号
TEL	0258・82・2915
住職	髙野 一能
備考	拝観無料 納経朱印料規定料金

◆ご本尊

上品阿弥陀如来《じょうぼんあみだにょらい》

真言【おん あみりた ていせい から うん】

▲お前立

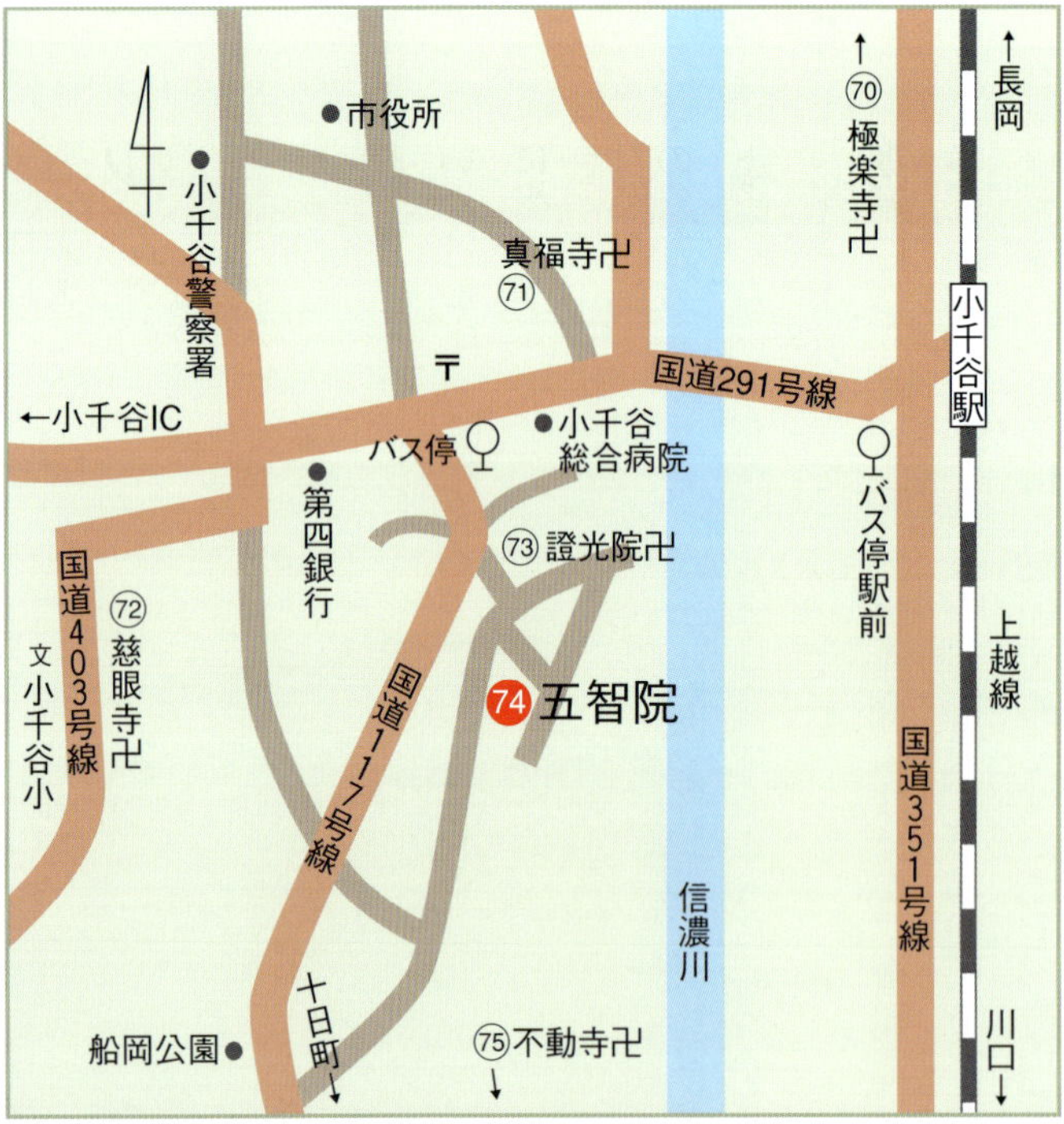

【交 通】JR小千谷駅から越後交通「小千谷インター」か「十日町方面」行きバスで「本町中央」バス停下車、徒歩5分

【駐車場】3台

十万石の格式と日本最初の公立小学校開設の場

参道から山門を経て苔《こけ》むした石段を登りきると視界が開け、どっしりした本堂が目に入る。訪れた早春の午後の境内は静寂そのもので、鳥や猫の鳴き声の余韻までが耳に残った。これもまた浄土の音なのであろう。

当山はその昔、JR小千谷駅の後方にあったころは十八坊の塔頭《たっちゅう》と百を超える末寺があったというが、永享十（一四三八）年、兵火により全焼し、永禄七（一五六四）年に現在地に移ったという。

慶安元（一六四八）年、当山は徳川家光公より御朱印を拝領し、十万石の格式を許されるとともに越後の触頭《ふれがしら》ともなっていた。

下って明治元（一八六八）年には「小千谷校」として、当寺に日本最初の公立小学校が開校されたことはあまり知られていない。そして、明治二十（一八八七）年に当山は京都智積院の直末となり、時の住職芳勝はその二年後、智積院の能化《のうけ》となり智山派管長にもなるのである。

ご住職によると、昭和三十九年の新潟地震の際、本尊阿弥陀如来の前に鎮座する五智如来（像高各約五十センチ）のすべてが、後ろ向きになったという。これは、振動の微妙さによるとはいえ、不思議なことだった、と話しておられた。開山は泰澄神融禅師で慶雲四（七〇七）年とある。

雪国の早春は寒い。長い石段を中程まで下ると、ご住職のお孫さんであろうか、カラフルな防寒着を着た男の子がランドセルを背負って、駆け上がってきた。長かった冬も間もなく去って、春もこの子のように駆け足でやってくるのであろう。

▲本堂

75

第七十五番札所

岩沢山《がんたくさん》

真言宗智山派

不動寺《ふどうじ》

住所	TEL	住職	備考
新潟県小千谷市大字岩沢七六五	0258・86・2575	松永　祐成	拝観無料 納経帳朱印料200円など

◆ご本尊

不動明王《ふどうみょうおう》

真言【のうまく　さまんだばざらだん　かん】

◆ご詠歌

さざれ石　苔のむす迄《まで》　いわさわの

つなぎしとめぬ　法《のり》の御船《みふね》を

▲お前立

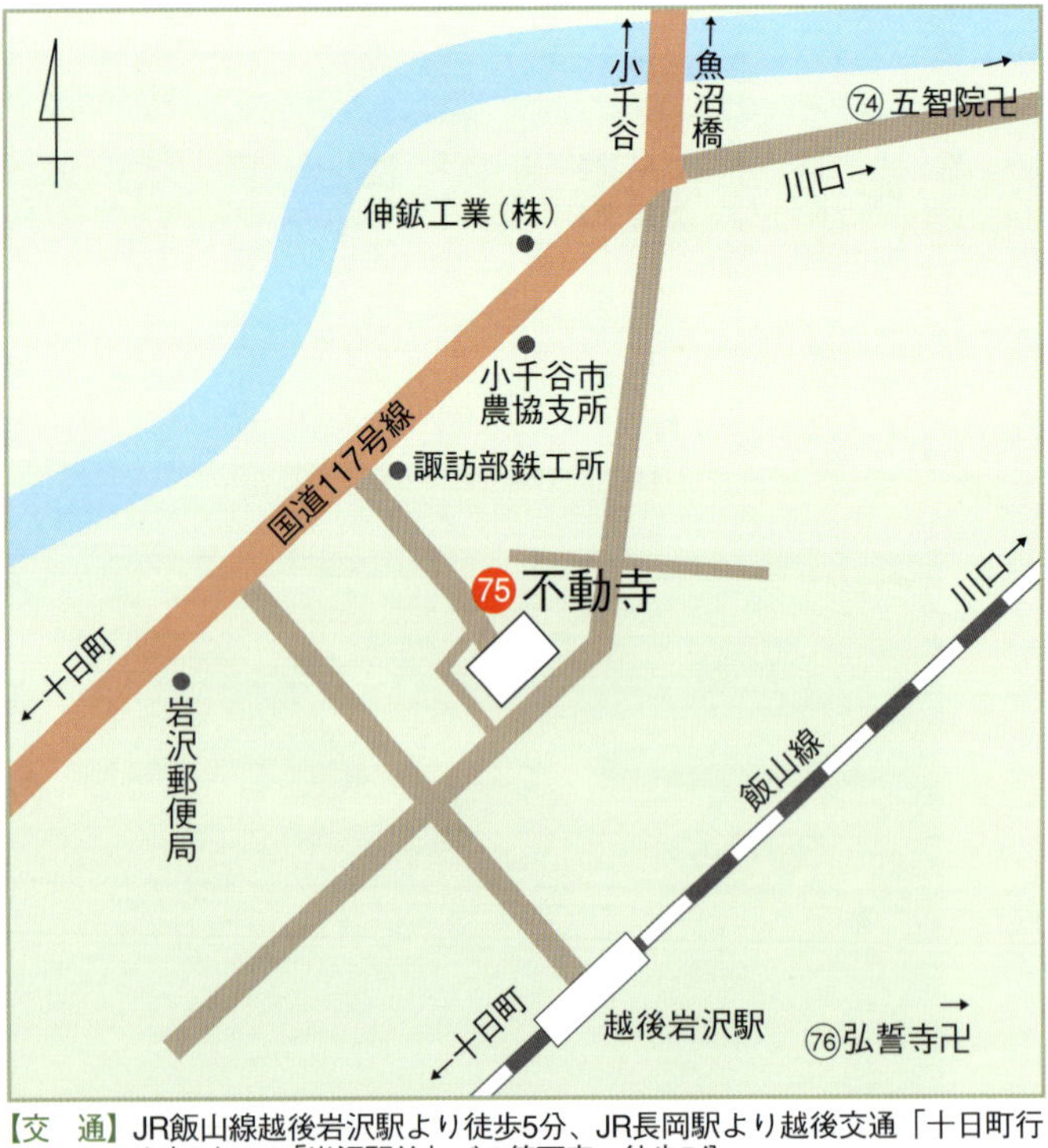

【交　通】JR飯山線越後岩沢駅より徒歩5分、JR長岡駅より越後交通「十日町行き」バスで「岩沢駅前」バス停下車、徒歩5分

【駐車場】10台

木々の中にかやぶきの本堂と苔むした境内が迎えてくれる

不動寺は、ＪＲ飯山線越後岩沢駅から徒歩で五分程度、国道117号線からは、すぐの所にある。

訪れたのは、若葉が萌える平成五年五月一日、護摩供養の日であった。前年の九月に訪れたとき、ご住職はご不在だったが、本山修行中の若住職（便宜上、後継者をこのように呼ぶことにしている）が留守居役として帰省されていた。その時の帰りに、「来年の護摩供養には、ご本尊の撮影を許可するよう住職によく伝えておくから」とのことで、再度の参拝となったのである。

本堂は、長い歴史を物語るにふさわしい、かやぶきのどっしりしたたたずまい。再訪の日は、本堂を包むかのように五色の幕が張られ、緑の中に一段と映えて華やかであった。参道には金魚屋、おもちゃ屋、菓子屋などが立ち並び、子供たちを待っていた。参拝を終え、忙しいご住職の合間を見て、ご本尊の撮影許可を願ったところ、快諾してくださった。

ご本尊の不動明王は文献にあるように、カツラ材で造られた高さ九尺九寸五分（約三メートル）という見上げるばかりの像である。たくましく男性的で堂々としていて、胸ぐらをつかまれ引き上げられそうな気持ちになる。この尊像は天平七（七三五）年、行基菩薩が勅命によって北陸地方へ巡錫《じゅんしゃく》の折、当地で刻んだもので、このとき一宇を建てて不動密寺としたのだという。

寺伝によると、その後弘仁元（八一〇）には弘法大師が来られ、住僧勝隆法師はその法流を受けて七堂伽藍《がらん》を建立し、これを当寺の開山としている。

▶本堂

第七十六番札所
大《だい》悲《ひ》山《ざん》
真言宗智山派

弘《ぐ》誓《ぜい》寺《じ》

住所	新潟県魚沼市田川九三七
TEL	025・794・2342
住職	鈴木　淳雄
備考	拝観無料、2月／節分会、4月21日／御影供、8月17・18日／観音大祭、10月29日／報恩講など

◆ご本尊

正観世音菩薩《しょうかんぜおんぼさつ》

真言【おん　あろきりや　そわか】

◆ご詠歌

はるばると　弘誓《ぐぜい》の寺に　来てみれば
法《のり》のみ舟に　乗るここちする

▲ご本尊

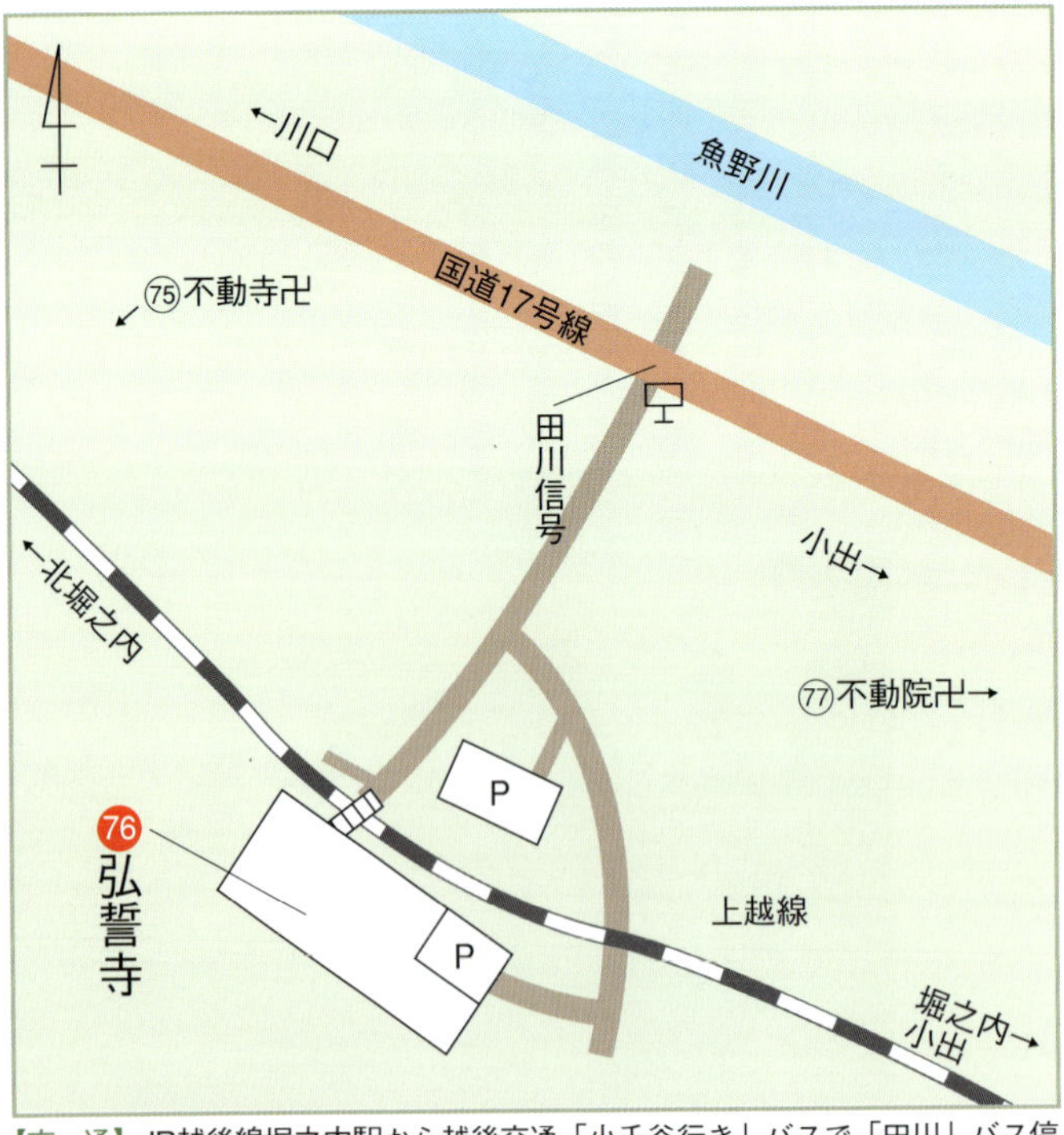

【交　通】JR越後線堀之内駅から越後交通「小千谷行き」バスで「田川」バス停下車、徒歩5分
【駐車場】30台

再建なった観音堂によみがえった正観世音菩薩が鎮座する

関越自動車道の堀之内I・Cから県道23号線に出て、国道17号線役場前交差点を右折し、五百メートル弱で田川の信号を左折するとJR上越線のガードがある。弘誓寺は、その下を通るとすぐ右側にある。

標識に沿って境内に入ると、真新しい観音堂が建っている。中には平成十六年九月に開眼供養された本尊の正観世音菩薩が安置されている。この尊像は像高七十センチ、ケヤキ造りの坐像で、昭和四十三年に焼失した本尊を史実に基づいて忠実に造像されたもので、当地出身で長野在住の彫刻家の作である。

当山の草創は、平安期の長元五（一〇三二）年五月とある。開山は、京都醍醐寺で五代法主仁海僧正から灌頂《かんじょう》を受けた海信法印である。本尊の正観世音菩薩は海信法印が自ら刻したもので、仁海僧正を導師として招き開眼供養したとある。このとき、僧正から「成就山与楽院弘誓寺」と名付けられた。その由来は「大願成就の故に成就山、一国の観音の功徳を弘誓する故に弘誓寺、観世音は衆生の苦しみを抜き楽しみを与える故に与楽院なり」からだという。

当山が最も興隆を遂げたのは南北朝期（一三三六〜九二）であり、足利義満公の帰依を得て拡充され、戦乱期にあっても教化布教に専念できたといわれる。しかし天正十九（一五九一）年、観音堂に落雷がありすべてを焼失した。その後、再建されたが寛延元（一七四八）年に再び出火し、さらに昭和四十三年にまたの出火により焼失。昭和四十六年、本堂兼客殿の落慶法要を営んだ。そして、平成十六年に立派な観音堂が再建されたのである。

▲本堂

帰途に観音堂を仰ぎ、二十年ほど前に取材でお世話になった、今は亡き前住職の笑顔と温かい心を鮮明に思い出した。当山は伽藍《がらん》が整い寺宝も多く、越後三十三観音の第十三番札所としても県内外に知られている。

77

第七十七番札所

寿薬山《じゅやくさん》

真言宗智山派

不動院《ふどういん》

住所	TEL	住職	備考
新潟県魚沼市七日市七〇二	025・792・1045	韮澤 俊弘	拝観無料 納経朱印料規定料金

◆ご本尊

阿弥陀如来《あみだにょらい》

真言【おん　あみりた　ていせい　から　うん】

◆ご詠歌

往生《おりじょう》に　のぞみを受くる　極楽寺

月がかたむく　西寺《にしでら》の空

▲ご本尊

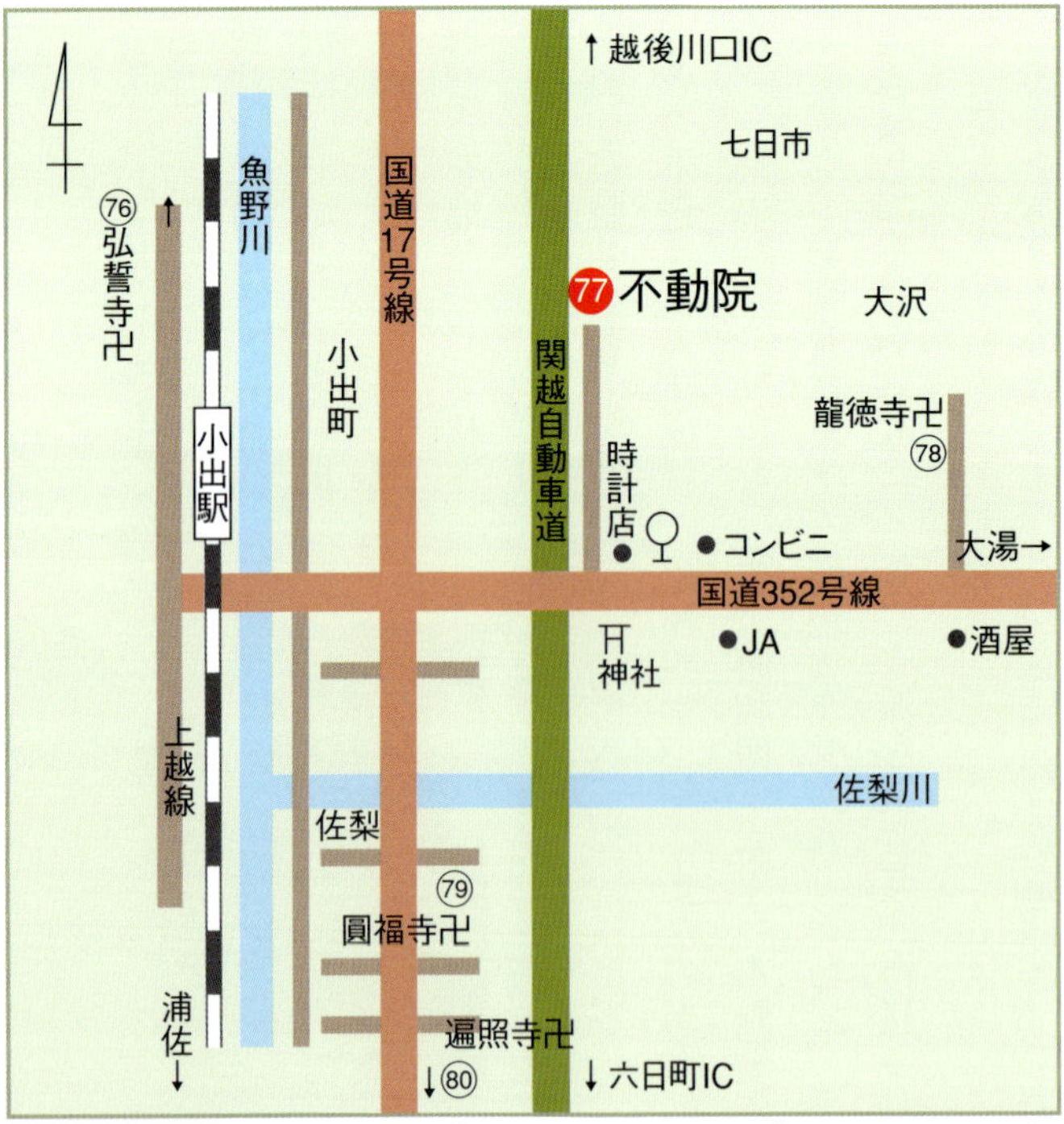

【交　通】JR小出駅より越後交通「大湯温泉行き」バスで「井の口」バス停下車、徒歩5分

【駐車場】10台

数々の古い石仏と樹齢六百年の大イチョウがある

関越自動車道小出I・Cから国道17号線に出て右折し、国道352号線の交差点をさらに右折すると、八百メートルほどで井口に着く。不動院はここを左折し、三百メートルの所にある。車道から境内に入ると、すぐ左に苔《こけ》むした古い石仏の地蔵菩薩、如意輪観音、聖観音や青面金剛などがおられ、それぞれに長い歳月の思いを秘めていた。正面には本堂、そして左には樹齢六百年といわれる大イチョウの木がそびえ立っている。

当山は大治二（一一二七）年、崇徳天皇の代に七日市村如来田に創建した、とあるが詳細は不明である。その後、応永五（一三九八）年に僧・円鑁《えんばん》が、現在地に如来田と土地替えして再興した。元亀三（一五七二）年、火災に遭い焼失するが、天正元（一五七三）年に上杉謙信公の信仰厚く本堂の再建がなされた。元和元（一六一五）年、再度焼失して仮堂を設置していたが、寛政六（一七九四）年に再建成り、現在に至っている。

本尊は上品下生《じょうぼんげしょう》の阿弥陀如来立像で、像高七十三センチ、容姿端麗、衣文《えもん》の流れが美しい。ふっくらした顔で自然に開いた目、朱を施した唇、気品が漂う尊像である。お厨子《ずし》の左右には、金色の観世音菩薩三十四体が本尊を守るように立ち並んでいた。

内陣の右側の室内には護摩壇があり、宮殿の中に像高四十センチの不

▲本堂

動明王立像が厳しい尊顔を向けていたが、脇侍の像高共に二十一センチの矜羯羅童子《こんがらどうじ》、制多迦童子《せいたか》には、本尊の真意を衆生に分かりやすく諭しているかのような優しさを感じた。

取材を終えて玄関を出ると、大イチョウの下のベンチで、若い母親が女の子と二人で何か語り合っていた。昼下がりのひとときである。

78

第七十八番札所

天満山《てんまんざん》

真言宗智山派

龍徳寺《りゅうとくじ》

住所	新潟県魚沼市大沢三八四
TEL	025・792・2257
住職	鈴木　淳雄
備考	拝観無料 納経朱印料規定料金

◆ご本尊

十一面《じゅういちめん》観世音《かんぜおん》菩薩《ぼさつ》

真言【おん　ろけいじんばら　きりく　そわか】

◆ご詠歌

二佛《さんぶつ》の　誓《ちかい》は深く　塔の峯《みね》

松風の声　みのりとぞ聞く

▲ご本尊

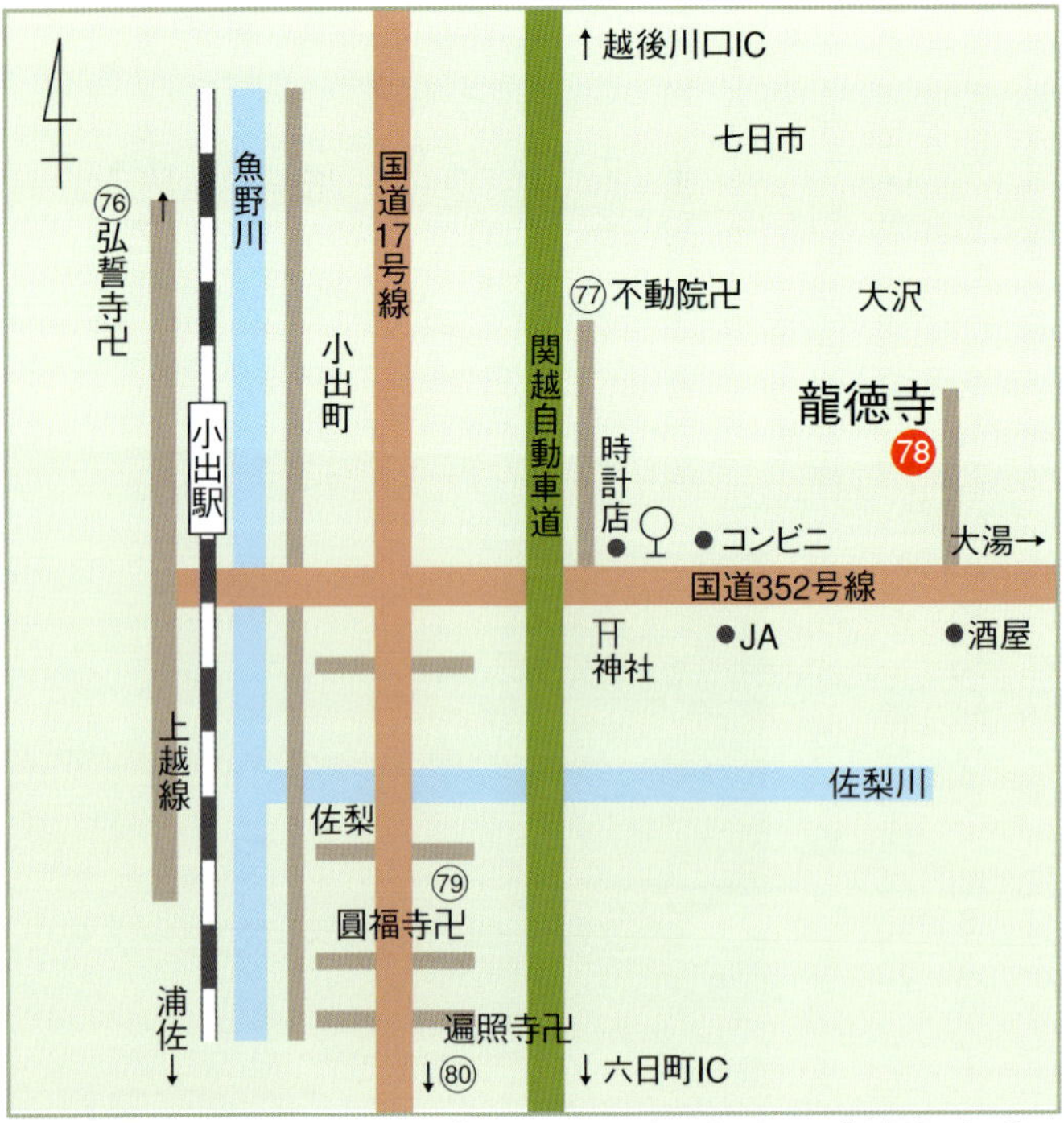

【交　通】JR小出駅より越後交通「大湯・栃尾又行き」バスで「大沢」バス停下車、徒歩7分

【駐車場】10台

耳の病に霊験あらたかな耳開き地蔵尊が安置されている

関越自動車道小出I・Cから国道17号線に出て、古新田の信号を右折し、約一・五キロで国道352号線の井口交差点に出る。龍徳寺はここを右折し、三・五キロほど行って大沢地内を左折した、集落の奥まった所にある。

参道入り口のお堂の中に、「耳開き地蔵尊」（村指定文化財）が安置されている。この地蔵尊は、当地で昔から耳の病に霊験あらたかといわれ、参拝者が多かったという。

当山の開創は明らかではないが、言い伝えによると、堀之内町田川の弘誓寺末として、慶長五（一六〇〇）年ころ快真僧都が一宇を建て、地域の祈願所とした。このときを当山の中興開山として、快真僧都を第一世としている。その後、明和元（一七六四）年に、十三世快厳僧都が現堂宇を再建した、とされる。

本尊は木造十一面観世音菩薩立像である。像高五十センチ、やや下膨れの面相、引き締まった体つきで、衣紋《えもん》の彫りの深い金色に輝く尊像である。

境内の観音堂には、西国三十三番の像高十八センチから四十センチの木造観世音菩薩が、網戸の中に整然と安置されていた。その網戸には手まりや風船、絵馬、願い事を書いた布などが下げられ、この観音堂ならではの雰囲気が漂い、胸が熱くなった。

▲本堂

参拝を終え、参道に出て耳開き地蔵尊を見詰めていると、おじいさんが自転車から降りて話し掛けてきた。「昔はたくさん雪が降り、お参りの人のため、雪が積もるたびに、お堂を掘り出したものだ」

時代とともに自然現象も変化していく。だが、この耳開き地蔵の温かい心だけは、どんなに風化が進んでも、永久に変わらないのであろう。

第七十九番札所

延命山《えんめいざん》

真言宗智山派

圓福寺《えんぷくじ》

住所	新潟県魚沼市佐梨四三三
TEL	025・792・0871
住職	桜井　宗孝
備考	拝観料　大人300円、納経朱印料規定料金 拝観・参拝の場合は電話で確認を

◆ご本尊

阿弥陀如来《あみだにょらい》

真言【おん　あみりた　ていせい　から　うん】

◆ご詠歌

露霜《つゆしも》と　罪を照らせる　阿陀の寺

など歩を　運《は》こびざらまじ

▲ご本尊

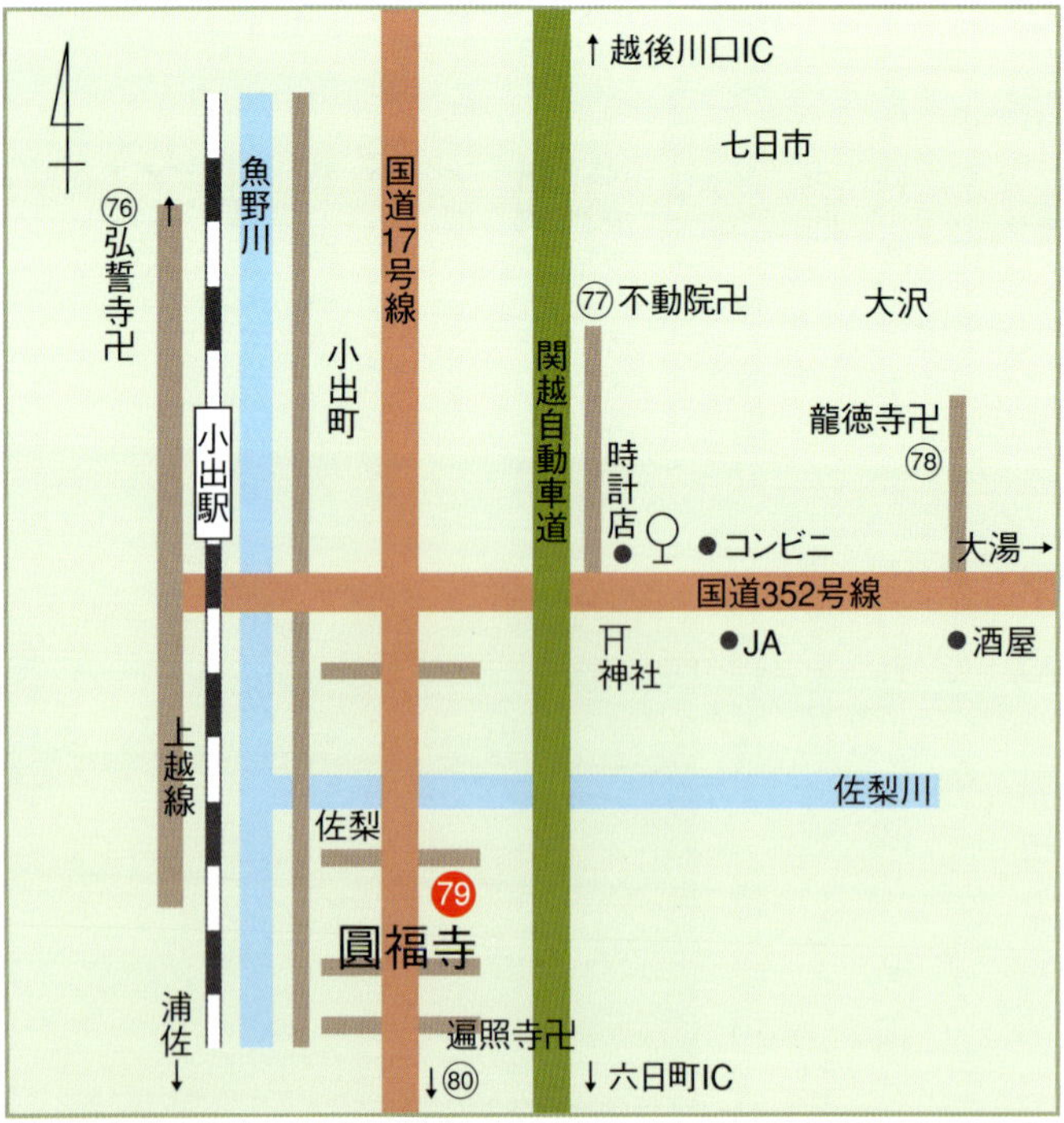

【交　通】JR小出駅から越後交通「JR六日町駅行き」バスで「佐梨」バス停下車、徒歩5分

【駐車場】30台

重要文化財の阿弥陀如来と、隠れキリシタンの地蔵菩薩で知られる

杉の大木が林立する中に山門がある。境内に入ると、すぐ左側に宝物殿があり、この中にご本尊の国重要文化財・阿弥陀如来坐像が、県指定文化財の毘沙門天立像、寺宝の地蔵菩薩とともに安置されている。

この阿弥陀如来は高さ八十七センチ、カツラ材の寄せ木造りで、漆を塗り金箔《きんぱく》で仕上げたものである。肉《にっ》髻《けい》は高く写実的な顔で、胸は厚く盛り上がっている。鎌倉期特有の膝高《しっこう》の高い像で、建保二（一二一四）年八月二十六日造立、との銘が像内にある。

毘沙門天は凛《りん》とした面相で力強い張りのある体つき。これも鎌倉時代の作といわれている。その昔、上杉謙信が当山に戦勝祈願をしたとの伝承がある。また境内には、寛延二（一七四九）年造立の銘がある二体のいわゆる隠れキリシタン地蔵菩薩像がある。右手に持つ錫杖《しゃくじょう》の上に、十字架が刻されている。このほか文化・文政期に作られた「キリシタン供養塔」も三基存在する。

この寺院は、奈良時代の聖武天皇の代（七二四～四九）に、北陸鎮護のために訪れた伏行上人が開いたとある。昔は吉田村にあって圓徳寺と号したが、その後、幾カ所かを経て現在地に至る。その間、鎌倉時代には三重塔を中心に七堂伽藍《がらん》が立ち並び、十二坊を有したこともあったという。

現在の本堂は、承応元（一六五二）年の再建である。堂内には大日如来、薬師如来、聖観世音菩薩、不動明王などの仏像や外陣欄間の彫刻があり、境内には樹齢八百年を超える大杉などもある。江戸時代中期に造られた京風庭園（苔《こけ》庭）は、参拝者の心を癒やしてくれる。

◀本堂

80

第八十番札所

山王山《さんのうざん》

真言宗智山派

遍照寺《へんじょうじ》

住所	TEL	住職	備考
新潟県魚沼市板木五八一の乙	025・792・2225	山田　芳雄	拝観無料 納経朱印料規定料金

◆ご本尊

大日如来《だいにちにょらい》（金剛界《こんごうかい》）

真言【おん　ばざらだど　ばん】

◆御詠歌

月も日も　遍《あま》ねく照らす　大日の
光かがやく　極楽の峰

▲お前立

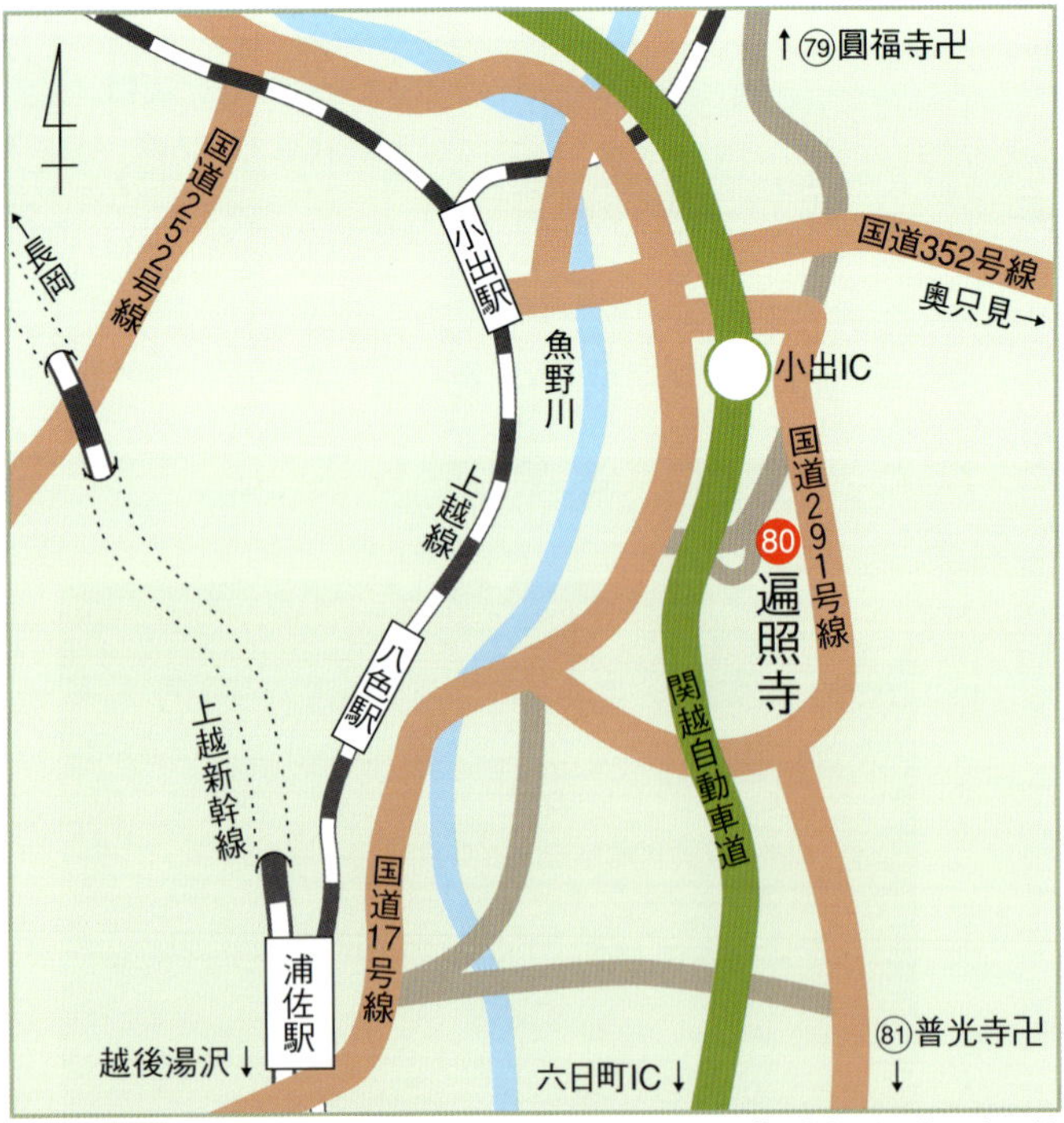

【交　通】JR小出駅より越後交通「茗古沢」行きバスで「板木」バス停下車、徒歩5分
【駐車場】20台

巨大な「父母恩重の碑」が、両親の恩の広大さを教え諭す

車道から杉木立の参道に入ると、大小の石仏が目に入る。それらが背景の黄金なす田園風景に趣を添え、古里にたどり着いた思いにさせてくれる。

境内に入ると、右前方の小高い所に「父母恩重の碑」という見なれない石碑が立っている。ご住職に尋ねると、良くぞ聞いてくれたとばかりに、その由来を語ってくださった。この碑は、「父母の恩は、天に極まりがないほど広大で重い」と説く「父母恩重教《ふぼおんじゅうきょう》」の教えに基づくもので、昨今の世相にあって再認識しなければならない生き方の基本である。この碑の重量は二十五トンもあるが、父母の恩は、これにも勝る重さだ―

ご住職は講演や法話で、いつもこのことを分かりやすく説いておられるという。

当山の開創は天和三（一六八三）年の火災ではっきりしないが、法印快祐の開基とあり、貞亨二（一六八五）年、賢盛法印代に再建とある。その後、文政六（一八二三）年、自証法印代に現在の堂宇が再建立された。ご本尊は金剛界大日如来であるが、秘仏とされ拝観できず、脇侍の不動明王と如意輪観世音菩薩が厳な面相で迎えてくれた。

ご高齢のご住職夫妻は、初秋の本堂の縁側を開け放し、二人並んで座られ、始終穏やかに応対下さった。茶飲み話の中で、県の三大饅頭は、長岡の大手まんじゅう、柏崎の明治まんじゅう、そして中条の乙《きのと》まんじゅうだと教えられた。お寺と「おまんじゅう」の話に、ご住職の顔がほころぶ。つい出来立てのまんじゅうを思い描いた。「父母恩重碑」と「おまんじゅう」には、温かい「ご縁」があるのであろう。

▲本堂

第八十一番札所

吉祥山《きっしょうざん》

真言宗豊山派

普《ふ》光《こう》寺《じ》

◆ご本尊

大日如来《だいにちにょらい》

真言【おん　ばざらだど　ばん】

◆ご詠歌

静かなる　普《あまね》く光る　寺に来て

毘《び》盧《る》遮《しゃ》那《な》仏《ぶつ》の　のりの声きく

▲ご本尊

住所	TEL	住職	備考
新潟県南魚沼市浦佐二四九五の甲	025・777・2001	永井　照二	拝観料300円　納経朱印料規定料金 3月3日／裸押し合い祭りなど

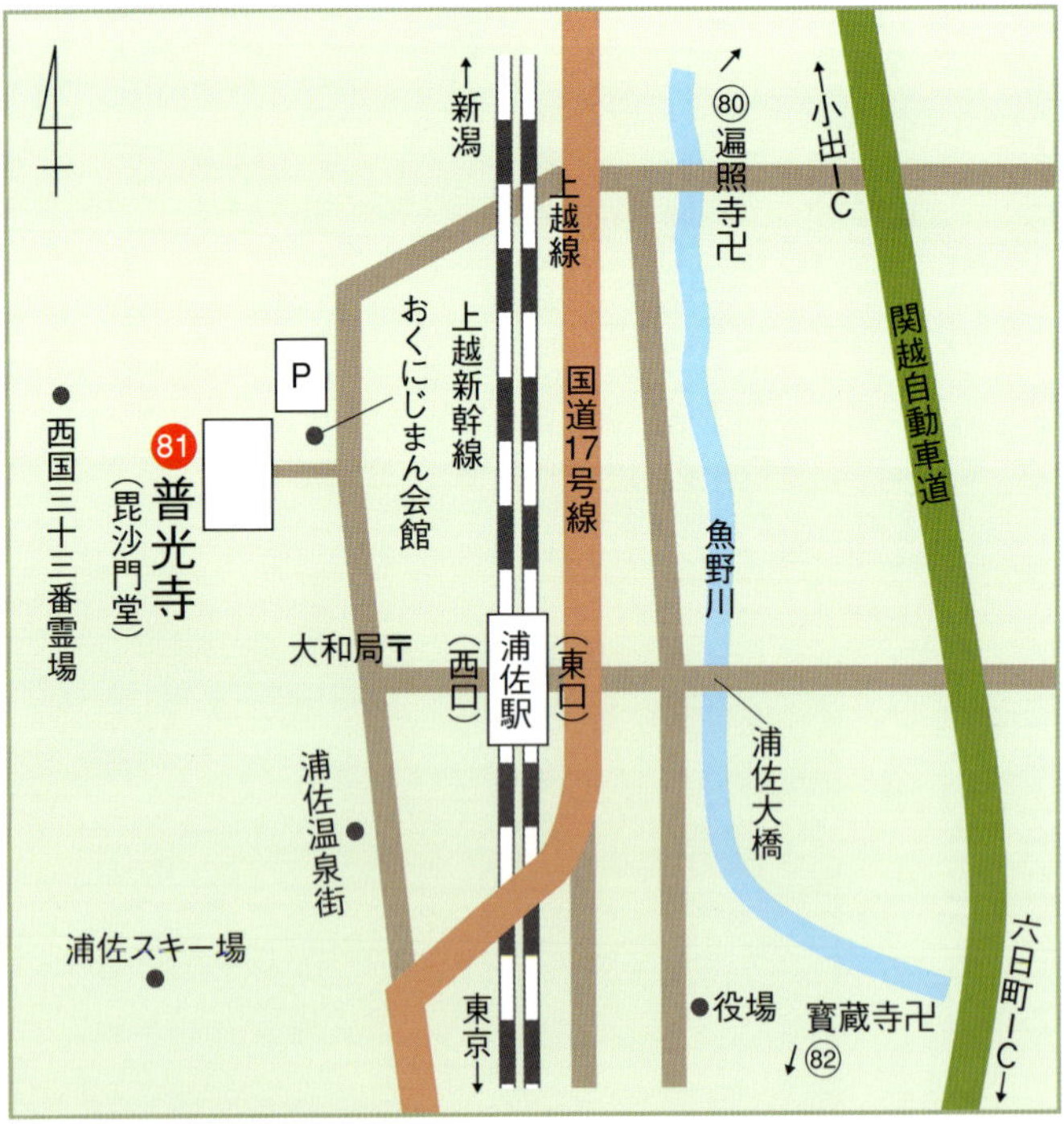

【交　通】JR浦佐駅より徒歩5分
【駐車場】40台

壮麗な山門と、裸押し合い祭りで知られる

大樹の林立する中、壮大にして美しい山門は、石段を一段上がるたびに、あたかも覆いかぶさるように迫ってくる。日光の陽明門をかたどったといわれるこの門は総ケヤキ造りで、天保二（一八三一）年の建立、木組みと彫刻が見事。二階には毘沙門天の使者二十八体の仏像と釈迦出山の図、十六羅漢修行の図、天女の絵があり、階下の天井には谷文晁による双竜の墨絵がある。

ご本尊の大日如来は高さ一尺（約三〇・三センチ）、金剛界の智拳印《ちけんいん》を結び、金色に輝いている。

伝承によると、およそ千二百年前、坂上田村麻呂が東夷征討の折、当地に国家鎮護のため堂宇を建立し、毘沙門天をお祭りしたのが毘沙門堂の始まりだという。当寺（普光寺）は、この別当として建てられたもので、鎌倉時代の承久三（一二二一）年に、道乗坊弁覚が別当職を任じられたと伝えられる。

毘沙門堂は、三月三日に行われる勇壮な裸押し合い祭りが有名。鈴木牧之は『北越雪譜』の中で「浦佐の堂参」として、当時の様子を伝えている。

取材に訪れた平成十年は、十月に行われる本尊・毘沙門天ご開帳の準備に忙しそうであった。ご開帳は住職一代一回で、六十六年ぶりとのこと。残念ながら拝観の機会には恵まれなかったが、像高一尺一寸（約三三・三センチ）の金銅仏だという。

宝蔵殿には、日本に数カ所しか見られないといわれている仏画十二天が展示されている。また、この毘沙門堂には、県内には珍しい諸毒を除く常瞿利《じょうくり》童女や波切《なみきり》不動尊、普光寺本堂には阿弥陀如来立像、聖観音菩薩立像、地蔵菩薩立像のほか、愛染明王や鬼子母神など数多くの仏像や神像がおられた。

▲本堂

第八十二番札所

不動山《ふどうさん》

寶蔵寺《ほうぞうじ》

真言宗智山派

住所	TEL	住職	備考
新潟県南魚沼市五日町六二〇一子	025・776・2213	桜井　賢芳	拝観無料 納経朱印料規定料金

◆ご本尊

大日如来《だいにちにょらい》（胎蔵界《たいぞうかい》）

真言【あびらうんけん】

◆ご詠歌

南無阿弥の　誓いは救う　願なれば

罪おもくとも　たのもしのみや

▲ご本尊

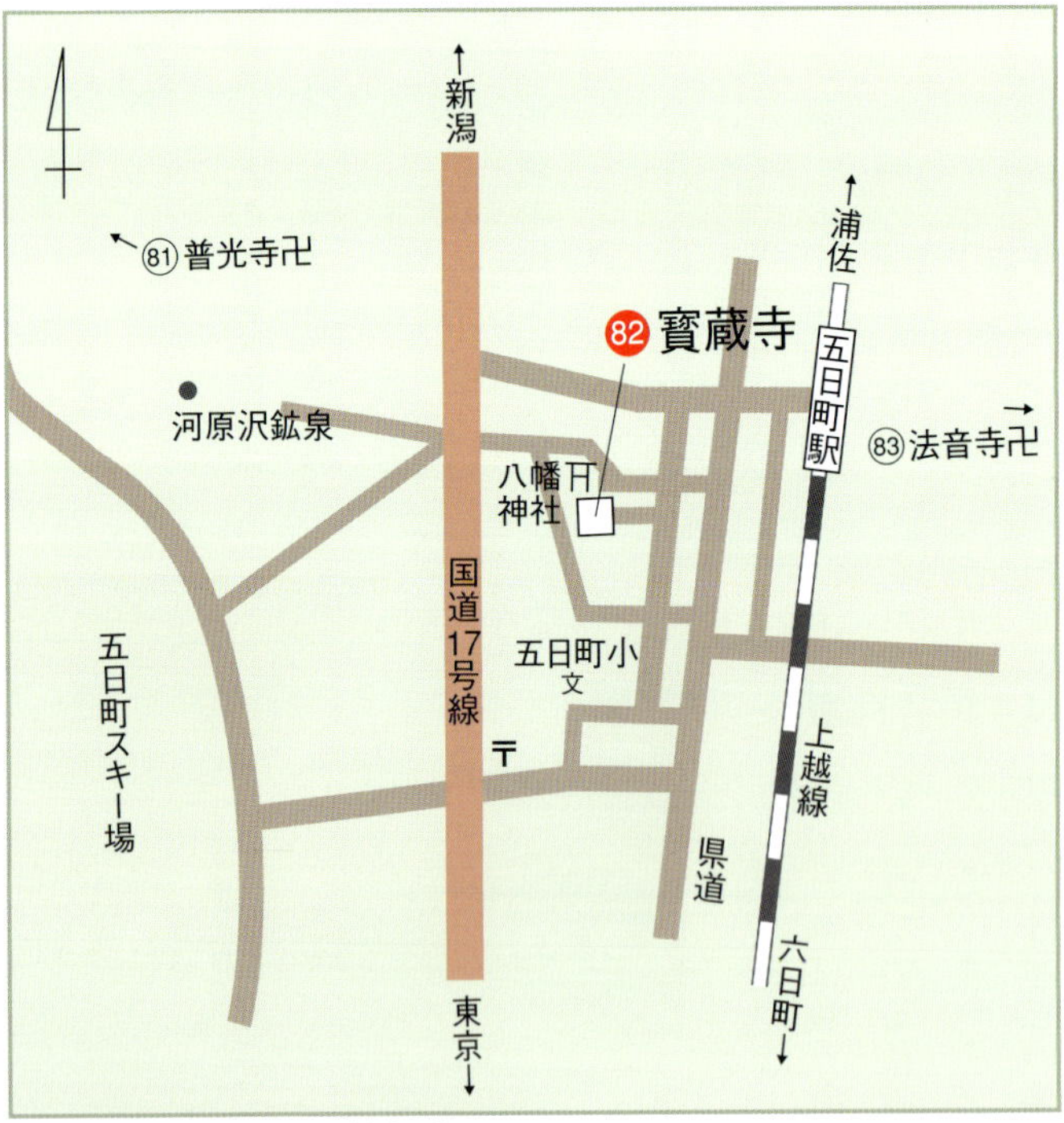

【交　通】JR五日町駅より徒歩5分
【駐車場】5台

境内の観音堂に、等身大の子安観音や水子地蔵、阿弥陀如来が安置される

当山は、関越自動車道六日町I・Cから国道17号線に出て、五キロほど北上し、五日町寺尾交差点を右折、JR五日町駅の手前を左に曲がった所にある。玄関の右に、寺号を墨書した個性的で堂々とした看板が掲げてある。これを認《したた》めたのは、土地の書家で百歳で亡くなったばかりの鈴木清河氏によるものだという。

創立や由緒沿革については不明であるが、宝暦十二（一七六二）年に法音寺御山主行畯大和尚の資、畯祐和尚が再建したとあるが、現堂宇は、昭和五十七年に宗祖弘法大師千百五十年御遠忌を記念して建立したものである。

ご本尊は胎蔵界の大日如来である。像高三十八センチ、幾何学的でシンプルな体型、穏やかな表情の尊像である。観音堂は間口三間半、奥行き三間で昭和六十三年の再建だが、子安観世音、水子地蔵尊、阿弥陀如来、火伏地蔵尊を合祀《し》したものである。毎月一日、十五日のご開帳には安産・子育てにご利益あるとのことから参拝者が多いという。

取材を終えご住職と二人、観音堂の向拝《ごはい》に腰を下ろし、しばし世間話をさせてもらった。「このごろ、寺院に盗難事件が多い。以前は盗難に遭った仏像の七割は戻ったが、今は戻らない」「人の心がすさみ、これから先が心配だ。教育は理想と現実のギャップが大きい…」。つい昔の修身論にまで話は弾んだが、子安観世音菩薩に目を向けていると、今大切なことは、やはり真の人間愛だと思った。

帰路、境内を見回すと花が咲き、柔らかい空気が漂い、初夏の昼下がり穏やかな時間になっていた。

◀本堂

83

第八十三番札所

繁城山《はんじょうざん》

真言宗智山派

法音寺《ほうおんじ》

住所	TEL	住職	備考
新潟県南魚沼市藤原六九〇	025・775・2626	鈴木　快秀	拝観無料 納経朱印料規定料金

◆ご本尊

阿弥陀如来《あみだにょらい》

真言【おん　あみりた　ていせい　から　うん】

◆ご詠歌

極楽の　救いを弥陀に　頼むらん

み雪降りつむ　藤原の里

▲本堂本尊（大日如来）

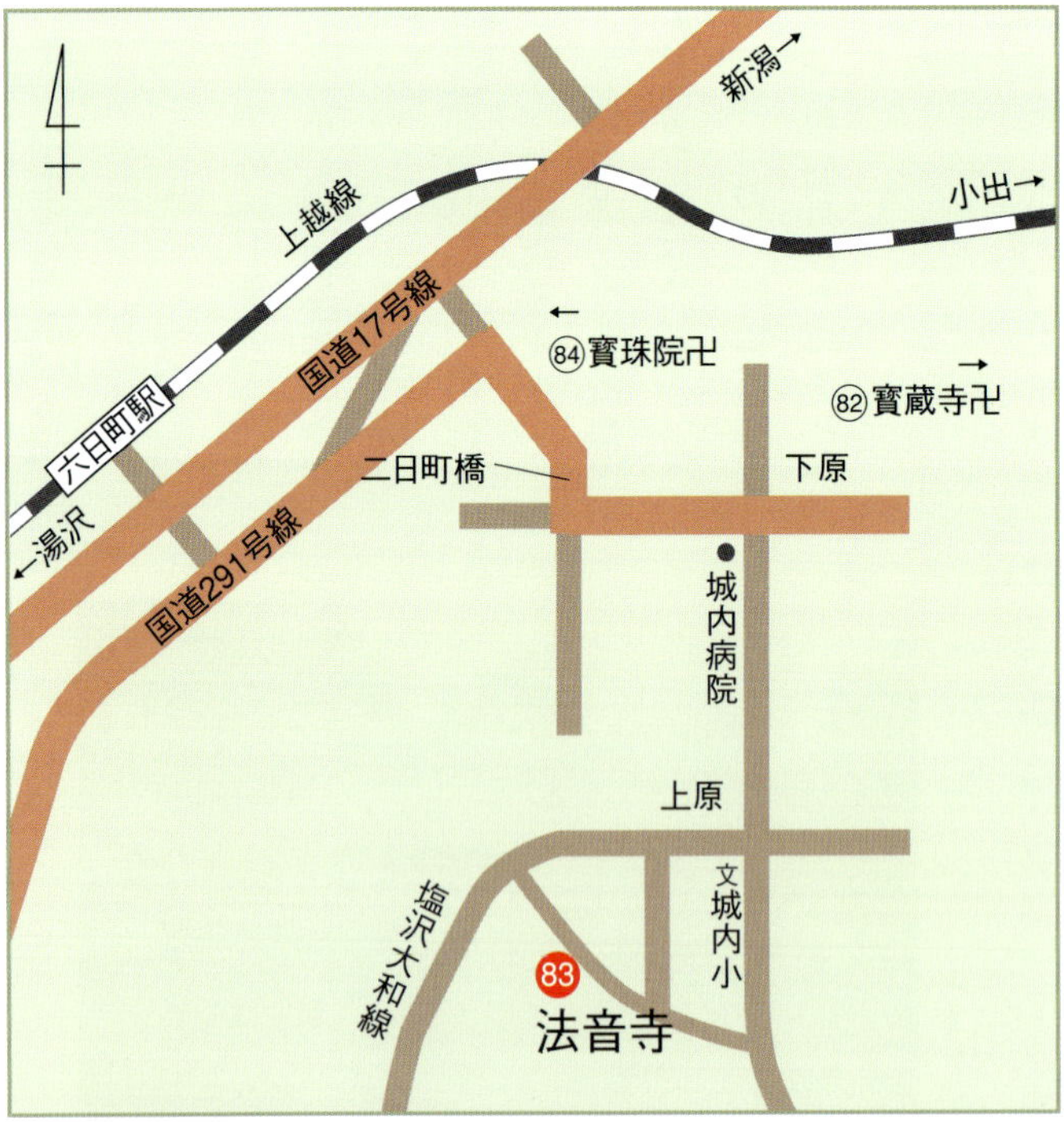

【交　通】JR六日町駅から越後交通「山口」行きバスで、「上原」バス停下車、徒歩10分

【駐車場】20台

南都京家の藤原麻呂によって開かれた上杉謙信の菩提寺

降雪まもない八海山を左前方に仰ぎながら、法音寺の参道に入った。山門をくぐると、広い境内いっぱいに落ち葉が広がり、昨夜の風の強さを物語っている。

すぐ隣の亀福寺に居られる住職が、法音寺の第七十五世の住職鈴木快秀師で、まず当山の由来について、お話いただいた。当山は初め密厳庵と称し、行基菩薩の開創であった。天平七（七三五）年、南都京家の祖、藤原麻呂公（藤原不比等の第四子）が北陸鎮護の道場を建てるようにとの聖武天皇の勅命を受け、この密厳庵を現在地に移して七堂伽藍《がらん》を建立、山号を飯盛山、寺名を密厳院とした。しかし、創建からわずかの天平九（七三七）年、麻呂公は当寺で亡くなった。法名は都性院殿正二位前政照法音大居士と号し、霊牌が今も本堂に安置してある。

天平十一（七三九）年、勅使が来られ勅願所法音寺（麻呂公の法名が由来）とし、阿弥陀如来を本尊とした（この阿弥陀如来は残念ながら秘仏で拝観できなかった）。さらにその後、建久九（一一九八）年、源頼朝は寺領一千貫と大般若経を奉納し永代祈願所としたが、このとき山号を飯盛山から繁城山に改めたのだという。そして、弘治年間（一五五五～一五五八）には上杉謙信が堂楼を再建、寺領百二十石を寄進し菩提寺となった。慶長三（一五九八）年、国主上杉景勝の会津移封に当たって、当山の能海も末寺住職を伴い米沢に移り、分院を建立した。

当寺には古仏、仏面、文書などの寺宝が数多く、帰路の車中では、数々の仏像のお顔が脳裏を駆け巡っていた。

◀本堂

第八十四番札所

金精山《きんせいざん》

真言宗智山派

寶珠院《ほうしゅいん》

住所	TEL	住職	備考
新潟県南魚沼市余川一七七七	025・773・6064	大塚　賢秀	

◆ご本尊

阿弥陀如来《あみだにょらい》

真言【おん　あみりた　ていぜい　から　うん】

◆ご詠歌

天地《あめつち》を　遍《あま》ねく照《てら》す　み仏と

今も未来も　二人道《みち》連《づ》れ

▲ご本尊

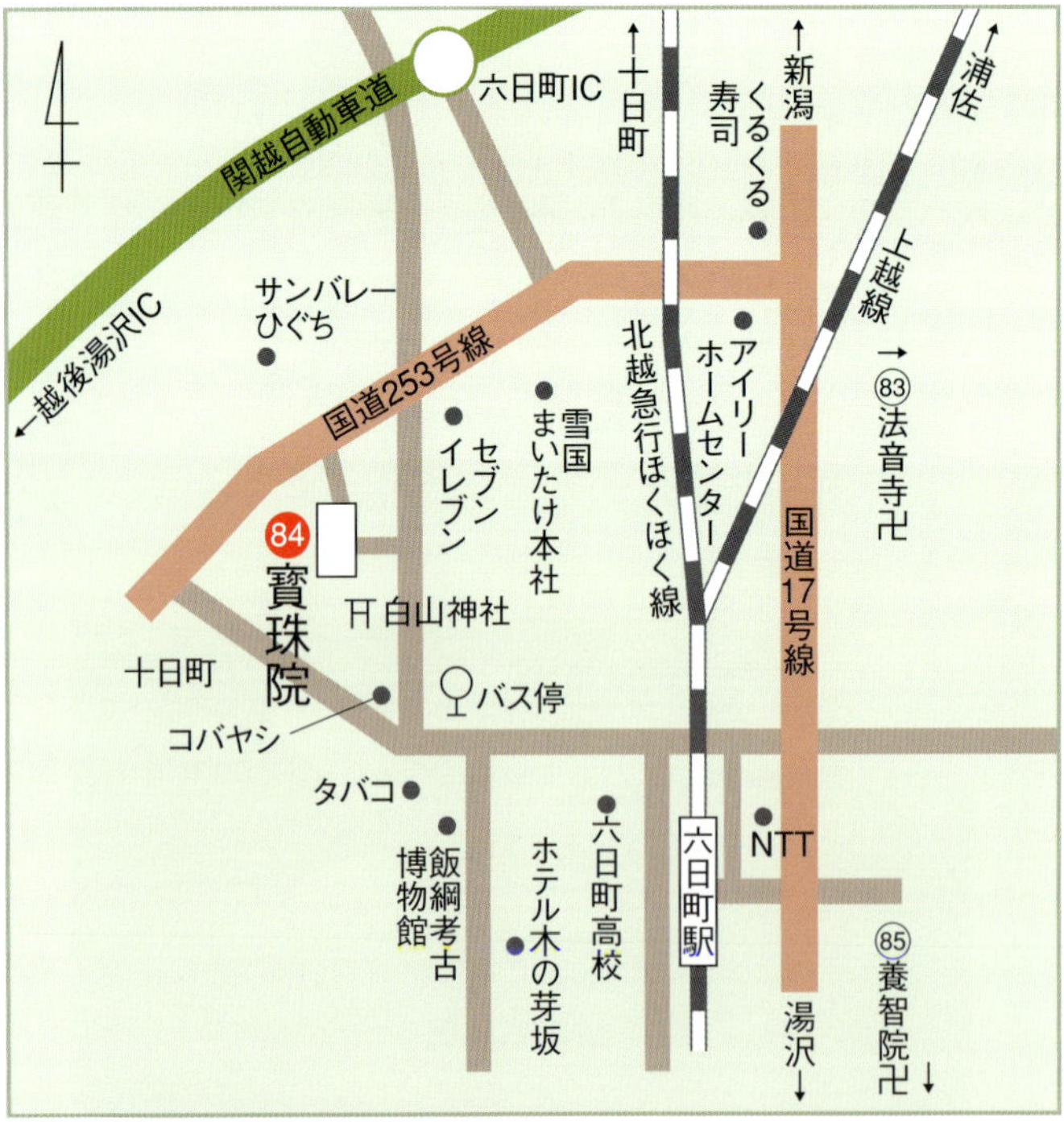

【交　通】JR六日町駅より越後交通「十日町行き」バスで「余川三叉路」バス停下車、徒歩5分

【駐車場】5台

四国八十八カ所霊場のお砂踏みがあり本堂欄間彫刻が美しい

寶珠院は、関越自動車道の六日町I・Cから最初の信号を右折、約四百メートルで再び信号があるので、ここを左折すると七、八十メートルで着く。木々と石垣に囲まれた参道の石段を上がると、広い境内に出る。すぐ左には、「四国八十八番札所御砂踏」がきれいな石で、順序正しく設置されていた。

当山は神亀元（七二四）年の創立とあるが、開山等の詳しいことは分からない。古文書によると応永十八（一四一一）年、醍醐において入壇灌頂《かんちょう》した僧がある。その後、永正五（一五〇八）年、中興の祖、僧維紹によって再興された。天文十六（一五四七）年十月には、後奈良天皇からの御綸旨《りんじ》を僧円紹に賜り、天下和平の祈願所となったという。

戦国時代は兵火を受けたが、上杉時代には上田長尾氏から、徳川時代には堀監物公の加護を受けた。慶長三（一五九八）年、富士権現祭祀《し》料十石を賜る寄進状がある。その後も火災に遭い、現本堂は文化二（一八〇五）年に再々建されたものである。

本尊は木造で、上品上生《じょうぼんじょうしょう》の阿弥陀如来坐像で、穏やかにして、どっしりした美しい尊像である。寺宝も多いが、源義経が持参した金紙紺泥の経文の一部などがある。また、参道脇に鎮座する趣ある石仏は、当山の長い歴史と格式を物語っていたし、本堂廊下の欄間をはじめとする随所に彫刻がふんだんに施され、その美しかったことは今も忘れない。

◀本堂

取材を終え、向拝《ごはい》を下ると読経の声が聞こえてきた。先ほどあいさつを交わした中年男性の巡礼者のようだ。堂内に流れる厳かな空気を味わいながら、歩を進めた。

85

第八十五番札所

福聚山《ふくじゅさん》

真言宗智山派

養《よう》智《ち》院《いん》

住所	TEL	住職	備考
新潟県南魚沼市西泉田五四三	025・772・2052	根津　賢誓	拝観無料 納経朱印料規定料金

◆ご本尊

聖徳太子《しょうとくたいし》（前立本尊　阿弥陀如来《あみだにょらい》）

真言【おん　あみりた　ていせい　から　うん】

◆ご詠歌

水きよく　泉の里の　朝霞《あさがすみ》

太子《たいし》のもとに　参るよろこび

▲お前立

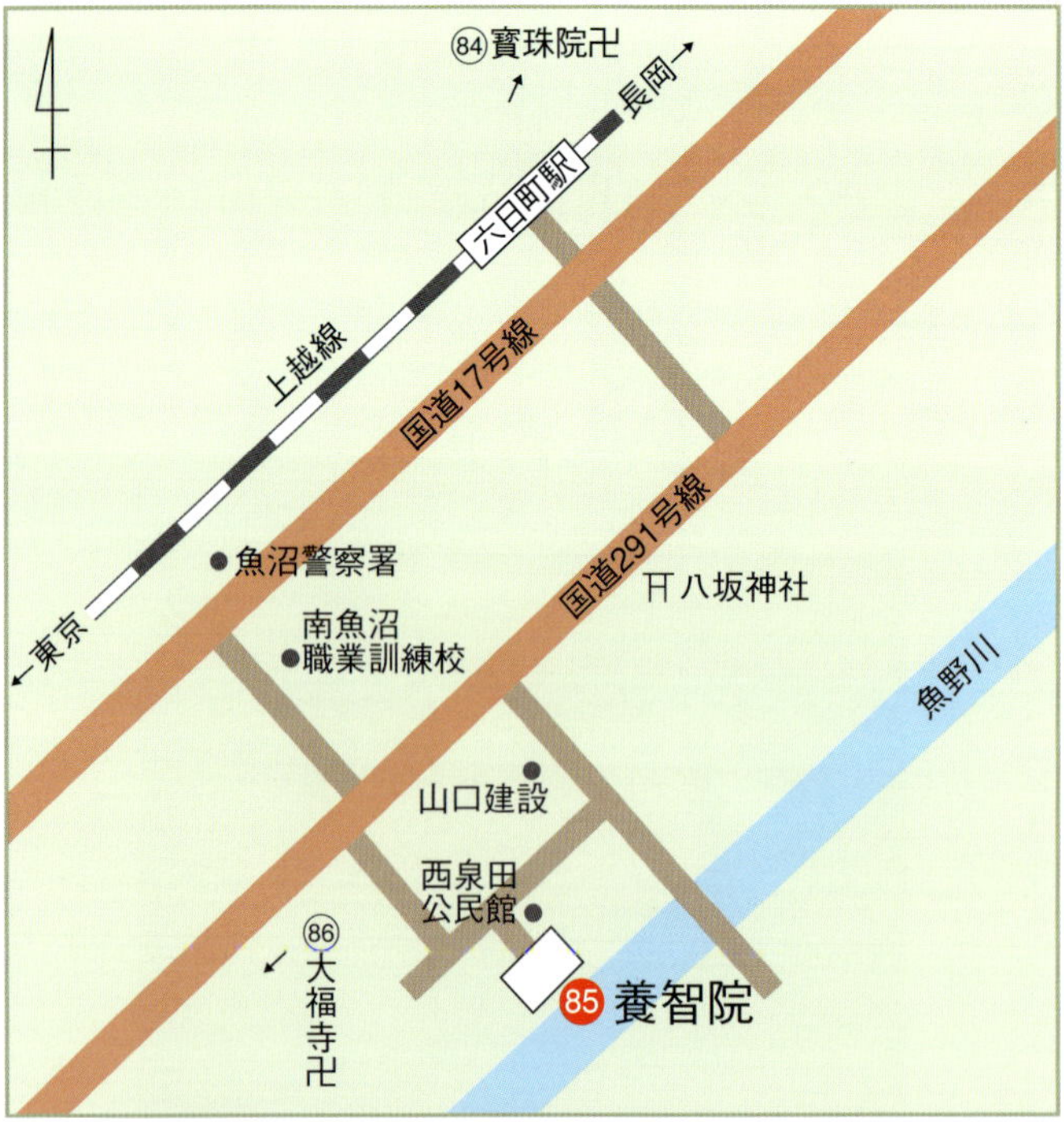

【交　通】JR六日町駅より越後交通「清水行き」バスで「泉田入口」バス停下車、徒歩10分

【駐車場】5台

南北朝期の梵字碑（バン＝）と上田札所観音堂がある

関越自動車道の六日町I・Cから国道17号線に出て南下し数分、八幡交差点から左折、国道291号線に入り、二キロ弱で泉田の信号を左折する。養智院は、そこから三、四百メートル行き、泉田橋手前で右折するとすぐの所にある。

当山は長治二（一一〇五）年に円盛師が創立、当初東養院と称した。ご本尊は聖徳太子で、空海上人が刻んだ像高一尺三寸七分（約四一・五センチ）の尊像である。そもそも坂戸初代城主は、この本尊を守護神として尊んだといわれている。古文書によると坂戸城に三宝山大宮寺（真言）があり、城主が阿弥陀如来（坐像六寸）を聖徳太子の前立本尊として、東養院住職を招聘《しょうへい》して祭ったとある。

以下が当山の経緯にもなるが、その後大宮寺は炎上し、正治二（一二〇〇）年に再建、寺号を常泉寺と改めて山号を福聚山と称した。元禄年間（一六八八～一七〇四）に養智院と再度改め、現在地に移ったのだという。

この本尊は秘仏で、今後もご開帳の予定はないとされている。代わって、お前立で上品上生《じょうぼんじょうしょう》の阿弥陀如来坐像を拝観させていただいた。像高二十二センチ、肉髻《にっけい》高く、目が厳しいが穏やかな面相、堂々とした体つきである。台座に「貞観三（八六一）年春、慈覚大師御作也うんぬん」とある。この墨書は昭和五十七年の本堂改修の時に発見されたものである。

▲本堂

境内の本堂正面に梵字碑（バン＝、特に金剛界の大日如来を意味する）がある。これは昭和初期、当山より百メートル先の魚野川の元寺屋敷の川沿いから出土したもので、南北朝時代の作といわれ、六日町の指定文化財となっている。また、本堂に向かって左には上田四番札所の観音堂がある。

86

第八十六番札所

金精山《きんせいざん》

大福寺《だいふくじ》

真言宗豊山派

住所	TEL	住職	備考
新潟県南魚沼郡塩沢町大字長崎八一一	025・782・3132	佐瀬　良政	1月1・2日／年始、3月15日／涅槃会 8月7日／盆参会など

◆ご本尊

阿《あ》弥《み》陀《だ》如来《にょらい》

真言【おん　あみりた　ていぜい　から　うん】

◆ご詠歌

法《のり》の道　上田の里に　慈悲の山

光り輝き　詣《まい》る喜び

▲ご本尊

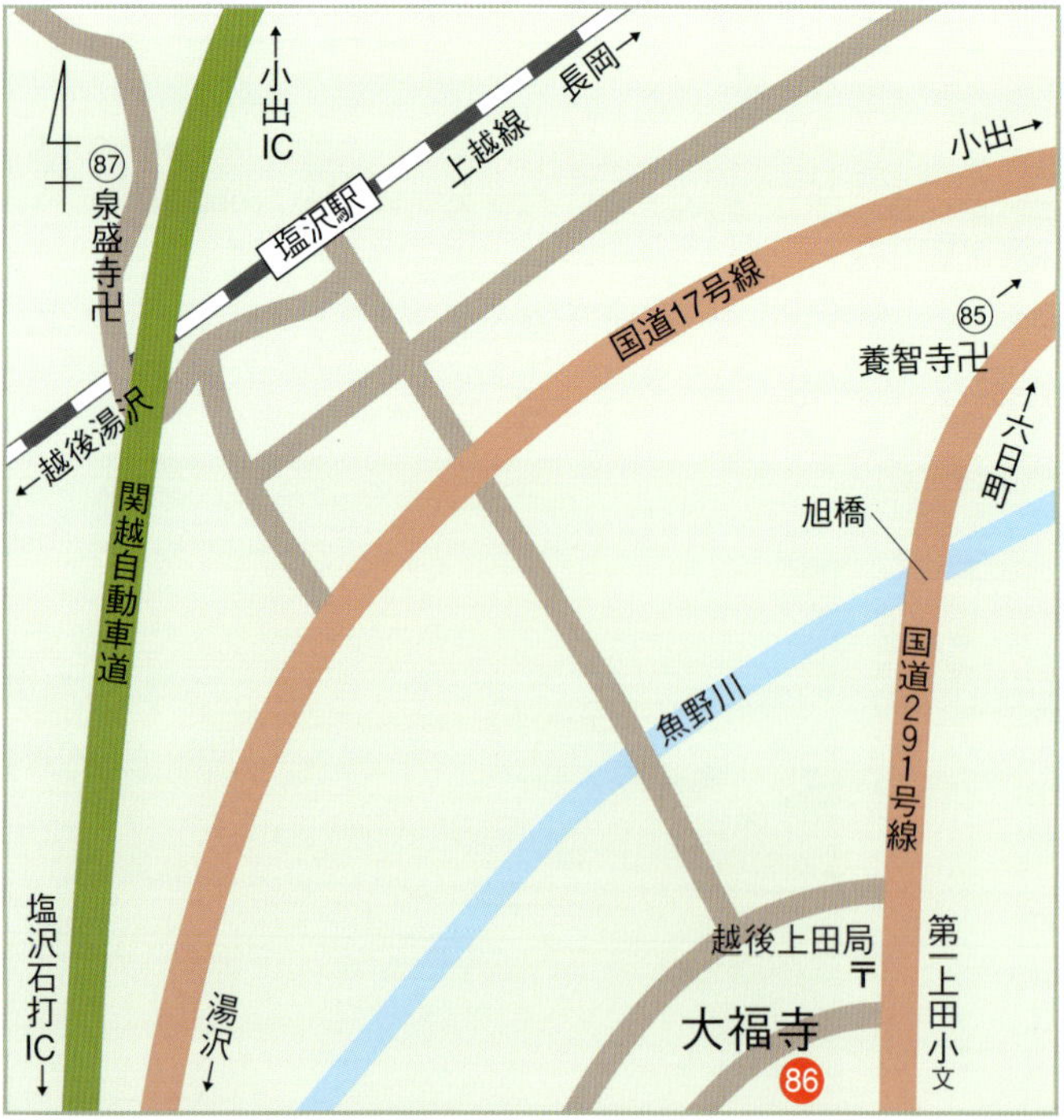

【交　通】JR六日町駅より越後交通「沢口清水行き」バスで「広道」バス停下車、徒歩3分

【駐車場】20台

越後三十三観音の札所で樹齢八百年のイチョウの大木がある

関越自動車道の塩沢石打I・Cから左折し、塩沢―大和線で五、六キロで国道291号線の早川交差点に出る。そこを右折し、二キロ弱で広道に着き、右手に大福寺の石柱があるので、ここを右折し百五十メートルほどの所に当山がある。

うっそうとした杉林の中に山門が小さく見える。境内に入ると樹齢八百年といわれるイチョウの大木がそびえ、正面に本堂、右手には観音堂が建っている。

当山は奈良時代の開創で、推古天皇二十二（六一四）年、聖徳太子が大臣の守屋を討伐して天下平定の後、諸国に令を発して伽藍《がらん》を建立したが、そのころ蘇我馬子によって当寺も建立されたのだという。時代が下って建久四（一一九三）年、源頼朝の祈願所となった。しかし建武年中（一三三四～三五）、南北朝の戦乱で当寺も堂宇が焼かれ衰微したが、上杉謙信の祈願所になり、上杉家が米沢に移封後は会津公領所となって祈願所ともなり、明治維新を経て今に至っている。

ご本尊は阿弥陀如来の立像、上品《じょうぼん》下生《げしょう》の木造で像高五十四センチ、肉《にっ》髻《けい》は高く慈悲に満ちた面相、なで肩で衣文《えもん》の彫りは、あっさりとして穏やかである。

ご住職はお留守だったが、奥様から丁寧に応対していただいた、二十年ほど前、越後三十三観音の取材に訪れた時に比べ、境内の風景はややこんもりとしていたが、観音堂の中も、ご本尊の聖観世音菩薩の表情も、何ひとつ変わっていなかった。また、これからも変わることはないのであろう。そんな思いを抱きながら参道を出て、鎮座する青銅製の薬師如来坐像に合掌し、帰途に着いた。梅雨晴れの暑い日のことであった。

▲本堂

87

第八十七番札所
弘誓山《ぐぜいざん》
真言宗智山派

泉盛寺《せんじょうじ》

住所	TEL	住職	備考
新潟県南魚沼郡塩沢町大字泉盛寺一三三三	025・782・2256	根津　義孝	拝観無料 納経朱印料規定料金

◆ご本尊
大日如来《だいにちにょらい》（金剛界《こんごうかい》）

真言【おん　ばざらだど　ばん】

◆ご詠歌
丘にたつ　弘誓《くぜい》の寺に　参るひと
大日如来　ひたすら慕《した》う

▲ご本尊

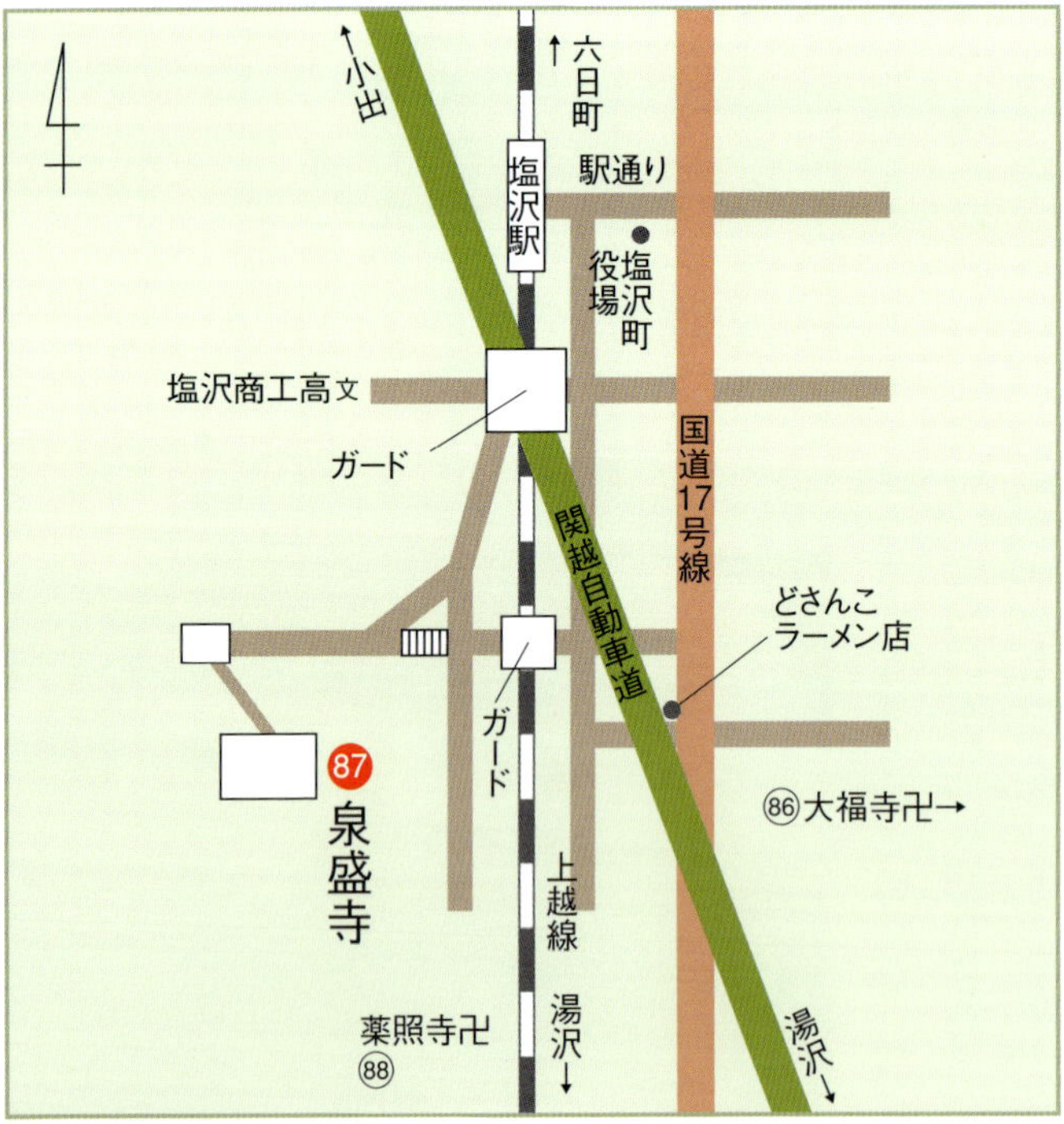

【交　通】JR塩沢駅より徒歩20分
【駐車場】20台

本堂向拝《ごはい》の彫刻が美しく観音堂に十一面観音が鎮座する

北陸自動車道の六日町I・Cから国道17号線に出て右折し、約五キロで塩沢の駅角交差点を右折する。泉盛寺は、これより一・五キロほどで、JR塩沢駅前を左折してガード下を通り、少し行った高台にある。

　平治の乱（一一五九）で敗れた源義朝は、その家臣長田忠致に殺害されるが、忠致の子、泉盛丸は義朝の弔いを発心し、生前に頂いた源氏の守護仏観音像を笈《おい》に納め、諸国行脚の旅に出る。その途中、泉盛丸が当地に錫《しゃく》をとどめたことで観音仏の御堂の建立となり、これが泉盛寺と名付けられて当寺の創立となったと伝えられる。その後、当山は数回の火災に遭い、現本堂は寛政年代（一七八九〜一八〇二）に建てられたものである。

　本尊は大日如来（金剛界）で像高五十八センチ、きれいな宝冠、切れ長の目で、ふっくらした丸顔、引き締まった体つきをした尊像である。また、本堂向かって右手に、本堂と廊下で結ばれている奥の院の観音堂がある。このたびは特別のお計らいで、観音堂の本尊も開扉していただいた。

　こちらは木造の十一面観世音菩薩で像高三十八センチ、一部損傷は見られたが、丸顔で右目はやや伏し目がち、左目を見開いた面相で胸は薄いが広く、膝高《しっこう》が低い。裳《も》の彫りは写実的で制作年代は断定できないが、藤原後期から鎌倉初期の特徴が見られる。近年、観音講は五年に一回で、四月に行われている。

　参拝と取材に訪れたのは七月初め、好天で猛暑の日であったが、ご住職は気さくに、しかも快く応対してくださったことに深く感謝し、帰途に就いた。

▲本堂

第八十八番札所

瑠璃光山《るりこうざん》

真言宗智山派

薬照寺《やくしょうじ》

住所	TEL	住職	備考
新潟県南魚沼郡塩沢町大字君沢八五一	025・783・2510	羽吹 弘道	宝物殿一般500円 納経朱印料規定料金

◆ご本尊

薬師如来《やくしにょらい》

真言【おん ころ ころ せんだり まとうぎ そわか】

◆ご詠歌

君沢《きみざわ》の 桂の寄りて 手を合わせ
願い今世《いまよ》の 阿字《あじ》の古里

▲ご本尊

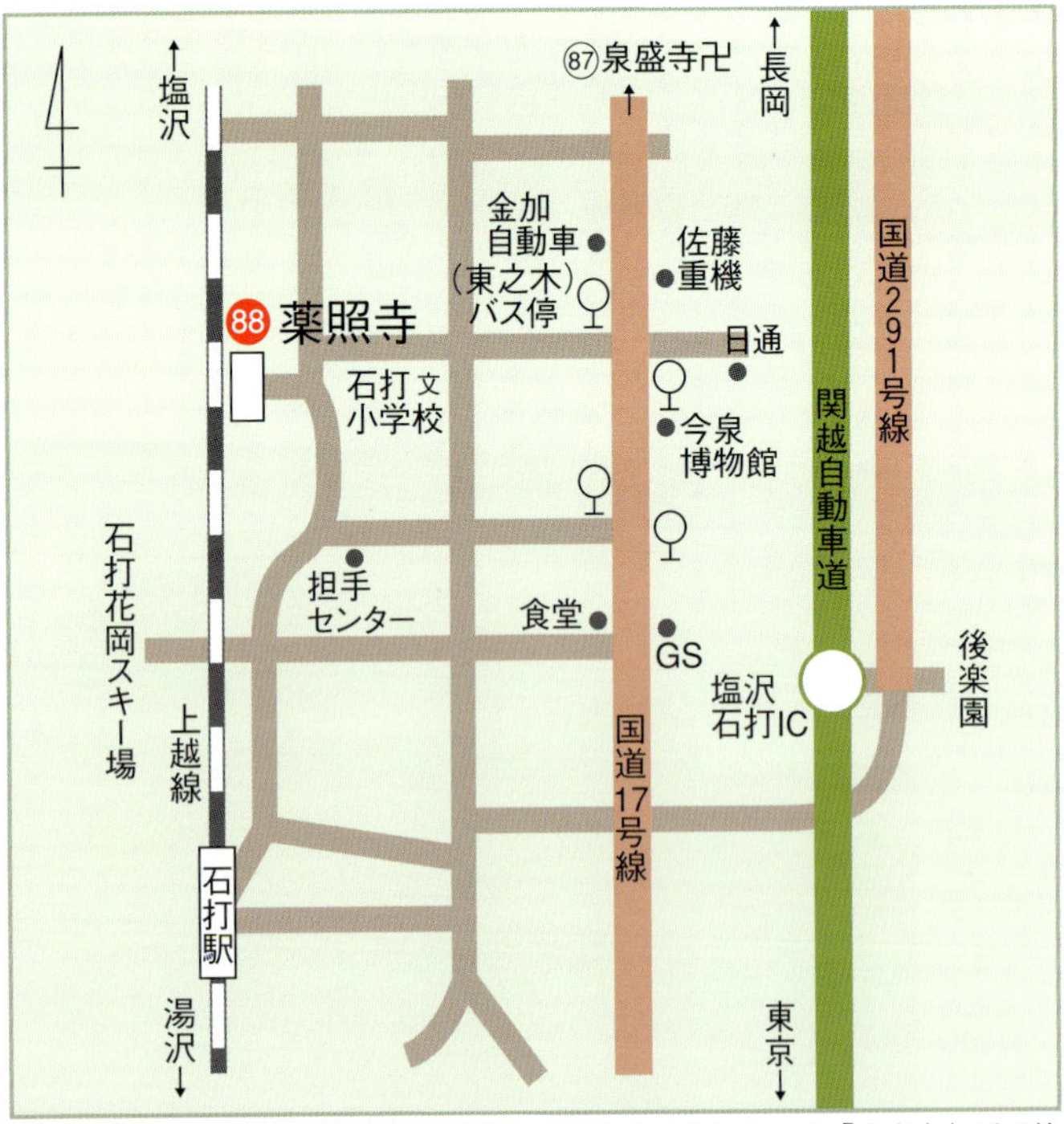

【交　通】JR石打駅より越後交通「湯沢・六日町行き」バスで「東之木」バス停下車、徒歩5分

【駐車場】30台

樹齢二千年を超えるカツラがあり元ビルマ国元首が身を隠していた寺院

薬照寺は関越自動車道、塩沢・石打I・Cから国道17号線に出て北上し、二キロほどで東ノ木から左折、石打小学校脇を通りすぐの所にある。寺前には長い石段と老杉がそびえ、歴史の長さを実感させられる。駐車場は右手から坂を登った所にもあるが、体力が許すなら五、六十段の石段を一歩一歩ゆっくり登ってほしい。自分を見詰め、自分を知る時でもあるからである。石段を登り切ると、大きなカツラ（県指定天然記念物）の大樹があり、前には「二千年日本一の大桂・山野忠彦」との石柱がある。

　当山は寛徳二（一〇四五）年、平安時代後期に善寿上人の創立とあるが、度重なる火災で古記録を失い詳細は分からない。その昔、大字宮の下にあったが、いつの時代か現在地に移ったという。本尊は木造の薬師如来坐像である。ふくよかな顔に英知が漂い、どっしりとした体つきには安ど感を覚える。堂内には護摩堂があるが、当山七十世大崎行智が慶応元（一八六五）年に一千両の巨費を投じて建立したもので、東寺五大明王を模刻した本尊五大明王が安置されている。

　また当山は、ビルマ（現ミャンマー）の独立に半生をささげ、初代国家首席となったバー・モウ元首が昭和二十年に亡命、二十一年まで身を隠していた寺でもあり、同元首の銅像や資料が残る。寺宝としては宝物殿がり、近代美術から現代美術、書画骨とうまで多くの作品があり鑑賞できる（拝観料五百円）が、時にはご住職の羽吹弘道師からギャラリー・トークも聞ける。

　取材を終えて、杉木立の中の荘厳な雰囲気の中の石段を下りながら、仏縁に触れ、書画に心を癒やされた今日は、あらためて日本文化の原点に触れた思いがした。

▲本堂

あとがき

世の中がどう変わろうと、大切なことは常に自分を見失わないことである。それには、ゆとりを持って自分を見詰め、自分に問いかけをすることが大切だと思う。ゆとりとは、単なる余裕や暇ではなく、次のステップへの瞬間的な時間的余裕にほかならない。

現実的な昨今の世相をどう考えるべきかと摸索していた昨年の十一月、新潟日報事業社から、この『遍路の旅』出版についての話があった。あまりに唐突だったので戸惑ったが、この世相の中で何か新しい自分を発見できるかもしれないと考え、意を強くして引き受けることにした。

早速かつての取材経過をたどってみたところ、八十八カ寺のうち半数近い四十カ寺は以前訪ねていたが、二十年近くも前のことで記憶も薄れていたため、その大部分は再訪しなければならなかった。いざ回ってみると、ご住職の世代交代が進み、時の流れを実感させられた。しかし、ほとんどのご本尊や須弥壇の森厳なる雰囲気は変わることなく、その昔を思い出させてくれた。ただ、平成十六年夏に県内を襲った7・13水害で壊滅的な被害に遭った栃尾市の宝光院様、三島町の法華寺様には涙しながら再興を祈った。

今夏は例年にない猛暑だったが、弘法大師入唐千二百年に当たる記念すべき年に、なんとか原稿をまとめることができたのも、霊場会会長の安達俊堂師をはじめ各寺院の大変なご協力の賜とあつく感謝申し上げます。最後に各札所寺院、霊場会の限りないご発展と、遍路各位、関係各位のご多幸を祈念し、御礼といたします。

平成十六年八月

髙橋　与兵衛

■参考文献

『新潟県寺院名鑑』　新潟県寺院名鑑刊行会
「越後八十八カ所霊場　遍路マップ」　越後・新四国八十八カ所霊場会編
『越後八十八ケ所霊場めぐり』　越後新四国八十八カ所霊場会編　考古堂書店
『越後・新四国八十八カ所霊場めぐり　同行二人』　鈴木豊一　彩文舎
『越後三十三観音札所　巡礼の旅』　佐藤高・髙橋与兵衛　新潟日報事業社
『越後二十一箇所霊場　弘法大師　心の旅路』　髙橋与兵衛　新潟日報事業社
『長岡の文化財』　長岡市
『弘法大師信仰と伝説』　斎藤昭俊　新人物往来社
『小豆島遍路』　平幡良雄　満願寺教化部
『仏像観賞の基本』　久野健　里文出版
『空海』　八尋舜右　成美堂出版
『写真紀行　空海を歩く』　佐藤健ほか　佼成出版社
『仏教辞典』　岩波書店
『河井継之助の真実』　外川淳　東洋経済

著者略歴

高橋与兵衛（たかはし　よへい）

（撮影　池田裕子）

昭和13年、新潟県中条町生まれ、本名雅男。昭和60年から文化功労者・故渡辺義雄氏の指導で寺院・仏像の取材を始める。昭和63年、東京、新潟で個展。日本写真家協会（JPS）、日本写真協会（PSJ）会員、新潟県写真美術館を考える会事務局長、NHK新潟文化センター講師。
著書に『越後二十一箇所霊場　弘法大師心の旅路』、共著に『越後三十三観音札所巡礼の旅』（共に新潟日報事業社）がある。

～越後八十八カ所霊場　遍路の旅～

2004年10月1日　初版第1刷発行

発行人
竹田武英

発行所
新潟日報事業社
〒951-8131　新潟市白山浦2-645-54
☎025-233-2100
FAX025-230-1833
http://www.nnj-net.co.jp/

制作
メディア・ユー
〒950-0949
新潟市桜木町7-36　☎025-285-7166

印刷
新高速印刷（株）

ISBN 4-86132-072-0